主办：江苏师范大学哲学范式研究院
原中共中央编译局江苏师范大学发展理论研究中心

当代中国马克思主义哲学研究

Marxist Philosophical Researches in
Contemporary China

2018

主　编／任　平　曹典顺（执行）

【总第7辑】

中央编译出版社
Central Compilation & Translation Press

《当代中国马克思主义哲学研究》

学术委员会主任：陈先达
学术委员会：
（按姓氏笔画排列）丰子义　王南湜　孙正聿　刘森林　刘陆鹏
　　　　　　　　　张一兵　杨　耕　陈先达　陈　忠　杨金海
　　　　　　　　　汪信砚　吴晓明　李景源　欧阳康　郝立新

主　　编：任　平　曹典顺（执行）

编 委 会：任　平　曹典顺　李惠斌　冯建华　于桂凤

本期执行编辑：冯建华

主办单位：江苏师范大学哲学范式研究院
　　　　　　原中共中央编译局江苏师范大学发展理论研究中心

江苏师范大学哲学范式研究院

研究院顾问

任平，1956年10月生，江苏高邮人，教授，博士生导师，中国人民大学哲学博士，江苏师范大学前校长。中央"实施马克思主义理论与建设工程"专家，教育部哲学教学指导委员会委员，国家哲学社会科学基金项目评审专家。中国马哲史学会马克思恩格斯哲学思想研究分会会长，江苏省哲学学会副会长，江苏省政治学会副会长。

研究院院长

曹典顺，1966年6月生，江苏沛县人，教授，吉林大学哲学博士，江苏师范大学哲学范式研究院院长。江苏师范大学哲学一级学科硕士点带头人，江苏省重点学科（哲学）带头人，江苏省高校哲学社会科学优秀创新团队负责人，江苏省"333工程"中青年学术带头人。中国马哲史学会马克思恩格斯哲学思想研究分会副会长，中国马克思恩格斯研究会常务理事。

研究院简介

江苏师范大学哲学范式研究院，成立于 2018 年，其前身为江苏师范大学哲学范式研究中心，马克思主义哲学范式研究中心，后者成立于 2011 年，顾问是任平教授，主任为曹典顺教授。哲学范式研究院设有范式创新研究所、发展理论研究所、过程哲学研究所、传统文化现代化研究所、美国哲学研究所、自然辩证法研究所、法哲学研究所 7 个学术机构，校内和校外研究人员 26 人。范式研究院在学科带头人曹典顺主任的带领下，2016 年哲学学科成为江苏省五大哲学重点学科之一，哲学团队获批 2017 年江苏高校哲学社会科学优秀创新团队。

范式研究院围绕马克思主义哲学研究范式创新问题、中国特色社会主义建设问题，展开了广泛而深入的研究，获批国家社科基金重大、重点、一般、后期资助项目 20 余项，在《中国社会科学》《哲学研究》《马克思主义研究》《马克思主义与现实》等刊物上发表了一系列高水平的学术成果。

范式研究院一方面立足于已有基础，继续发挥既有特色优势，争取建立当代中国马克思主义哲学研究的"评价中心"；另一方面，进一步拓宽研究思路与视野，更新研究方法与观念，加强与国际哲学界的交流，争取成长为国内外有一定影响力、特色鲜明的马克思主义哲学"国际交流中心"。

范式研究院分别于 2011 年、2013 年、2015 年、2017 年、2019 年成功举办"中国马克思哲学高峰论坛（2011）"、"中国马克思哲学高峰论坛（2013）"、"中国马克思哲学高峰论坛（2015）暨中美哲学家论坛"、"中国马克思哲学高峰论坛（2017）"、"中国马克思哲学高峰论坛（2019）"。国内外众多知名专家学者云集论坛，《光明日报》理论版、《中国社会科学报》、《哲学动态》刊登论坛研究综述或专题报道，在国内外产生一定的学术影响。

新中国 70 年：当代中国道路与马克思主义哲学的中国逻辑

——《当代中国马克思主义哲学研究 2018》序

2019 年注定在新中国历史上成为不凡时刻。作为开辟新现代性中国道路的伟大的"五四运动"爆发整整一百周年，全国人民热烈庆祝新中国成立 70 周年，党的十九届四中全会宣告中国之治现代化的新征程。在百年未遇之大变局中，一条清晰而坚定的新现代性的中国道路正在越来越显示其强大力量和无穷魅力，向中国乃至世界放射出耀眼的光芒。与此同时，作为中国道路的哲学表达，当代马克思主义哲学的创新繁荣按下了快车键。恰好，我所主持、全体范式中心同仁集体参与的国家社科重大项目"当代中国马克思主义哲学创新学术史研究"顺利完工并以免鉴定方式顺利结项，为我们站在历史的特殊时刻深度观察当代中国道路与当代马克思主义哲学两条共进线的内在关联进一步提供了系统、全面和深刻的理论图谱。《当代中国马克思主义哲学研究 2018》正是在这一重大项目完工的基础上的直接继续。这同时也表明：以深描这一当代中国马克思主义哲学创新学术史图谱为己任，我们同态、同步、同构地观察当代中国马克思主义哲学创新脚步的研究工作并没有因为重大项目的完成而完结。我们依然一如既往地在既定轨道上与学界同行，继续共同在创新理论的行进征途上相互问候、交流和扶持,保持协同创新和联合阵线的队形。事业在继续,前沿在推进,研究在深入。

中国道路无疑是当代马克思主义哲学聚焦研究的重大主题。回望百年史,开辟新现代性的中国道路正是马克思主义中国化的伟大产物。百年前的"五四运动"具有两大标志。其一标志着中国人民否弃了西方资本逻辑为核心的经典现代性道路,转而寻求、探索自己的新现代性道路,即对于现代性道路的重新选择。鸦片战争以来,无论是洋务运动、戊戌变法、太平天国和辛亥革命,其主要学习、追求的目标、遵循的道路都是按照西方模版的资本逻辑主导的经典现代性道路。中国仁人志士对这一道路的探索屡试屡败,屡败屡试,直到第一次世界大战的爆发,中国一向崇尚的欧洲文明形象轰然倒塌,巴黎和会的结果更加证明此路不通。中国人民瞬间爆发的反帝反封建的伟大爱国运动之举,就是一种态度、一种决裂、一种选择,与前此以往的旧的现代性道路诀别。其二是在思想文化自觉上,其现代性的主导思想发生着从进化论为代表的西方资本逻辑经典现代性思想向马克思主义转变。虽然《天演论》由严复翻译,但是崇尚"物竞天择、适者生存"的"丛林法则"的进化论思想其实在马克思主义传入之前一直成为中国人信奉的思想圭臬。从严复、康有为、梁启超到谭嗣同所谓"改良的进化论",到孙中山、黄兴"突驾(革命)进化论",再到陈独秀、鲁迅等,都是进化论的信奉者。进化论本质上不过是西方资本逻辑主导的经典现代性道路即"丛林法则"在哲学—社会学思想上的表达。这一进化论随着第一次世界大战爆发所导致的西方文明形象的崩溃而一起破灭。在中国人民抛弃现代性的旧道路、旧思想而彷徨无主之际,列宁领导的"十月革命一声炮响,给我们送来了马克思列宁主义",进而为中国人民重新选择现代性道路指明了新方向。现代性道路选择的转向,与现代性指导思想的转向同步展开,呈现共进线。然而,马克思主义中国化进程并不是一蹴而就的。期间陈独秀和王明的教条主义曾经将唯物史观的西欧逻辑不加分析地平移到中国,造成历史上党的事业的两次挫折。只有从中国实际出发,实事求是地研究中国国情，才能正确地选择现代性的中国道路。新民主主义革命论断的出场，在实践上开辟了新现代性的中国革命道路，在理论上创造了唯物史观的中国革命逻辑。可见，一种道路，只有上升到哲学的高度才能达到思想的自觉。一种哲学，只有在道路的探索中才能实现实践的自觉。以唯物史观中国逻辑与新现代性的中国道路两厢对应，成为马克思主义中国化的最高成果。中华人民共和国成立之后，在实践中逐步认识到苏联经典社会主义现代性道路的优缺点之后，新现代性的中国发展道路即中国特色社会主义道路才被真正开辟出来。新时代中国特色社会主义是新现代性中国发展道路的继续。因而，当代中国马克思主义哲学，就是这一道路的时代的哲学表达。

由此我们可以看到，本辑刊聚焦中国道路和唯物史观的中国逻辑的原因和根据之所在。本辑既一如既往地分成五个栏目，同时又聚焦唯物史观的出场逻辑和中国道路的主题。

"范式专题"栏目共收录7篇论文，依旧从当代中国马克思主义哲学研究各个范式角度，对于一年来的进展和变化加以深描，对于最新前沿动态加以分析，对于创新成果加以推介，对于相关学者加以评论，以便帮助学界站在方法论自觉的高度较为全面而系统地了解当代中国马克思主义哲学研究的最新进展情况。曹典顺的《哲学原理研究与多元体系阐释的马克思主义哲学原理研究范式》聚焦哲学原理研究范式和多元体系阐释的内在关联。他不仅系统梳理了原理研究范式适应多元体系阐释的需要而从教科书改革范式中脱颖而出，更进一步阐述了为何原理研究范式对于推动多元体系阐释的进展所起到的推动创新的积极作用。冯建华的《论中国马克思主义哲学史研究范式的创新与转换》一文系统回顾了马哲史研究范式的前世今生、它的主要创新功能和演化逻辑，这对于我们自身的研究也颇有启迪。张丽霞的"论马克思主义文本文献学研究范式的方法论创新"对于文本文献学作为范式的历史和方法论创新功能作了系统回溯，对于其创新逻辑的分析简明扼要，发人深省。孟献丽《新时代和马克思主义哲学创新双重视域下的"反思的问题学"——

"反思的问题学"研究范式2018年研究综述》对一年来"反思的问题学"范式的进展情况和出场成果加以深描梳理，得出了许多新的结论，值得一观。覃世艳《2018年马克思主义哲学中国化研究范式综述与前瞻》让我们领略了2018年马克思主义哲学中国化研究范式的进展和前沿，以行内专家眼光精细地分析了这一范式进展中的得与失。孙琳《出场学与西方马克思主义的唯物史观重建》一文以出场学方法对于西方马克思主义如何在当代超越第二国际教条主义而重建历史唯物主义作了梳理、分析和阐释，很有见地。于桂凤在《实践哲学旨趣与理论哲学方法：当代中国部门哲学研究范式存在的突出问题》一文中发挥她一贯的部门哲学研究的专长，选择存在于实践哲学范式研究中的若干问题加以逐一解剖，彰显出范式中心对于当代中国马克思主义哲学研究前沿研究与评价的显著优势。

"专家评论"栏目所推出的两篇力作分别由杨金海和李惠斌两位名家惠赐。杨金海的《国外学界〈共产党宣言〉百年评价史述要》选择了一个新的研究角度：评价史。众所周知，杨金海教授是专治传播史的、国内数一数二的关于马克思主义传播史的大家。近年来，杨教授在传播史研究中专辟一个评价史领域，事实上使研究视域由传播史的事实描述而进展到价值评价，评价史就是理解史、阐释史，这是更深入的视域。而且，这一专治主题扩及百年史，人物著作如数家珍，思想逻辑清晰流畅，足显其研究的视域之开阔、资料之熟稔、操持之老到。李惠斌《晚年马克思与唯物史观再推进》一文聚焦我多年来一直倡导的唯物史观出场史研究问题，选择马克思晚年唯物史观对于《资本论》第一卷中有关"仅限于西欧"的结论的某些修正和变化，来谈如何避免将马克思在某一时段提出的唯物史观的理论话语样态僵化。该文思想逻辑的分析环环入扣，呼应曹典顺在《中国社会科学》上发表的《唯物史观理论演进的研究范式》一文中所认为的"马克思唯物史观经历了三个阶段，呈现出三种研究范式"的见解，提出了许多需要令人高度关注的论据，从而进一步阐明一个真理：马克思的唯物史观绝不是一次完成的，更不是一经出场就永恒在场的形而上学，而是随着时代、实践变化而不断发展的科学。马克思时代关于唯物史观的理论阐释和表达就至少经历着三种不同语境，因而呈现三种不同的唯物史观的理论样式。这表明：唯物史观始终在创新而差异地出场之途中，与时俱进地展现自己的出场形态。

"学术视点"栏目是选择多个特定的观察点来帮助读者微观地了解当代马克思主义哲学研究的前哨状况。栏目所收录的三篇论文分别选择了唯物史观中现实的个人、马克思思想的整体性和马克思主义基本著作三个学术视点。贾丽民、宋叶恒撰写的《"现实的个人"作为唯物史观的逻辑起点何以可能》讨论了一个学界虽然熟知但却未加深度分析的问题：马克思恩格斯反思批判启蒙理性关于抽象的人的观念，在改变世界的对象性的感性活动即实践中审视人的在场，这是"历史中行动的人"或"现实的个人"。那么，唯物史观如何看待现实的个人与实践的逻辑关系呢？这显然至少具有两种不同的思绪：一种是将实践看作逻辑起点，从而在实践基础上规定现实的个人；而另一种则将现实的个人作为实践和历史的逻辑起点。文中对于后者的可能性作了新论证。

刘李的《马克思思想的整体性及其内在张力——基于行动辩护的视角》一文属于老题新作。长期以来，马克思思想形象被西方马克思主义所肢解，碎片化，整体性受到破坏。维护其整体性成为学界亟待加以辩护的重要课题。刘李的论文基于行动视角对马克思思想的整体性作了一个新辩护。因为马克思始终认为，自己的理论不是一成不变的教条，而是行动的指南，因而实践在发展，理论也必然随之发展，也就是说，不断出场、与时俱进。

刘德中《论马克思主义基本著作》一文回应习总书记关于党员领导干部要"多读马克思主义基本著作"的号召。哪些属于基本著作，学界一度曾经仁者见仁、智者见智，莫衷一是。这多半影响了人们对于马克思主义原典的学习、理解和掌握。明晰基本著作的标准，既与忽视马克思主义原典的理论虚无主义划清了界限，也与文本文献学教条主义划清了界限。

"发展理论"栏目收录的三篇论文,以作为当代马克思主义哲学发展的某些范式探索呈现的前沿动态为标志。许静波的《论"类哲学"理念及其当代意义》一文回望了已故著名哲学家高清海先生当年提出的"类哲学"对于而后的中国马克思主义哲学发展的重要影响。石义华《马克思思维方式的生活向度》一文对于我们进一步深度理解生活实践对于马克思思维方式的决定性意义具有重要启迪。李包庚、张云英和杨瑞合作撰写的《唯物史观视域下新发展理念的出场逻辑与制度前提》一文则是聚焦当代中国的新发展理念的出场逻辑与制度前提,从唯物史观角度去深度探索新发展理念为何出场、怎样出场、出场形态及与具有显著优势的制度环境的伴生关系。

"中国道路"栏目推出的两篇论文则是关于发展和完善中国特色社会主义事业中必然要回答的重大问题。2018 年是马克思恩格斯的《共产党宣言》一书问世 170 周年。董德刚《今天应当怎么看"消灭私有制"?》一文对究竟在什么意义上才能够消灭私有制,或者消灭什么样的私有制做出了自己的解读。也许这一解读会引起更多的争论,但是,展露争论正是表达研究前沿状况的本刊宗旨所倡导的。曹典顺和范云的《中国特色社会主义廉政理论的价值逻辑》一文讨论廉政理论的价值逻辑,旨在阐明"以人民为中心的价值观"是中国共产党人的根本宗旨所系,为此必须要自觉奉公、不谋私利,这就是实行廉政的根本价值逻辑。文中还提到人民的监督权力,这是尤为关键的一点。

编完本辑,回归到一点,那就是真诚地希望读者阅读本刊,助力我们,并通过我们支持当代中国马克思主义哲学创新事业。让我们一如既往地同行。

是为序。

任平 谨记
2019 年 12 月 30 日于姑苏园

目录 Contents

论《共产党宣言》与中国道路

 任　平 ·· 1

一　范式专题

哲学原理研究与多元体系阐释的马克思主义哲学原理研究范式

 曹典顺 ·· 3

论中国马克思主义哲学史研究范式的创新与转换

 冯建华 ··· 19

论马克思主义文本文献学研究范式的方法论创新

 张丽霞 ··· 36

新时代和马克思主义哲学创新双重视域下的"反思的问题学"

 ——"反思的问题学"研究范式2018年研究综述

 孟献丽 ··· 49

2018年马克思主义哲学中国化研究范式综述与前瞻

  覃世艳 …………………………………………………… 79

出场学与西方马克思主义的唯物史观重建

  孙　琳 …………………………………………………… 110

实践哲学旨趣与理论哲学方法：当代中国部门哲学研究范式存在的突出问题

  于桂凤 …………………………………………………… 133

二　专家评论

国外学界《共产党宣言》百年评价史述要

  杨金海 …………………………………………………… 149

晚年马克思与唯物史观再推进

  李惠斌 …………………………………………………… 171

三　学术视点

"现实的个人"作为唯物史观的逻辑起点何以可能

  贾丽民　宋叶恒 ………………………………………… 189

马克思思想的整体性及其内在张力

  ——基于行动辩护的视角

  刘　李 …………………………………………………… 205

论马克思主义基本著作

  刘德中 …………………………………………………… 220

四　发展理论

论"类哲学"理念及其当代意义

　　许静波 ··· 235

马克思思维方式的生活向度

　　石义华 ··· 249

唯物史观视域下新发展理念的出场逻辑与制度前提

　　李包庚　张云英　杨　瑞 ······························ 260

五　中国道路

今天应当怎么看"消灭私有制"？

　　董德刚 ··· 277

中国特色社会主义廉政理论的价值逻辑

　　曹典顺　范　云 ······································· 285

论《共产党宣言》与中国道路

任 平

马恩哲学思想是整个马哲史参天大树之根本,当代中国特色社会主义发展万里长河之源头。《当代中国马克思主义哲学研究》作为年刊,记录、反映和汇集着我们同仁一年来的研究成果,呈现出丰富的研究路径,五个栏目尽显芳华,其根也必深,其叶也必茂。它不仅表达着当代中国马克思主义哲学同仁们对马恩哲学思想发展那一段的研究思绪,更重要的是这一研究对于而后的马哲史、特别是中国特色社会主义的思想发展产生了源头性、基础性和全局性的重要影响。当代中国马克思主义哲学在意识形态领域指导地位的安全性、21世纪马克思主义哲学的创新性和发展性,都首先依赖于我们与学界同仁对马恩哲学思想研究的水平。

2018年是马克思诞辰200周年,也是《共产党宣言》这一部标志着马克思恩格斯新世界观和科学社会主义思想公开问世的经典著作发表170周年。中国马哲史学会马恩哲学思想研究分会借换届之际,汇集全国学者在江苏师范大学举办"《共产党宣言》与中国道路"高层论坛,来自中国社会科学院、大学、党校和其他学术部门共80多位专家学者与会,就会议主题发表了看法,充满真知灼见,见解发人深思。会议主题直接将170年两端的重大事件紧密关联起来、贯通起来,使之成为一脉相承又不断创新发展的完整历史，同时彰显出研究马恩哲学原初思想对当代中国道路的重大意义，更凸显了中国道路的实践探索对于创新发展马恩哲学思想的理论价值。限于篇幅，将之作为一个整体来历史地考察两者关联无疑受到限制，但是若干关系全局的关联点依然需要我们去作总体性的深刻把握。

一、回到《共产党宣言》、走入当代的方法论问题

对170年来《共产党宣言》与当代中国道路两者既一脉相承又创新发展的关系仅仅用简单的一句口号来表达是远远不够的。在深度理解之时，我们不能不上升到方法论自觉的高度，面对和审视两者关联的方法论问题。这不仅因为在版本学上，正义者同盟的原初纲领、魏特林的著作、《共产主义信条（草案）》、《共产主义原理》与1848年2月24日第一版问世的《共产党宣言》关系需要疏证，而且还在于马克思恩格斯对第一版问世后的版次不断修订和完善——从原初薄薄的24页小册子扩充为一本内容丰富的著作，其思想也在与时俱进地不断发展和完善等等——也需要我们在文本—文献学意义上或者在更深层次的出场学意义上加以考察，而且更因为在目前学界关于《共产党宣言》（以下简称《宣言》）与中国道路两者的关联方式的多种理解上，以及由此呈现出对应的多种立场和态度上，值得我们深思。究竟我们回到何种《宣言》版本的原初思想，以及让何种版本的《宣言》思想走入当代，这关联的两大问题，实际上在决定着我们对马克思主义本真意义的理解和对主题之问的解答。概括起来，目前学界既存在着坚执两者同一性的立场，又存在着宣称断裂性和否定性的立场，而在这两种对立的立场上又各自分为两种态度，因而呈现四种态度。第一种为经典方式，站在《共产党宣言》原典立场来对应阐释中国道路所具有的一脉相承的同质性意义。持这一立场的学者正确地将中国道路看作是《宣言》思想的当代继续，对于深度挖掘和重读《宣言》思想作为今天中国道路指南做了大量研究，

但是欠缺的是"历史间距"意识，导致理解的自我遗忘，由于对当代的中国道路与当年的《宣言》在时空差异语境中造就的理论的变化性认识不足，因而难以深度探索中国道路如何创新和发展《宣言》思想。第二种则是站在中国道路的历史方位上回溯阐释《宣言》思想的当代意义，将两者跨时空地直接对接起来，以中国道路的实践为尺度，寻找马克思恩格斯在《宣言》中阐释的、至今仍有重大指导意义的"基本原理"。这一跨时空寻找和对接的优长明显，就是让人们直观地感悟到中国道路实践探索并没有疏离经典马克思主义原理，相反地具有原典根据，并且催生人们去根据中国道路的实践创新去重新发现原典中以往没有关注的地方，如当代全球化与原典中所说的"世界历史进程"等。但是这一简单对接虽然简明扼要，却舍去了许多原典作家思想变化的历史环节，因而将一个在历史中变化了的开放发展的思想变成所谓超时空"基本原理"，即一经出场就永恒在场的形而上学。主张断裂性和否定性的学者也分为两种态度。第三种是"回到马克思"的原初立场，以《宣言》为原则尺度来不断丈量、评价中国道路，固守原典结论而否定中国道路，认为中国道路"偏离了"或"忘却了"原典精神。这一思绪首先见诸上个世纪末国外新左派，然而近年来在国内学界也有某些声音。他们对改革开放以来的中国道路存在的问题有颇多批评，但是这些批评大多不是建设性的，相反是颠覆性的。他们忽而强调《宣言》中的"两个决裂"的思想，或者抽象出《宣言》中关于"共产党人可以把自己的理论概括为一句话：消灭私有制"的口号作为指点中国道路的行动纲领。产生这一倾向的客观原因是虽然改革开放40年来我们取得了举世瞩目的重大成就，但是社会转型、体制性变迁也造成不少环节缺失、制度真空等，中国特色社会主义制度在创制进程中还不完善，存在基尼系数过大、腐败、资本逻辑盛行、封建余毒滋长等问题，导致某些民众不满情绪增加。主观原因则是我们在改革开放中强调"大胆试大胆闯"，但相对忽略经典思想资源的重新解读、对实践探索的指导意义。而更深的社会存在根源则是随着市场化的推进，我们正在进入社会相对分层、分化的差异性社会，在这一社会中，我们的基本经济制度是以公有制为主体、多种经济成分并存和共同发展的制度，一方面，在主体的公有制条件下人民在根本利益、全局利益、整体利益和长远利益方面趋向于一致，对"全面小康"、"现代化强国"、人民富裕、民族复兴、国家富强有"最大公约数"的共同利益和价值观基础；但是另一方面，在局部利益、眼前利益、阶层利益上存在着越来越明显的差异性。这是客观事实。这一差异性导致社会中不同阶层和利益群体的利益差异性诉求将会渗透到一切方面，有差异性的经济表达、政治表达、社会表达、文化表达和生态表达，因而在中国道路的选择上呈现不同的主张，对《宣言》思想的态度和立场也就相应不同。但是，教条主义地看待原典，进而割裂与中国道路关系的立场是不可取的。正如在《宣言》的序言中马克思恩格斯所强调的，原理的运用要随时随地以条件为转移。真理始终是具体的和历史的。场域、历史和条件始终是真理构成的要件。第四种则是站在对当代中国道路辩护的立场上，认为既然这一实践探索是"前无古人的事业"，不可能从包括《宣言》在内的马克思恩格斯原典中找到现成结论，那么就没有必要坚持《宣言》所持的原则立场和观点而陷入"教条主义"。

超越上述各种立场和态度，科学地关联两者最为恰当的方式就是在历史场域变迁中加以把握，完整阐释两者关系的同一性与差异性，这是逻辑地、理论地把握两者关系的最为重要的基础。坚持历史与逻辑的统一，把两者关系看作是一个与时俱进的历史进程和效果加以阐释——这正是马哲史学会的看家本领。

坚持历史与逻辑统一的方法，就是要用历史的眼光去科学地理解《宣言》思想，与时俱进地发展《宣言》思想。马克思恩格斯曾经将历史眼光提到唯一原则来加以阐释的高度："我们仅仅知道一门唯一的科学，即历史科学"。[①] 马克思反对没有历史维度的抽象思维，他认为要达

---

① 《马克思恩格斯选集》第 1 卷，北京：人民出版社 2012 年版，第 146 页。

到对资本主义生产方式的理解，就等于对资本主义生产方式历史逻辑的整体叙事。他晚年坚决反对将"仅限于西欧"的结论变成"超历史的一般历史哲学"。而历史的原则必然是开放的和与时俱进的，因而必然反对盲目地对原典思想教条的原教旨式崇拜；历史的原则也必然要求对历史长河源头的尊重和坚持长河所指的必然性流向，更反对任意否定马克思本真精神原则的历史虚无主义和无原则的实用主义。

二、关于资本创新逻辑的当代历史趋势问题

《宣言》所宣告的在欧洲徘徊的"共产主义的幽灵"，是对资本逻辑历史批判和超越的思想产物。没有对资本批判，就没有共产主义；没有对资本的科学批判，就没有科学共产主义，也就没有《宣言》。资本批判是《宣言》全部思想的历史和逻辑的出发点，也是其贯穿始终的原则。《宣言》的第一个含义正是对资本逻辑的科学历史批判书。系统分析资本逻辑从当年到当代的变迁史及其规律性趋势，是我们今天重新解读《宣言》、坚持和发展中国道路所必然面对的第一个重大的基本问题。

《宣言》对资本批判的立场当然与资本立场、神圣同盟的立场完全对立。无论是当年还是当代，也无论是旧神圣同盟还是新自由主义的神圣同盟，都是站在彻底否定《宣言》的立场上。

《宣言》对资本逻辑的科学批判超越以往一切空想社会主义的地方，在于它立足于唯物史观。这一历史的、辩证的批判分为两个方面：一方面，马克思恩格斯从历史必然性的角度对资本开辟人类文明新纪元的现代性世界历史作用给予了肯定性的"最高褒奖"（德里达语），将资本看作是一个此前以往生产方式和社会演化结果的最高产物，是造就现代社会的主要动因，因此对资本创造现代社会、推动世界历史进步的伟大文明作用作了全方位的肯定的描述：创造比此前以往总和还要多得多的巨大生产力；不断变革传统生产关系、经济关系和社会关系；打破乡村中心，造就使乡村从属于城市、农业从属于工业的产业

和空间格局；变革人们的观念和文化；打破地域限制、使民族工业变成世界工业、民族文学变成世界文学，推动历史向世界历史转变的全球化进程，造就东方从属于西方的全球化霸权体系。另一方面，马克思恩格斯同样立足于辩证的历史观，对于资本内在本性、基本矛盾和必然灭亡的命运加以深刻揭示，资本由于贪婪的本性和生产的社会化与生产资料的资本主义私人占有之间的矛盾，不仅必然表现为商业和市场的危机，更表现为竞争促使资本的有机构成不断提高而导致利润率不断下降的规律性趋势，资本最终因为无法获利而导致退场，从而得出结论："资产阶级的灭亡和无产阶级的胜利是同样不可避免的。"[①]这一结论在而后的《资本论》中进一步被表述为"剥夺者要被剥夺"、"丧钟敲响了"、"外壳要炸毁了"，经典地揭示了资本统治最终被覆灭、让位于后资本社会的必然前景。

然而，170年过去了，预言中"被剥夺"、"丧钟敲响"、"炸毁外壳"的资本依然在场，而且还继承扮演着宰制世界历史的角色。苏东剧变，福山甚至宣称资本主义取得了最后的胜利，而"马克思主义、共产主义灰飞烟灭了"。似乎资本打破必然退场的魔咒，成为"最终的人"。然而时隔不久，历史在此又呈现出辩证法：全球金融危机爆发，资本逻辑再一次遭遇重创，《宣言》的当代意义在全球高调热捧中被重新确认。资本幽灵出场、退场、再出场、再退场的历史逻辑就是《宣言》指明的逻辑。资本逻辑在危机中依然具有自我修复、自我调适的空间。那么，究竟资本逻辑为何依然在场，还宰制着全球历史进程？资本逻辑的自我修复和调适本质上意味着什么？这就是我一直在关注和研究的"资本创新逻辑"。正如我一再指出的：从21世纪马克思主义经济学—哲学批判观点看，当年马克思所宣告的"被剥夺"、"被炸毁"、"丧钟敲响"的资本依然"持续在场"的根本原因，在于"资本创新逻辑"。具体而言，关于资本创新逻辑，我们需要把握以下几个关键点：

---

① 《马克思恩格斯选集》第1卷，北京：人民出版社2012年版，第413页。

第一，何谓"资本创新"及其根源。正如我一再指出的："所谓资本创新，就是指资本为了摆脱危机，打破利润率不断下降的趋势，获取更多的利润，就不断地、拼命地发明创造新技术、新管理、新产品、新销售、新市场、新空间、新产业，最终实现资本形态和功能的创新发展，驱动资本形态从当年马克思所主要面对的大工业资本主导的旧全球化形态向后工业资本主导的新全球化形态转变。"究其根源，资本创新源于资本既要追求利润最大化、又要摆脱（哪怕暂时性地摆脱）危机的"趋利避害"的本性需要。只要创新能够给资本带来更大更多的利润蛋糕，资本就会疯狂地去追求；只要创新能够帮助资本摆脱（暂时摆脱）危机困局，资本就会义无反顾地去实现。正是在这一意义上，资本具有创新的内生动力。资本的演化史表明：在资本的任何一个固定形态和固定阶段，它的固有外壳都会因为自己内在的基本矛盾和转化矛盾而被炸毁。如果没有创新，资本早就退场。只有通过创新行动，资本才能被暂时拯救，才能持续在场。即是说，只有通过不断的周期性毁灭和创新，资本的持续在场才能"凤凰涅槃"般的实现。

第二，资本创新的路径选择。就资本演化史而言，从19世纪到21世纪，为了摆脱危机、追逐更大更多的剩余价值，资本创新的路径选择是多样的、多元的，主要表现为：其一，从主要依赖绝对剩余价值生产转向手段越来越先进的相对剩余价值生产。如熊彼特所说：在原产业领域内通过生产工艺和销售方式的不断改进而实现的创新，例如通过技术更新、设备更新、生产流程再造、管理创新、销售模式和市场开拓方式等，实现新的创新。当资本在原来的生产技术、原来的设备设施、原来的管理、原来的产品、原来的销售模式和市场不能满足资本追逐更多利润需要并造就周期性的经济危机时，资本就必然强制性地在产业内部实现各种创新活动，以新要素和新方式来实现"供给侧结构性变革"，力图摆脱危机，实现超额利润。其二，当一个有限空间不能满足资本的生产和销售需要而爆发危机时，为了摆脱危机，资本就采取如列宁、卢森堡、哈维所说的通过新空间拓展（领域的逻辑）来实现暂时摆脱危机的目的。也就是说，当资本在原一国或一域市场空间中受到限制、资本频繁爆发危机、再也无法扩大获利时，殖民主义、帝国主义就成为实现资本拓展空间的创新形式。其三，主导产业领域创新。资本抓住任何一个可能使资本焕发青春活力、获得更大的利润空间的要素，上升为主导产业要素，进而改变整个社会的资本供给侧结构、需求—消费结构和资本形态，构造新的资本社会，于是就实现了创新资本主导的社会形态。资本"追求劳动部门的无限多样化，也就是追求生产内容的全面性"[①]。为了逐利最大化，只要有可能、有条件，资本就必然将一切要素对象资本化，并将其中一切能够带来最大利润的要素对象领域变成产业的主导形态。在后工业资本时代，金融资本、文化资本、知识资本等要素领域以及虚拟资本各个业态之所以能够迅速成为主导产业，都源于此。

第三，资本创新逻辑推动的资本主导形态发生的深刻变化，表现为从马克思时代的大工业资本主导形态转向后工业资本主导形态。马克思时代面对的大工业资本主导形态，在马克思之后的周期性危机大浪筛淘和推动下，经过银行资本向工业资本的渗透、控制和参与，最终导致工业资本与银行资本结合，形成金融资本，形成垄断利润和金融资本全球化世界。垄断竞争更加剧烈而残酷，极大地阻碍科技进步和知识创新，因而具有腐朽性；因为全球空间掠夺，因而具有寄生性。进而，金融资本作为虚拟资本手段进一步向一切社会要素渗透和控制，使之变成一个又一个新的资本品，形成知识资本和文化资本，扩展为社会资本、人力资本、消费品资本、生态资本，从实体资本转向虚拟资本等，不断变革，转变形态。一切都在资本中，资本在一切中。"一的一切"和"一切的一"结合，使资本最大限度地普遍化，使日常生活最大程度资本化。与一般产业内部技术创新不同，资本主导产业的每一次大更迭，不仅是经济结构表象的变革，而且几乎都伴随着历史场景的转换。21世纪，资本创新逻辑全面更换了资本全球化的场景机制和作用装置，借助

---

① 《马克思恩格斯全集》第47卷，北京：人民出版社1979年版，第555页。

于互联网和智能化、生物工程和材料科技等新科技革命手段，使"消费社会"取代"生产主义社会"，使后福特主义小众化"弹性生产"机构取代福特制刚性的大规模标准化生产装置，使债券化等金融手段取代一切实体经济过程，使符号化、虚拟化经济取代实体经济作为主导要素，使文化创意产业取代钢铁工业成为引领性产业，使后现代社会取代经典现代性社会，使离散化、个性化、网络化的日常生活取代集中化的控制，因而造就出一幅当代资本主义的全球图景。

第四，资本创新也依然遵循着马克思历史观对于资本创新本性阐释的轨迹，但是带有新世纪的特点。正如经济创新概念倡导者熊彼特所客观指出的那样，马克思是资本创新的最早观察者和研究者。马克思在《共产党宣言》中指出："资产阶级在历史上曾经起过非常革命的作用"，"资产阶级除非对生产工具，从而对生产关系，从而对全部社会关系不断地进行革命，否则就不能生存下去。"① 这被德里达看作是对资本的"最高褒奖"。在《资本论》中，马克思在研究资本的绝对剩余价值生产向相对剩余价值生产的时候，就特别仔细考察了资本存在的具体方法和方式的创新变革。如资本如何用机器生产来代替手工工业；如何由延长雇佣劳动者的绝对劳动时间而获取绝对剩余价值，到用不断改进技术的手段，"将科学并入生产过程"，用先进大机器进行生产，缩短生产时间和降低成本来创造相对剩余价值，这一过程就是资本创新过程。马克思还特别仔细地研究了资本的职能分工对于资本更多榨取剩余价值的促进作用，如最初由产业资本家直接包揽生产和流通全过程，到资本领域职能的相对分化，商业资本与工业资本各司其职，专业化分工促进了剩余价值总量的迅速提升，这也是资本总体结构的创新。在恩格斯整理的《资本论》第三卷中，马克思还集中分析了从实体资本到银行资本、虚拟资本的创新转换形态中的表象形式（如银行资本 G-G′）和本质关系，等等。可以说，马克思不仅深刻揭示了资本创新的本性，而且也具体分

---

① 《马克思恩格斯选集》第 1 卷，北京：人民出版社 2012 年版，第 402—405 页。

析了当时资本创新的几乎所有形式和方式。限于历史条件,马克思主要分析了大工业为主导形态的资本结构和资本矛盾,准确地预见到大工业资本即将崩溃、外壳被炸毁的前景。然而,马克思对于后工业社会资本的若干新的趋势,尚未加以系统研究。因此,对于21世纪马克思主义而言,一个重大课题就是要"接着讲",在21世纪重写《资本论》,科学解答资本创新逻辑,进而成为21世纪的马克思主义。

第五,资本创新史同时就是旧外壳炸毁史。从21世纪资本创新逻辑批判反观资本出场史,我们必然得出结论:资本外壳在历次重大危机中不断被炸毁。工业资本外壳遭遇周期性危机被炸毁,换上了金融垄断资本主义外壳后又进一步被新的矛盾所炸毁,逐步换上后工业资本主导的形态外壳,而它们又在全球金融危机中被炸毁。资本的每一次重大创新和大转换,都意味着对原先主导形态外壳的炸毁。不炸毁旧的外壳,资本创新就不能实现,旧的危机就无法结束。然而,资本外壳的每一次炸毁,并不等于资本所有外壳被彻底摧毁。资本在拼命地寻找创新机遇中实现持续在场,因而不断焕发内在创新冲动,从而外在地释放出推动历史进步的杠杆作用。但是资本的持续在场是以外壳不断被炸毁为代价的。资本的幽灵出场、在场、退场、再出场,以不断毁灭来结束旧的在场,而以不断创新出场来秉持在场。

第六,资本创新逻辑表明:资本并不是完全在同一种形态中周而复始地经历危机、萧条、复苏、繁荣和高涨,再陷入危机;或者说,不是在一种生产形态层级上简单循环的危机,而是在创新跃迁层级中经历上述周期性危机,因而也是一种辩证的、螺旋上升的死亡之旅。其中连续地交替着创新与危机。每一次创新炸毁原有躯壳,资本就可能在新的空间中暂时摆脱旧躯壳的危机形态,因而造就一个时期的增长和繁荣,然而又在基本矛盾的铁律限制下最后陷入新形态的、更深刻的危机,从而逼迫资本再窥测方向、聚力创新以求一成。资本创新逻辑变换外壳的任务从来就只能是在历史条件制约下历史地提出和历史地实现的。资本幽灵仿佛是一个吸血鬼,只有靠不断榨干旧躯壳、不断寻找新躯壳来逐利和存活。但是最终只能跌入更深刻、更剧烈的危机。

第七，资本创新逻辑仅仅是资本的一般逻辑，但并非每一微观资本都有如此的幸运，都愿意或能够实现创新，炸毁原有躯壳，实现"凤凰涅槃"。事实上，创新成功的永远是少数，而有无数资本因循守旧而崩溃，无数个体资本创新失败而归于消亡。这仿佛是一次大规模优胜劣汰的物种迁移。凡是现存的，都是闯过无数次创新逻辑考验的幸运儿。创新成功也是暂时的，分周期、层级的。无论如何，资本都难以逃脱最终死亡的命运。螺旋上升的死亡之旅是资本创新逻辑所展现的独特的辩证法。它既不同于在同一层级上循环的"否定的辩证法"或"瓦解的逻辑"，也不同于发展的螺旋上升的辩证法。它的每一次创新上升同时就是否定，就是旧躯壳的炸毁和死亡。危机爆发依然是每一个资本创新周期终结走向死亡的外在标志。资本创新逻辑螺旋上升的终结目标依然是死亡。

上述七点关于资本创新逻辑新特点、新规律的批判性发现，可能是站在21世纪马克思主义的资本批判理论制高点上对于《宣言》第一章内容的最新注解。当然，全面揭示资本创新逻辑和21世纪资本创新图景以及必然陷入的深刻危机趋势，还需要经过系统的政治经济学—哲学批判，在这一领域还有很长的路要走，这必然成为致力于在当代发展《宣言》思想的21世纪马克思主义的当代使命。

更需要我们反思的是在当代中国道路开拓中的资本创新逻辑。自五四运动以来的百年史，特别是改革开放的40年探索史表明：低于资本的世界历史水平的民族国家，仍然可以利用好资本逻辑为经济社会发展服务。近代中国的资本由于本土原因分裂为敌对的两方：帝国主义的国际垄断资本和本国的官僚资本为一方，压迫本土的中小民族资本。发展民族资本、完成现代性、复兴中华在"三座大山"压迫下绝无可能。因此，民族资本与无产阶级和农民阶级、城市小资产阶级一起构成人民，即新民主主义革命的阶级主体，来推翻与封建势力勾结的全球垄断资本和官僚资本的统治。问题在于：我国的新民主主义革命虽然为中国的新现代性道路扫清了"三座大山",但是我们仍然需要解决现代性问题,我们在将发展作为主题时必然面对资本问题,然而在对待资本的历史作用方面却经历了反复。在不发达民族国家环境中,无产阶级和民族资产阶级人数少、力量弱,我们的革命主体是农民,农民革命摧毁的是帝国主义、官僚资本和地主经济的统治制度,但是绝不能说我们摧毁了整个封建社会关系。因为农村的原初社会共同体、整个社会关系需要经历市场化和商品化才能真正加以改造,这是在加速发生的市场化和城市化进程的今天我们周围每天看到的事实,改革开放以来5亿农民工及其家属进城,根据市场原则被随机分配到一个新环境,从原初乡村的熟人社会、人的血族群体的相对依赖关系中解放出来,离散插入城市空间中构成陌生人社会的原子。社会关系才发生真正的根本性改变。如果说,这是经历现代性所遭遇的必然过程甚至是代价,那么最终我们认识到:正如马克思所说,异化和扬弃异化走的是同一条道路。发展是硬道理,商品经济是一个不可逾越的必然历史过程。对资本的科学社会主义批判,与民粹主义式空想地超越资本是根本不同的。中国特色社会主义道路探索的一个重大理论贡献,就是将马克思对资本批判的辩证的历史的视野重新根据中国道路的需要而作科学的实践把握。一方面,在坚持中国共产党领导、依法治国和人民当家作主的政治制度和以公有制为主体的基本经济制度的前提下,充分利用资本的伟大的文明作用来推动中国的经济建设、城乡建设、社会建设和生态建设,推动全球化发展与治理,但是另一方面,又不断限制和遏制资本的消极作用,因而无论在理论上和实践上都是一个时代的新课题和新挑战。我们取得了举世瞩目的成就,我们不断完善社会主义市场经济和扩大开放,继续发展和利用好资本的积极力量,不断限制和消解资本的消极作用,进而不断为最终战胜资本和消灭资本奠定基础。同样,在全球治理进程中,我们与美国为首的西方世界之间的竞争最终取决于发展的成效,也同样面临如何辩证地、历史地把握作为世界历史力量的全球资本的问题。我们用贯彻和平发展、合作共赢新原则的人类命运共同体进程来开辟新全球化时代,与西方资本主导的经典全球化的旧秩序告别,这是一个新的资本批判原则。需要我们在坚持《宣言》基本立场的同时去努力结合新时代的新特点开辟新未来。

三、关于无产阶级的历史地位与时代使命问题

本刊讨论的又一个重大问题是:资本逻辑的崩溃究竟是自然必然性的纯客观"消亡"过程呢,还是必须要介入无产阶级的主体革命条件而被"灭亡"呢?如果说,认为资本崩溃仅仅是因为客观的经济逻辑,如商业危机和利润率下降的规律所导致的自动消亡,与无产阶级的政治革命无涉,那么,这就是带有纯粹经济性质的资本自动"消亡论"的见解;而如果认为资本不甘心其崩溃命运,还不惜将整个社会和人类拖入毁灭性灾难,强制性的国家和军队权力拼命维护其统治,不打不倒,那么为了推翻资本统治,需要无产阶级作为自觉自为的阶级进行政治革命,这就是宣告资本"灭亡"的革命逻辑的"灭亡论"主张。"消亡论"和"灭亡论"两者观点的差别,涉及资本崩溃的逻辑本性以及无产阶级的历史地位和时代使命问题。

作为创造资本逻辑的活劳动的背负者和掘墓人,无产阶级的历史地位与时代使命一直是《宣言》关注的焦点。在《宣言》中,有两个身份一直是人们关注的焦点。一是无产阶级是资本逻辑的背负者身份,它更多地显示无产阶级与资本之间的同一性;二是无产阶级是资本逻辑的掘墓人,更多地强调无产阶级与资本之间的不同一性、对抗性、异质性和断裂性,因而成为革命和阶级意识的根据。前者是历史的消极存在方式,是资本作为主动方、劳动力作为被动方而在场的。后者是历史的积极自为的存在,无产阶级是作为真正自主自觉的历史开创者而在场的。究竟资本主义的必然灭亡仅仅是由于自身经济的客观逻辑使然——经济危机爆发和必然"消亡",还是必然通过异质性的无产阶级的主体性政治革命实践才能导致"灭亡"——正是在这一重大问题上,百年来争论

的焦点正在于两者之间的关系。本刊登载的汪行福的《〈共产党宣言〉的"政治的马克思主义"解读》、邢媛的《论〈共产党宣言〉的同一性思维及其方法论意义》、孙亮的《"劳动逻辑"的重构与政治地解读〈共产党宣言〉》等文,也集中地论述这一问题。第二国际的理论家们根据他们对马克思《资本论》"铁的历史必然性"和资本家不过是"资本人格化"的深刻见解的解读,以及关于商业危机和"利润率下降趋势"的必然规律性见解的理解,似乎资本逻辑自己在自身规律性驱使下自己走向毁灭,因而他们把这一"历史的自然必然性"过程更多地理解为"经济唯物主义"观点,将马克思恩格斯在《宣言》和《资本论》中的观点表述为无产阶级就这一词的本义来说就是一无所有,既没有生产资料也没有可供持续生活的生活资料,只能依靠出卖自己"自由的劳动力"给整个资本家阶级而生活,因而作为资本主义生产主体条件的活劳动的提供者,作为被资本剥削、压榨的对象。雇佣劳动力作为资本剥削的基本对象和资本存在的基础性和本质性条件,不变资本依靠不断吸纳活劳动创造剩余价值才能变成资本。因而投入提供活劳动的劳动力价值和价格的资本就因为能够榨取剩余价值而成为可变资本。劳动者即无产阶级因而作为资本逻辑的背负者,承担着资本生产和不断扩大再生产的使命。不断扩大再生产而获得越来越多的剩余价值,原初是资本逻辑的本性使然,现在却转化成为活劳动供给者无产阶级的现实使命。无产阶级每一次的资本逻辑与活劳动的"同一性"就是资本的全面扩张和占有过程。

所有资本逻辑都千方百计地维护这一同一性格局,用经济、政治、军事和文化的各种方式固化这一同一性体系,这就是资本主义社会结构和社会体系。只要无产阶级作为资本逻辑的背负者一天,资本主义就成为一天在世之在。在承认和维护这一同一性格局的前提下,资本逻辑甚至可以容忍和承认无产阶级的一切要求,用合作制、工团主义、实行八小时工作制、男女同工同酬、奖金制度和福特制的大蛋糕政策(在努力将生产力提升发展的同时,也给无产阶级分利润)、人民资本主义(用社会化的股份部分稀释资本以将人民大众捆绑在资本的战车上)、福利国家（消灭资本生产逻辑，只用改变某些分配，用高工资、高福利来发展社会民主主义)、民主制度（让大众参与民主政治）和多元协商共治（与非政府组织协商共治)、后福特制、智能化以及数据资本主义等，即千方百计让无产阶级利益与现行资本制度一体化，使之得到有限的不断的"解放"，与资本一起开辟一个又一个创利领域和劳动领域，甚至让劳动者不断远离繁重的体力一线生产现场，转为以脑力劳动和数据处理为主要劳动内容的"白领工人"，设置"从摇篮到坟墓"的福利体系，用以满足无产阶级几代人为之奋斗的某些梦想，但是有一个底线，就是不破坏"同一性"或共处在一个同一体中。

　　同一性是历史的产物，甚至曾经是非常进步和革命的产物。无产阶级作为自由雇佣劳动力与资本逻辑的同一性的建立，当然是在打破封建的人身依附关系、使无产阶级成为自由的劳动者并与资本家签订劳动合同时就开始了。但是，在推翻封建专制的民主革命的浪潮中，在"自由、平等、博爱、民主"价值观号召下，雇佣劳动者和从过去依附于封建势力状态下解放出来的小农或农奴，成为资产阶级革命的同盟，这是资产阶级在历史上起到的非常革命和伟大文明作用的功绩之一。在一切落后于资本全球水准的发展中国家和民族，这一"解放"与"革命"的活剧甚至每天依然在上演着。资本作为先进生产方式的代表，超越以往任何生产方式，无产阶级从一贫如洗的破产乡村逃脱出来进了城市，作为自由的劳动力受雇于资本逻辑，不但自由地摆脱了长达千年的人身奴役和依附关系的束缚，大多数人更在收入和生活上有一定的改善。越是发达国家的工人阶级，生活的改善、教育的投入和福利保障水平的提升愈加明显。站在资本逻辑的立场上，如何维系、巩固和发展劳资同一性体系，使雇佣劳动者始终"坚定地"成为资本逻辑的背负者，这是资本逻辑面对的重大和关键课题。资本创新逻辑不断创造出新的语境，使自己在获取更高利润率的同时，也"不忘"同步创造条件用以改善劳动者的生活和工作状况，甚至资本逻辑可以允许欧洲民主社会主义上台执政，用不根本改变所有制结构（也倡导和推行所谓混合所有制）而致力于所谓"分配的正义"的纲领。这是在西方一切发达资本主义国家中每天都在出现的场景。

随着资本创新逻辑的推进，西方从大工业资本为主导转向后工业资本主导期，雇佣劳动者本身都在发生深刻的变化。西方的雇佣劳动者阶级状况从工场手工业阶段的手艺人群体转向福特制的机器大工业阶段的大规模工人阶级队伍，再到后福特制度条件下的蓝领工人占比急剧下降成为少数、而白领工人占据大多数，智能化迅速推进正在出现"无人工厂"的状况。大量的产业工人正在从生产一线中退出，在西方福利制度保障下，成为社会的边缘人，与生产资料和生产过程完全脱钩，仅仅成为日常生活领域的存在者。丹尼尔贝尔《后工业社会的来临》、托夫勒《第三次浪潮》等都给我们描述过这一类趋势。

作为资本逻辑全程的背负者，无产阶级与资本逻辑的同一性曾经使许多马克思主义革命者担忧。许多革命理论家看到同一性对于无产阶级解放运动的深层危害，主张不能依赖"同一性"去等待资本逻辑的自动消亡，而是要依靠无产阶级的觉悟，以异质性、断裂性和非同一性的理论指导无产阶级革命来推翻资本的统治，用无产阶级积极自为的历史革命去消灭资本统治，使之"灭亡"。这就是涉及无产阶级是否是旧制度的掘墓人的历史地位问题。列宁与卢森堡就工人阶级的自发性问题的争论，其实核心问题就在于此。列宁强调"自发的工人运动仅仅限于经济斗争"只会产生"工团主义"和"无政府主义"，而不会上升到政治斗争的高度，因此先进的思想只能依靠知识分子的"灌输"。但是，20世纪西方马克思主义对于无产阶级是否还是旧制度的掘墓人这一关键问题表示了怀疑。葛兰西《狱中札记》也提出："有机知识分子"的理论宣传和积极掌握文化领导权，才能够使无产阶级走上革命道路。卢卡奇《历史与阶级意识》阐释了同一个思想：第二国际的理论家们认为资本逻辑的崩溃仅仅是一个经济学意义上的自然历史过程这是错误的。无产阶级如果缺乏阶级意识，那么即便有了革命的客观条件也无济于事。法兰克福学派甚至指认无产阶级已经与资本逻辑在制度、认识和文化上"一体化"了，认为革命只有依靠与资本逻辑在文化—意义上发生断裂的知识分子所主张的"文化批判"和对资本意识形态的"总拒绝"才能成功。当然，主张"政治的无产阶级革命"的理论家们层出不穷。本刊推出的论文，就是关于这一主题的集中探索。

其实，第二国际与西方马克思主义之间在无产阶级历史地位和时代使命问题上的看法两者之间看起来是对立的，实际上却是基于同一个逻辑。第二国际固然仅仅诉诸经济学同一性的资本必然消亡的实证逻辑，但是西方马克思主义者葛兰西、卢卡奇和法兰克福学派同样认定无产阶级已经被资本逻辑同一化，因而要到无产阶级之外去寻找革命的动力。因此，这是革命动力的外置论。这同样否定了无产阶级作为资本逻辑掘墓人的历史使命。此外，主张政治革命的马克思主义者诸公，将政治经济学批判意义的"资本逻辑崩溃论"与政治学意义上的无产阶级革命论对立起来，用一个取代一个，造成马克思主义的政治学维度和经济学维度内在的分裂，是不妥的。其实，马克思关于资本主义的危机和崩溃即便在经济学意义上，也是与无产阶级作为资本逻辑的掘墓人这一使命是相关的。因为马克思对资本生产逻辑分析作为一个交往实践观的构型，包括着三个层次，而不是一个层次。第一个层次是生理学分析，即马克思分析资本生产造就的财富的不断扩大、生产关系的不断复制和扩展、意识形态不断占据社会的统治地位，形成了一个不断扩展的全球化体系，成为一个占统治地位的社会存在体系。这就是"同一性"体系。第二个层次是病理学分析，这一体系内在地存在着剥削、商业性危机和利润率下降趋势，因而必然会打破这种同一性，走向它自身的反面。资本生产的实体性同一性体系内在包含着相互对立的意义体系，即资本生产的结果对于不同的主体而言不仅不是同质的而是异质的，更是对立和对抗的。对于资本家来说，资本生产得越多，则越是财富的积累；而对于无产阶级来说，资本生产的结果越多，他们所得份额则越少，越显得贫困。同一个（同一性）生产过程源源不断地造就两极分化的异质性、对立性和对抗性意义体系,这就是无产阶级作为这一体系否定性主体的根本原因。虽然资本逻辑千方百计通过调节分配结果的方法缓和这一矛盾,但是根本对立的性质是不容改变的。任何改良和调节分配的措施都可能暂时缓和矛盾,但不能从根本上消除矛盾。欧洲民主社会主义福利国家政策在顺利的时候可能达到令人羡慕的成就,但是,一旦在全球危机来临时(如全球金融危机来临导致欧债危机),则立刻被打回原形。总之,同一性内在包括异质性,而不是将异质性去取代同一性。第三个层次分析则是辩证分析,既然同一性是肯定,而异质性是否定,那么两者就构成必然的辩证运动(肯定—否定、否定—肯定),因而就是历史辩证法。

意大利马克思主义者奈格里和哈特在《新帝国主义》中则重新阐释无产阶级作为历史推动者的主体地位,因而被人们称为"无产阶级主体论的马克思主义"。他们分析资本创新逻辑的演化中每一次重大跃迁,不仅仅是资本逻辑自身的调适,恰好是因为资本危机中的工人阶级展开的阶级斗争推动的结果。随着资本创新逻辑的演化,工人阶级形态经历了"工场手工业工人"、"机器大生产工人"和"社会的工人"三个阶段。资本逻辑为了打破工场手工业时期工人阶级作为手艺人对于手艺的垄断和专有,发明利用大机器生产,用福特制流水线,使工人成为机器流程的某个环节的片段操作工,因而使工人阶级依附于机器体系,从而瓦解了单个工人对原初手艺工序掌握的完整性和技巧性对于资本逻辑的威胁。但是这造成了产业工人阶级队伍的急剧增加,因而造成了工人阶级大规模反抗资本剥削和压迫的阶级斗争。为了瓦解这一大规模的阶级反抗,后福特制度普遍用智能化、订单制和精准线小型生产体系,从而大批工人阶级被迫退出生产一线而回到日常生活领域,靠社会福利体系生活,现在正在日常生活领域抵御资本逻辑的渗透,成为"社会的工人"。可以想见,21世纪将是全球智能化全面替代人力和简单脑力生产的世纪。资本创新逻辑将在自己的创新领域借助于科学技术的进步而获得全面统治。在资本创新逻辑支配下,科学技术进步将敌视人。历史唯物主义的生产力发展原理将第一次与工人阶级无涉。理性的物质生产发展与主体性权利之间将发生世纪的大分裂。占人口大多数的人将失去他们劳动的权利。在这一境遇中，无产阶级的历史地位和时代使命究竟如何，我们需要站在新的时代高度展望未来，进一步加以深度研究。

四、关于无产阶级的纲领和策略

马克思恩格斯在《宣言》1872 年德文版序言中曾说过，由于时代环境的变迁，《宣言》第二章末尾所主张的大多数革命策略可能都已经过时。但是《宣言》原则是正确的。"这些原理的实际运用，正如《宣言》中所说的，随时随地都要以当时的历史条件为转移"。①

今天，就全球而言，无产阶级与资本逻辑之间、社会主义与资本主义之间谁战胜谁的问题依然是这一个时代最重要、最根本的问题，是决定一切的关键。就中国而言，这一问题同样没有过时。任何否认、抛弃这一根本问题的理论家，都在某种程度上背离了《宣言》的根本原则。然而，与《宣言》时代相比，解决这一问题的根本策略和样态却发生了历史性的变化。这一对抗和斗争的主要路径，除了军事和暴力的对抗、对峙的路径之外，还采取了或转换为一个发展竞争和全球治理的路径。

之所以如此，当然首先是因为斗争激烈地采取两次世界大战的惨烈形式和战后冷战形式都没有从根本上消灭对方，而不得不采取全球战略均衡。和平与发展时代并不是无条件的，而是战略均衡的产物。继而，人类面对许多生死存亡的共同困境，战争武器超出人类世界所能承受的范围，现代性导致的全球生态危机、人类生存危机和南北差异困境等，或者说"四大赤字"，呼唤人类建立新的全球治理体系。中华民族的伟大复兴需要一个和平的发展环境。西方也意识到单纯的军事和帝国主义侵略已经无法立足。美国为首的西方国家起初通过发

---

① 《马克思恩格斯选集》第 1 卷，北京：人民出版社 2012 年版，第 376 页。

展来打压对方，最终通过天鹅绒革命来搞垮对方、使之"大失败"，似乎成为西方主张文化和意识形态革命更有效的方式。然而2008年爆发的全球金融危机不仅是西方经济霸权的危机，也是新自由主义文化的危机。危机后美国最终又走上保守的民粹主义道路。危机表明：即便按照"同一性"体系，西方资本逻辑也无法使自己安然地存在。马克思主义在发展中也面临挑战。以苏东剧变为标志，20世纪社会主义遭受的挫折，也需要其他社会主义国家在战略上进行盘整。这同样说明中国特色社会主义道路取得的世界瞩目的发展成就，使这一发展竞争和全球治理路径更加得到证明。

  我们不能安然地认为发展竞争就能解决一切。幻想在发展中强大起来的中国或社会主义体系能够再一次用价值制高点和压倒性力量方式迫使资本逻辑消亡，从而不战而胜。举一个例子：随着基因编辑、医疗、卫生、食品、保健、养育、养老等生命技术被资本逻辑操控，生物资本主义利用生物技术大规模侵入，渗透人的生命存在的每个环节，以控制人的生命进程，丧心病狂地以人类生命为载体榨取利润，布展资本权力，这就是"资本创新逻辑"。因此有了为摆脱传统危机，不断借尸还魂、抛弃一切伦理的和人类学的底线、不惜以绑架整个人类生命为代价也要大肆搜刮利润的疯狂举动。资本的政治代表即西方国家总是出台有利于科技创新和资本发展的公共政策，鼓励、支持和保护这一行动。我们在与全球资本和国家同盟主导的这一生物资本主义作以生命为代价的赛跑。不是资本最终控制整个人类生命基因、进而不惜绑架人类来维系自己的在场权力，就是我们在最终意义上战胜资本的这一企图。因此，看似平静的发展竞争背后是惨烈的无硝烟的大战。现在是否太晚？我们真不知道。我们今天面临的使命和任务，无论是中华民族伟大复兴还是全球治理，最终都必将面临与资本逻辑争夺时间控制权的竞争。但愿我们的理论界能够警醒。

2019 年 4 月 29 日

一

范式专题

哲学原理研究与多元体系阐释的马克思主义哲学原理研究范式

曹典顺

[摘　要] 如果说当代中国马克思主义哲学研究的原理研究范式与教科书研究范式在内容上相互缠绕而不容易区分，那么，原理研究范式与部门哲学研究范式在研究问题上的关联也是不容易区别。就研究视域而言，原理研究范式与部门哲学研究范式的差别亦是明显的，即原理研究范式的立足点是哲学原理的理论本身，而部门哲学的立足点是涉及相关哲学原理的学科方向。从研究视域的视角理解原理研究范式，原理研究范式不仅呈现出哲学原理研究的专属性，而且呈现出哲学原理视域的体系多元性。哲学原理研究的专属性根源于哲学原理选择上的差异化，哲学原理视域的体系多元性表现为原理体系构筑的差异化和不同原理体系之间的差异化。

[关键词] 马克思主义哲学　哲学原理多元体系　原理研究范式

在对当代中国马克思主义哲学研究范式进行梳理时，许多马克思主义哲学史研究的专家很少提及"克思主义哲学原理研究范式"（以下简称"原理研究范式"）。其中最为主要的原因就是，原理研究范式涉及的原理太多，以至于很难总结和归纳。换言之，原理研究范式的研究内容丰富，是因为它是一个多元化的体系。在一些学者看来多元体系的原理研究，应该划分为部门哲学的范式之列，即没有必要单列出原理研究范式的类型。但在我们看来，虽然宽泛意义上理解，原理研究范式的成果可划分为部门哲学成果之列，但原理研究范式的研究特点表明，它与部门哲学的研究还是存在明显差别的。这种差别的最大之处就在于原理研究范式的立足点是哲学原理，而部门哲学的立足点是涉及原理的学科方向。简言之，原理研究范式的视域较小，而部门哲学研究范式的视域相对宽泛。从原理研究与多元体系的关系理解原理研究范式，至少要涉及三个方面的内容，即原理选择的差异化，原理体系构筑的差异化和不同原理体系之间的差异化。

一、原理选择的差异化

与教科书研究范式的教科书特征明显相比较，原理研究范式的原理特征不够直观。原因有两个，其一，教科书的序言或后记中都标注了此著作为教科书，而原理研究的著作几乎没有标注自己属于原理研究范式的著作；其二，从著作名中即可判定出该著作是否为教科书，但从著作名中不容易判定该著作是否是原理研究范式的著作。无论是第一种原因，还是第二种原因，背后的根据都是相同的，即根据原理研究范式难以辨析的根源是可供原理研究范式选择的原理众多。那么，应该选择怎样的原理进行研究呢？根据有两个，其一，时代发展的背景决定了哪些原理更具有现实意蕴；其二，当下时代的学术热点和学者们的学术兴趣决定了学者们选择哪些原理更具有学术价值。基于这两大原因，当代中国马克思主义哲学原理研究范式原理选择主要体现在五大领域，即发展哲学的原理，政治哲学的原理，社会哲学的原理，价值哲学的原理和经济哲学的原理。

发展哲学是一种以研究当代中国的现代化发展问题为主旨的哲学理论研究，发展哲学的问题亦可称之为发展问题。"发展问题是在发展实践中各种矛盾的精神表现。问题是哲学之端,'发展问题中的哲学'是'发展哲学中的问题'的来源和基础"。① 哲学总是在不断地反映时代精神的精华,也总是在不断地总结实践活动经验和解决时代发展问题。在时代的发展进程中,社会、政治、生活等各个方面出现诸多新情况和新问题。发展哲学对发展过程中的社会、自然、人的相互关系的终极关怀,以及对发展实践、发展问题的哲学反思,表征了发展哲学立足于社会现实问题,接受来自现实发展问题的挑战,并以此为契机不断发展、创新自身理论和思想。具体而言,"21世纪是全球与中国大发展的时代,也必然是发展哲学嬗变创新的时代。走向当代中国的发展哲学建构必须面向中国本土经验,以'一体两翼'的路径布展创新格局,既需要对接当年马克思关于发展与资本现代性批判的思想传统,返本开新地'接着讲';也需要在与全球发展理论积极的对话中实现发展哲学的本土化转换;更需要在对当代中国发展问题的解答中,对'中国经验'与'北京共识'的哲学反思中,对中国本土发展文化的提升中凝聚为特色鲜明、风格独创的中国发展哲学"。② 这即是说,只有站在中国国情和人民根本利益的立场上选择发展哲学的问题进行研究,中国的发展哲学才能实现真正的发展与创新,才能真正解决中国现代化发展实践中的发展问题。

政治哲学是一种以政治改革和政治发展为中心的哲学理论研究,政治哲学的问题亦可称之为正义和自由的问题。随着中国社会、经济、生活的高速发展,个人与个人、个人与国家、个人与社会之间的关系问题逐渐突出。因此,诸多哲学家们开始从政治哲学的视域重新审视和理解马克思主义对社会公平、社会正义、阶级剥削、政治制度、政党关系等一系列涉及正义和自由的问题并进行探讨。这些成果不仅批判地吸收了国外政治哲学的理论和思想,更着眼于中国当前的实际情况,为中国特色社会主义政治建设提供了大量理论资源。"在一定意义上,我们可以

---

① 任平:《走向中国本土的发展哲学建构》,载《江海学刊》,2009年第1期。
② 任平:《走向中国本土的发展哲学建构》,载《江海学刊》,2009年第1期。

将重新复兴的政治哲学看作是一种典型样式的当代哲学,因为它的问题域切入生活世界的独特视角,以及对现实世界的理想性关怀,使它成为反思当代人类生存问题的最佳方式之一。作为对于政治的内在本性和应然价值的哲学反思,政治哲学关注的是政治价值观、理想的政治模式和政治规范的理论基础。"① 这即是说,政治哲学并不是远离人们现实生活的奇思异想,而是来源于人们的社会生活实际,从而指导人们的社会改革和建设实践,只有选择与现实政治生活实践相联系的政治哲学的问题进行研究,才能更好地为中国道路的建设服务。从思维方式的视角理解,政治哲学创新的是人们把握世界的思维方式和指导实践的方法论,此即政治哲学与政治学的根本区别所在。因为,"政治学关注的是作为经验事实存在的政治事物,是政治事物的具体表现、政治活动的具体过程,是通过对政治事物的经验性研究而把握政治活动的过程、公共权力的存在形式及运作规则等。政治哲学则是关注政治事物的内在本性、价值指向和政治活动的应然规范。它主要是通过对政治事物总体性特征的反思而把握它的内在本性,通过对涉及公平、平等、正义、自由等基本社会价值的研究而把握政治评价的基本准则。"②

社会哲学是一种以社会变革和社会建设为中心的哲学理论研究,社会哲学所研究的问题亦可称之为当代中国社会转型期的问题。改革开放以来,中国的社会、经济、生活等各个方面发生了巨大变化,中国社会进入了社会转型期。在社会主义改革和社会主义建设方面,社会转型期的中国,无论是在理论上还是实践上都取得了巨大的成果,围绕社会变革和社会建设为中心的社会哲学亦是呈现出一片百花齐放的景象。按照著名社会哲学研究专家陈晏清的理解,"社会哲学不同于实证的社会科学,社会哲学是从社会和人的相互关照中研究社会结构。社会哲学应着重研究社会转型,而我国目前正处在由社会主义市场经济的建立所推动

---

① 陈晏清、王新生:《政治哲学的当代复兴及其意义》,载《哲学研究》,2005 年第 6 期。

② 陈晏清:《政治哲学的时代使命》,载《求是学刊》,2006 年第 3 期。

的社会转型时期,因此,亟待建构一个既体现时代精神、又富有中国特色的社会哲学理论体。"① 这即是说,社会哲学从根本上关注的是处在社会转型期的社会生活关系中的人的社会、文化结构,即国家、法律、经济、宗教等。在我们看来,在社会变革和社会建设的实践过程中,根据本国国情,中国建立了具有中国特色的社会主义道路,即"中国道路",所以,当下最重要的社会哲学的原理,应该是围绕"中国道路"和"中国价值"展开的原理。"如何把'中国道路'从知性思维的理解范式中解放出来,既是深化'中国道路'理论研究和社会实践的需要,也是避免把'中国道路'妖魔化的需要。从本体论的视角看,'社会主义'贯穿'中国道路'的始终,是具有'本体意蕴'的社会存在。从认识论的视角看,'中国道路'具有'主体意蕴',是中国人民的'道路自觉'。从价值论的角度看,'社会主义核心价值'是'中国道路'的价值自觉,即'中国道路'具有'价值意蕴'"。②

价值哲学是一种把哲学的对象归结为价值的哲学理论研究,发展哲学的问题亦可称之为价值问题。价值哲学兴起于19世纪中后期,其先驱者是洛采与尼采,主要代表是文德尔班和李凯尔特。价值哲学创新了一条不同于其他以往哲学的研究路径,其实质是"价值"根植于何处的问题。而中国的价值哲学研究,是在实践标准的深入讨论基础上,充分发挥了哲学的理性批判和辩证吸收,使得价值哲学的理论意义逐渐凸显。从学科发展史的视角看,当代中国的马克思主义的价值哲学,是随着实践标准的讨论和思想解放运动的深入而兴起的,且在中国现代社会建设、社会发展的进程中取得快速发展。与国外的价值哲学的问题相比,当代中国的价值哲学表现出一个重要的特点——关注现实问题。马峻峰和李德顺先生对此有一个详细的总结,即他们认为,"与当代中国社会转型时期价值观念呈现错综复杂、动荡冲突的现实情况相联系并受

---

① 陈晏清:《关于社会哲学研究的几个问题》,载《湘潭大学学报》(哲学社会科学版),1998年第4期。

② 曹典顺:《"中国道路"的哲学意蕴》,载《马克思主义与现实》,2013年第6期。

之规定，当代中国价值哲学研究表现出很强的关注现实的理论旨趣和倾向，并意识到自己的历史使命，直接参与到促进价值观念转变和文化变革的过程当中。正因为这个缘故，其受到社会关注的程度、其社会影响与社会作用也就更为明显和突出。价值哲学研究在理论上极大地促进了对实践、主体性等重要哲学问题的认识，极大地促进了思想解放运动的深入，促进了整个社会的思维方式和价值观念的转变。"[①] 时代的发展与社会的变革，不仅促进了中国哲学界对价值问题的关注，而且成为了当代中国价值哲学能够得以发展和繁荣的一个重要因素。

经济哲学是一种围绕"以经济建设为中心"而展开的哲学理论研究，经济哲学的问题亦可称之为经济建设问题。对于何为经济哲学问题，余源培和俞吾金撰文认为，"20世纪下半叶，面对市场实践的严峻挑战，西方经济学突破原有的研究视域，导致了西方经济哲学的兴起。近年来，随着我国改革开放的进一步深化和市场经济体制的逐步建立，实践中涌现的种种新问题和新情况需要进行跨学科的综合研究。于是，有关经济哲学的讨论引起了众多学者的关注。可以说，经济哲学的兴起不仅有其深刻的学术背景，而且反映了时代的呼声，迎合了市场经济的需求。就目前国内的研究现状来看，尽管学者们对经济哲学的学科定位、理论生长点、研究途径等问题众说纷纭、观点不一，但对问题关注本身就表明，经济哲学研究是发展社会主义市场经济的客观要求。"[②] 这即是说，中国的经济哲学问题不仅是在对西方经济学的理性批判基础上兴起的，在更深层意蕴上，是学者们响应时代要求，在创新属于中国所特有的经济哲学问题研究上建立起来的。所以，中国当下的经济哲学原理的研究，必然会依托社会转型和经济发展的时代形势快速发展，这即是说，当代中国社会主义市场经济建设不但为经济哲学的出场提供了理论契机，而且还为经济哲学的发展提供了创新路径。中国的经济哲学正

---

① 马俊峰、李德顺：《当代中国人的文化觉醒——国内价值哲学研究三十年述评》，载《社会科学战线》，2009年第3期。

② 余源培、俞吾金等：《关于经济哲学的笔谈》，载《中国社会科学》，1999年第2期。

是在这样肥沃的"土壤"上迅速发展、创新,并取得了巨大的进展,"如上海财经大学的张雄教授团队所开展的经济哲学研究,从货币哲学入手,进展到资本批判,进而再行进展到财富哲学研究,步步深入,形成了国内经济哲学研究的演化逻辑"。① 这种对经济哲学问题的深入研究,极大地丰富了马克思主义哲学的中国化,为中国的社会主义经济建设提供了理论指导。

二、体系构筑的差异化

从马克思主义哲学学术史的视角看,很少学者愿意把精力放在原理研究范式的深入研究之上,因为,如果说原理的归纳就已经十分复杂,那么,每一个原理研究范式的学术成果的体系亦存在差别则更为加重了深度探讨原理研究范式的难度。换言之,如果说原理选择的差异化是原理研究范式复杂性的一个方面,那么,作为原理研究范式的范式体系的构筑的差异化,依然是原理研究范式复杂性的一个方面。而且,相较于原理选择的差异化,体系构筑的差异化则更为复杂,因为,体系构筑的差异化,不仅表现在相同原理体系构筑的差异化之上,还存在于不同原理体系构筑的差异化和交叉原理体系构筑的差异化之中。

体系构筑差异化,首先表现在相同原理体系差异化。所谓相同原理体系差异化是指,不同的作者在论述相同的原理时采用不同的逻辑结构,所以逻辑表达也是不尽相同的。比如,无论是孙正聿先生的《哲学通论》,还是彭新武先生的《哲学导论》都是在论述同样一个原理,即"哲学"这个原理如何认识和如何阐释。不同的是,在论述"哲学"这个原理的过程中表现出体系构筑具有诸多的差异性。如《哲学导论》在论述哲学涵义时采取逻辑和思想多重分析的思辨结构,即从认为哲学起

---

① 任平、曹典顺、李惠斌:《当代中国马克思主义哲学研究(2012)》,北京:中央编译出版社2012年版,第18页。

源于"惊讶"来引入哲学概念,哲学的本性就是"爱智慧"等引入什么是"哲学"问题,进而说明哲学是对世界的"深层追问"、哲学的本质特征是"反思",最后强调哲学是一种自由的学术探讨,哲学的探索是一个永恒的过程。① 同样是在论述哲学涵义,但《哲学通论》则是以"哲学"的本性问题基点,以对哲学是什么的逻辑推理作为体系构筑原则,即从"哲学"是"爱智"的学问和对"自明性"的分析入手,详细阐述黑格尔对哲学的理解——"庙里的神"、"厮杀的战场"、"花蕾、花朵和果实"、"密涅瓦的猫头鹰"、"消化与生理学"、"同一句格言"、"动物听音乐会"等,并进而通过哲学的自我理解、哲学的思维方式、哲学的生活基础、哲学的主要问题、哲学的历史演进、哲学的修养与哲学的创造七个方面对哲学进行阐释。不仅《哲学通论》和《哲学导论》论述的同一个原理,存在着体系构筑的差异性,其他原理研究范式的成果亦是如此。比如,同是论述马克思本体论原理,结构体系也是有区别的。王南湜先生在论述"马克思的本体论"原理时,从三个问题入手,一是本体论问题,二是决定其形态的因素,最后引出马克思的本体论问题。具体阐述原理时又是从如何理解人本体的存在方式考量,进而指出在马克思看来,每个个人都具有一种不可归结为"类"、"作为主体的社会"的独特的个体性,"从马克思对于个人的不可归结性的肯定我们能够得出马克思的本体论不属于历史的本体论,而是属于现实的本体论的结论"。② 而吴元梁先生也论述过马克思本体论思想,但他则是从马克思对本体论的表述出发分析"马克思的本体论"原理。吴元梁认为,"马克思所理解的本体论就是关于本体存在的理论,即本体是否存在,如何存在,以及本体与非本体相互关系的理论。"③ 也可以说,同样是在论述

---

① 彭新武:《哲学导论》,北京:首都经济贸易大学出版社2008年版,第1页。
② 赵剑英、俞吾金等:《马克思的本体论思想》,北京:社会科学文献出版社2006年版,第44页。
③ 赵剑英、俞吾金等:《马克思的本体论思想》,北京:社会科学文献出版社2006年版,第74页。

"马克思的本体论"原理，吴元梁先生是从文本入手架构体系，即与王南湜的从问题入手架构体系的原理论述存在着差别。

体系构筑差异化还表现在不同原理体系构筑的差异化，即在与原理研究范式不同的原理论证著述中，有不同的论证体系。如韩庆祥先生的《马克思人学的思想研究》与彭新武先生的《哲学导论》研究这两个原理体系就存在差异。从问题结构看，《马克思人学思想研究》是从马克思人学思想来源的人道主义、马克思人学思想的形成和发展、马克思人学思想的总体图景、马克思关于人的本体论、马克思关于人的社会观、马克思关于人的历史观、马克思关于人的价值观、马克思人学的历史命运以及社会主义市场经济与人的发展等方面对马克思主义的人学思想进行了详细的论述和阐释。从方法论结构看，《马克思人学思想研究》的原理的论述，力求从马克思原著的"文本出发"，避免主观臆断，以及力图采取历史考察和逻辑分析相结合、整体把握和结构分析相结合、观点和材料相结合、叙述和评议相结合、重点分析和一般叙述相结合等一系列研究方法，围绕"马克思人学思想及其当代意义"这一中心线索，按照问题本身的内在逻辑从思想来源、思想的形成和发展、总体布景、内容结构和实践意义等方面展开分析研究的[1]，寓论于史，史论结合；凸显"生活"，张扬"个性"；科学与哲学的相融合；彰显时代，关注现实；内容全面，可持续性强。[2] 这样的原理构筑体系，有助于我们全面地研读所涉原理的历史和全貌。《哲学导论》则不同于《马克思人学思想的研究》，其原理是按照自然观（"静谧"与"和谐"、神学化的世界图景、世界观的机械化、辩证的世界图景），社会历史观（社会演化及其规律、发展进步、发展的目标与模式、和谐、公正与秩序），人生观（人性与人生、自由与责任、道德与幸福、超越与不朽），认识论（心灵与认知、真理的追求、人类思维的足迹）等教科书研究范式的构筑体

---

[1] 韩庆祥：《马克思人学思想研究》，河南：河南人民出版社1996年版，"序"第2页。
[2] 彭新武：《哲学导论》，北京：首都经济贸易大学出版社2008年版，第1页。

系，推动读者结合自己的人生经历，即更好地实践相关的原理。再如，袁贵仁的《价值观的理论与实践》中讲述马克思主义价值观的原理是从马克思的人道主义理论，邓小平的价值观思想，"三个代表"重要思想的价值内涵，科学发展观的价值核心，马克思主义的人权观，马克思主义功利观、马克思主义效益观、马克思主义自由观、马克思主义民主观、马克思主义平等观、马克思主义公正观，坚持解放思想价值观，坚持实事求是价值观，坚持集体主义价值观，坚持爱国主义价值观，坚持艰苦奋斗价值观，坚持诚信价值观等方面展开的原理论述。这一原理体系构筑也不同于上面提到的原理，即这一原理体系构筑建立在强烈的时代需求与实际相结合的体系构筑方式，有助于帮助我们更好地解决在中国特色社会主义事业建设中遇到的相关理论困难。

交叉原理就是指虽然原理研究成果的主题原理不尽相同，但研究成果中的相关子原理有所交叉和重合，很显然，因为研究视角和子原理关涉的内容有着共同之处，但是它们的构筑论证体系仍然存在差异。比如，意识形态原理和价值观原理的研究就属于交叉原理的原理研究范式之列。因为，类社会的实践活动都是在某种意识形态和价值观下所进行的，所以，无论是意识形态原理还是价值观原理，它们都应该属于某种上层建筑方面的原理研究。交叉原理体系构筑的差别有多种形式。众所周知，在"意识形态"原理的论证上，国外学者和当代中国的学者有所差别，外国学者注重从"形而上学体系"上构筑原理体系，如巴拉达特著的《意识形态起源和影响》，他首先是从意识形态概念入手，意识形态概念又是从五个特征来进行表述的：第一，虽然"意识形态"一词经常被用在其他背景中，但是它首先而且主要是一个政治术语；第二，意识形态包含了对现状的看法，以及对未来的憧憬；第三，意识形态是行动导向的；第四，意识形态是群众导向的。[①] 中国学者则注重从隐形的

---

① 利昂·P.巴拉达特：《意识形态起源和影响》，张慧芝、张露璐译，北京：世界图书出版公司2010年版，第6页。

教科书思维把握意识形态，如俞吾金的《意识形态论》（人民出版社2009年版）。俞吾金从十三个子原理阐释了"意识形态"原理，即这个时代的哲学主题，马克思意识形态学说形成的前提，马克思意识形态学说发展的线索，马克思意识形态学说论析，意识形态批判的哲学意义，马克思主义意识形态学说的传播与演化，列宁、斯大林和毛泽东的意识形态学说，西方意识形态研究的复兴，当代西方对意识形态问题的新思考，当代中国的意识形态理论，意识形态研究中的若干问题，意识形态：哲学之谜的解答。很明显，《意识形态论》蕴含着教科书思维。价值原理的原理研究范式的学术成果，有的是体系构筑是从宏观到微观的论述，如，首先是从价值谈起，而后是价值观、马克思主义价值观，最后是我国的价值观理论。价值作为哲学范畴，表示客体对于主体所具有的积极或消极的意义。① 也有的学术成果不是从宏观到微观，而是直接从微观论证，比如，直接阐释"价值观念"。之所以重视价值观念，是因为价值观念是一定社会群体中的人们所共同具有的对于区分好与坏、正确与错误、符合与违背人们愿望的观念，是人们基于生存、享受和发展的需要对于什么是好的或者什么是不好的根本看法，对于某类事物是否具有价值以及具有何种价值的根本看法，是人所持有的应该希望什么和应该避免什么的规范性见解，表示主体对客体的一种态度。②

三、原理表述的多元化

马克思主义哲学的原理是多元的，也是宽泛的，也就是说，原理研究范式没有明显的规律性，那么，它用什么方法才能保证其存在的生命力呢？对此问题的回答，可以从原理研究范式对原理表述的书写选择来理解。纵观原理研究范式的学术成果，其对原理的书写有三大原则，即

---

① 袁贵仁：《价值观的理论与实践》，北京：北京师范大学出版集团2006年版，第4页。
② 袁贵仁：《价值观的理论与实践》，北京：北京师范大学出版集团2006年版，第130页。

原理书写的文本化、原理书写的个性化和原理书写的中国化。

原理阐释文本化，就是指研究者从涉及经典作家的某个或某几个文本出发，来研究和阐述相关"原理"。近年来，随着"重读马克思"热潮的兴起，原理阐释文本化的研究路径研究越来越受到研究者的重视，重视的原因主要有两点：第一，随着我国马克思主义哲学原理研究者研究的深入，许多研究者发现自己研究的哲学文本主要来自于苏联或日本，受社会意识形态的影响，其中许多原理阐释并不忠实于马克思主义哲学本身，要研究真正的马克思主义哲学原理，必须重回马克思主义哲学文本，进行文本解读。第二，随着中国马克思主义哲学原理研究者与西方马克思主义哲学研究者的对话交流，我国原理研究者渐渐意识到自己对文本解读的误区，呼吁通过对马克思主义哲学经典文本的研究，还原马克思主义哲学原理的本来面目。在当下中国的马克思主义哲学原理研究范式的研究中，有三种主要的路径：其一，以张一兵为代表的原理阐释文本化。张一兵认为，"任何文本的生成，都必然与作者历史的文化背景和写作背景密切相关，并且，由于作者本身的认知系统在创作文本的过程中是随着思想的动态语境而改变的，这就必然决定了一个作者的文本本身不是一个静止同一的对象。文本自它诞生之日起，作者就已经'消隐'了（福科在同一意义上说'作者死了'），我们所能遭遇和对话的永远是历史性的文本而非作者本人"。① 由此理解，这一文本化原理研究强调通过对马克思第一手文献的仔细研读，达到对马克思主义哲学原理的真实理解。其二，以丰子义为代表的原理阐释文本化。丰子义注重将文本研究与现实问题相结合，他认为，"同样的文本研究往往打上不同时代的烙印，不可能有固定不变的模式。这也是由马克思主义哲学的性质决定的。马克思主义哲学不是经院哲学，而是生活哲学、群众哲学、实践哲学，这样的性质决定了对马克思主义哲学不能进行'纯文

---

① 张一兵：《马克思哲学的当代阐释——"回到马克思"的原初理论语境》，载《中国社会科学》，2001年第3期，第6页。

本'的研究。必要的版本学考证、分析固然是必不可少的，但真正作为基本理论研究的文本研究，，必然离不开对现实问题的关照"。① 其三，以聂锦芳为代表的原理阐释文本化。聂锦芳强调，对马克思文本意旨的把握，既要关注马克思本人的思想，探究马克思的心灵世界，也要关注马克思文本的实践要旨，倾听时代的呼声，通过对马克思文本意旨的理解，促使原理阐释文本化，增强原理研究准确性。不论哪种形式的原理阐释文本化，都注重将文本研究与现实生活相结合，运用马克思主义哲学真实原理与基本观点来指导社会实践。这既是为了保障马克思主义哲学原理研究范式的发展与繁荣，还可以保障原理研究范式的强大生命力，从而促进原理研究的深入与发展。

原理阐释个性化，就是指任何原理研究范式的学术成果都烙有研究者独特的学术符号和学术习惯。原理既是带有普遍意义的道理，也是探究和阐述客观规律的理论，所以，马克思主义哲学的原理作为论述世界观和方法论的学说，必然具有共识性和统一性。但不可忽视的是，每一个研究者个体的实践经验、研究方法、根本立场，以及受与其他研究者互动交流的影响等因素的存在，研究者对马克思主义哲学原理的阐释，义必然带有个性化倾向，即面对同一个马克思主义哲学的相关原理，研究者因不同的学术个性而对该原理的表述不同。这即是说，"在坚持和发展马克思主义哲学中，各个哲学家从不同角度进行创造性的哲学研究，必然在方式、方法、过程和结果上展示出个性。正是凭借于此，马克思主义哲学才能获得自己的时代性和个性，才能得到丰富、充实和发展。"② 或者说，不同研究者对相关原理进行个性化阐释，构筑具有鲜明个性特征的原理研究体系，这不仅有利于社会文明多样化的发展，而且有利于对马克思主义哲学原理研究的不断深入。原理阐释个性化成果包含马克思主义哲学的不同领域，如：实践论、本体论、认识论、历史

---

① 丰子义：《如何看待文本研究与现实问题研究》，载《学术月刊》，2003年第1期，第13页。

② 欧阳康：《欧阳康自选集》，武汉：华中理工大学出版社1999年版，第71页。

观、价值观等，原理阐释个性化促使研究者对实践问题、辩证问题和人的问题都得到了新的阐释发展。从当下的研究状况看，主要研究领域有三个：其一，对马克思主义哲学"实践"原理阐释的个性化。学者们从涉及马克思主义哲学实践原理的相关著作出发，探究实践的内涵和本质，加强对马克思主义哲学实践观的重点论述，将实践观原理同中国具体实际相结合，提出了许多建设性意见和建议，例如，孙民指出，"马克思主义实践观，不仅具有当下的现实性，而且还寄寓着超越当下的理想性，马克思主义实践观开创的新文明，在当代中国体现在以国家富强、民族振兴、人民幸福为宗旨的中国梦之中，它内在地包含马克思主义与中国道路的辩证统一"。① 其二，对马克思主义哲学"辩证法"原理阐释的个性化。辩证法作为马克思主义哲学的重点问题，在马克思主义哲学原理中占有重要地位，关于辩证法原理的个性化研究在哲学所有研究成果中占有很大比重，许多学者对马克思主义哲学辩证法原理都作了个性化阐释，例如，王庆丰所写的《如何理解马克思辩证法的"批判"本质》一文就是依据个人认知水平对辩证法原理所做的个性化阐释。其三，对马克思主义哲学"人的主体性"原理阐释的个性化。马克思主义哲学强调人的主体性地位，认为人是实践活动的主体，在尊重客观规律的基础上，人发挥自身的主观能动性能够正确的认识世界与改造世界，人的发展不是片面的发展，而是全面的、完善的发展，关注人的主体地位，不能忽视人民群众的决定性作用。郭湛撰写的《主体性哲学：人的存在及其意义》肯定人的主体地位出发，阐释原理要加强对人生命的关怀、对人生命价值的关注、对人的现实性的重视。马克思主义哲学不同原理阐释的个性化学术成果不断涌现，既为具体的哲学原理发展提供了直接成果，也为马克思主义哲学原理更深层次的研究奠定了理论基础，保障这原理研究范式的生命力所在。

---

① 任平、曹典顺、李惠斌：《当代中国马克思主义哲学研究（2014）》，北京：中央编译出版社2014年版，第143页。

原理阐释中国化，就是指从中国特色社会主义的实践理解和阐述马克思主义哲学的相关原理。伴随着中国改革开放的开展和深入，马克思主义哲学原理阐释不断变革，既有意识形态化的阐述，也有学术性和中国化意蕴的论证，即原理阐释单一化的局面不断被打破。在马克思主义哲学相关原理的多元化阐释中，马克思主义哲学原理阐释的中国化成为重要的方式之一。马克思主义哲学原理虽然具有普遍适应性，但马克思主义哲学原理要在中国落地生根，不能照搬照抄马克思主义哲学的基本原理，必须实现原理阐释中国化，否则极有可能导致原理理解的教条化。这就是说，原理阐释中国化就是为了更好地把马克思主义哲学的一般性原理与中国具体实际情况相结合，以促进马克思主义哲学原理对中国改革、发展的指导作用。原理阐释中国化的学术成果众多，就改革开放以来的状况来看，主要有四个方面：其一、邓小平理论。邓小平理论在发展毛泽东哲学思想的基础上，进一步推进了马克思主义哲学原理阐释中国化的进程，邓小平理论依据物质和意识的辩证关系原理，强调一切从实际出发，解放思想，实事求是，将实践作为检验真理的唯一标准纳入理论体系之中，除此之外，邓小平理论基于中国科技发展的最新成果，深化了马克思主义哲学中关于生产力原理的阐释，提出"科技是第一生产力"的创造性命题，把原理与中国具体实际相结合，促进了原理阐释的中国化发展。其二、"三个代表"重要思想。"三个代表"重要思想体现了马克思主义哲学原理阐释中国化的又一次与时俱进，中国共产党基于对马克思主义哲学生产力原理的中国化阐释，提出中国共产党必须始终代表中国先进生产力的发展要求，基于对马克思主义哲学社会意识原理的中国化阐释，提出中国共产党必须始终代表中国先进文化的前进方向，基于对马克思主义哲学人民群众原理的中国化阐释，提出中国共产党必须始终代表中国最广大人民的根本利益。其三、"科学发展观"。"科学发展观"的提出根据是物质与意识的关系原理、实践与认识的关系原理、人民群众是历史创造者的原理、辩证法原理等，科学发展观是这些原理与中国发展实际相结合的具体产物，其第一要义是发展，核心是以人为本，基本要求是全面协调可持续，根本方法是统筹兼顾，实现了原理阐释中国化。其四，习近平新时代中国特色社会主义思想。中国共产党的十八大以后，习近平总书记围绕改革发展与稳定的关系、内政与外交的关系、经济建设与政治建设的关系、从严治党与惩治腐败的关系、保障民主与政治文明的关系等多个视角，发表了一系列重要讲话。可以说，习近平用巨大的理论勇气和政治智慧，提出了许多富有创见的思想和观点，深刻回答了新的历史条件下党和国家发展的重大理论和现实问题，为中国人民如何在新的历史条件实现中国富强之梦提供了基本原则。总之，原理阐释中国化体现了原理与时俱进的理论品质，将原理阐释紧密结合中国实际，不断推进马克思主义哲学中国化的历史进程，使中国化的马克思主义哲学原理成为中国改革开放和社会主义现代化建设强有力的思想武器。马克思主义哲学原理阐释中国化起源于中国式的社会建设实践，立足于现实生活的原理阐释，较好地保证了原理研究范式的生命力。

（作者曹典顺系江苏师范大学哲学范式研究院院长、教授；主要研究方向，哲学基础理论、社会哲学、马克思主义文本文献学）

论中国马克思主义哲学史研究范式的创新与转换

冯建华

[摘 要] 立足于马克思主义哲学史研究范式审视,马克思主义哲学创新分为两个层面:一是马哲史研究范式内部的创新层面,主要是指其本身具有的创新功能和带动作用,以及这一创新功能在不同阶段的呈现;二是指对马哲史研究范式的超越性创新,也就是马哲史研究范式的转换层面。马哲史研究范式具有二大创新功能:历史性的阐释方式,注重逻辑挖掘和理论提升、史论结合的研究方式,在多学科、多门类知识的整体关联性中深入阐释马克思主义思想的整体性,因而较好克服了教科书—原理研究范式的缺陷。由于马哲史研究范式本身存在着内在张力和视域局限,因而在新旧世纪交替之际,马克思主义哲学研究范式创新实现了范式转换,即由马哲史研究范式转换到与西方哲学对话研究范式、问题的反思学研究范式、文本学研究范式。这一范式转换只是马哲史研究范式失去了轴心地位,而非彻底消失。针对过去研究中存在的问题,马哲史研究范式出现了进一步创新的趋势。

[关键词] 马克思主义哲学史研究范式 马克思主义哲学研究范式图谱 创新功能 范式转换

在当代中国马克思主义哲学研究范式图谱中，在中国马克思主义哲学创新发展过程中，马克思主义哲学史研究范式（以下简称马哲史范式）曾经作为轴心范式而出场，发挥过主导作用，取得了一系列重要成果，并有力带动了其他研究范式的发展。深入研究这一范式能够取代马克思主义教科书和原理研究范式（以下简称教科书—原理范式）成为轴心范式的原因，全面探讨这一范式的特点、创新功能的内容和具体体现，并且辩证分析其存在的内在张力和视域局限，揭示马哲史研究范式转换的必然性和转换结果以及这一研究范式在未来进一步创新的趋势，对于马克思主义哲学创新学术史研究具有非常重要的理论意义。

一、马克思主义哲学教科书——原理研究范式的视域局限与马哲史研究范式的特点

马克思主义哲学教科书范式和原理研究范式，是马克思主义哲学的中国出场的最初路径，虽然二者有一定区别，原理研究范式在一定程度上克服了教科书研究范式的缺陷，"比起教科书来，原理研究范式还可以适度借助于中西哲学史、文本文献考订等论据，甚至局部以史的逻辑来展开，但是，这都是手段，宗旨、目的和主导范式不会变，都是为了服从、服务于原理阐释。"[①] 总起来看，二者之间紧密关联，"一定意义上是纠缠在一起的……没有不包含马克思主义哲学基本原理阐释的教科书范式。"而马克思主义原理研究范式在思维方式上是一种"隐形的教科书思维"[②]，有鉴于此，笔者将二者合称为"教科书—原理研究范式"。这一范式在马克思主义哲学发展中具有重要的历史作用，它最初建构出的体系是辩证唯物主义和历史唯物主义原理，这一体系一方面最能适应当时中国计划经济体制的现实需要，有力促进了计划经济时代中

---

① 任平：《论孙正聿现实学术研究的出场范式》，载《哲学分析》，2016年第1期。
② 曹典顺：《论当代中国的马克思主义哲学原理研究范式的特点》，见任平主编：《当代中国马克思主义哲学研究2016》，北京：中央编译出版社2017年版，第1—2页。

国社会的全面发展；另一方面，作为一种最有利于大众普及的马克思主义哲学出场方式，有效实现了马克思主义哲学大众化，也提供了意识形态宣传的最佳路径。虽然这一体系有效适应了计划经济时代，但是由于计划经济体制的缺陷逐渐暴露，随着社会由计划经济向市场经济的转型，这一体系整体上已基本不再适应社会主义市场经济的新时代了；就理论自身而言，这一体系基本沿用苏联的教科书体系，虽然在内容上做了有限修改和补充，但是其核心原理结论、核心概念、基本结构框架和话语方式都没有本质的变化，学界广大学者都普遍批判过其缺陷：这一原理体系具有非历史性、教条化理解、简单的意识形态化的缺陷，具体来讲，表现在其性质和作用具有附属性而非本源性、这一理论形态具有封闭性和神圣性、其研究方法具有悖谬性（即用次生的原理反注原著文本）、其文本引用的同质性遮蔽了不同阶段的差异性思想、其思维方式具有僵化性。

  20世纪80年代以后，这一早期的教科书原理体系虽然也进行了改革，进入"教科书改革（即对传统苏联马克思主义哲学原理教科书进行改革）阶段"，其缺陷在很大程度上得到克服，某些新建构的原理形态也很大程度上反映了市场经济新时代的本质要求，但是，这种研究范式、出场路径仍然带有其总体视域的局限："原理表达断言化，思维逻辑推理化，问题阐释体系化"[①]，该范式的话语模式主要采取直言判断方式，直接用定义回答"是什么"，对于"为何是什么"和"如何是"问题主要依靠共时性逻辑展开，很难充分进行历时性文本文献思想的考证；教科书原理研究范式的核心和宗旨在于某种逻辑完整的阐释体系，对于体系内部各原理的论证一般采取推理和演绎，在表现出逻辑严密性的同时，难以充分展开马克思主义哲学思想的历史性演变，很难处理某种原初时境之中的原理结论与现实语境中发展创新之间的矛盾，被强化的原理体系往往会遮蔽哲学的问题意识，而且就内容来说，一直存在着

---

① 任平：《论孙正聿现实学术研究的出场范式》，载《哲学分析》，2016年第1期。

学科边界（马克思主义哲学、政治经济学、科学社会主义）的固化问题，学科壁垒无法被打破，这就是本来是"一块整钢"的马克思主义理论被肢解。正因为教科书—原理范式的上述视域局限，导致弥补上述缺陷的马克思主义哲学史研究范式的出现和发展。

相较于教科书研究范式和原理研究范式，马哲史研究范式的根本特点是历史性，它具体表现在：马克思某一思想与文本整体思想语境之间的联系、某一文本与其他文本之间的历史联系、马克思哲学思想与其他思想（经济学、政治学、社会主义、历史学等思想）之间的历史性联系、每一文本背后历史性的提问方式和思考方式、马克思各种文本与时代背景和历史图景的联系、马克思主义哲学自身创立、发展、创新的历史过程性，马克思哲学思想整体与时代图景之间的历史性联系。历史性这一根本特点成为其独特研究优势，使其较好地克服了教科书研究范式、原理研究范式的视域局限，它具体表现在：强调马哲史范式作用的主导性，教科书和原理理解形态的非神圣性，研究方法上强调马哲史的优先性，文本引用的非同质性和差异性，强调历史间距性的解释学视野，弱化和消解领袖中心论思想，注重以"史"带"论"、"史论"结合的叙述方式，又避免了经验历史主义。

马哲史研究范式以其历史性、原著思想的本源性、研究领域的交叉性、学科的综合性的特点和优势，在20世纪80年代成为轴心范式，弥补了教科书原理研究范式的不足，推动了中国马克思主义哲学的创新研究。

二、马哲史研究范式的创新功能

相较于教科书—原理研究范式，马哲史范式研究在马克思主义哲学整体创新中具有独特优势，其创新功能表现在三个方面：历史性的阐释方式；注重逻辑挖掘和理论提升、史论结合的研究方式；在多学科、多门类知识的关联中深入阐释马克思主义思想的整体性，因而较好克服了前一研究范式的缺陷。

首先，阐释的历史性，由此激发出来基于历史图景转变产生的理论创新意识。相对于原理教科书研究范式而言，马哲史范式研究的最大特点是"以史为根"，严格地以马克思主义哲学思想的历史性发展作为研究根基，打破对于马克思各种理论结论的平面化、表层化、现成化的理解方式。马克思主义哲学作为"思想中的时代"，作为一门"唯一的历史科学"，作为"时代精神的精华"，时代性、历史性、生成性、发展性是其本质，马克思主义哲学就是马克思主义哲学的历史，就是一部思想理论的随现实历史发展而出场的思想史。传统的原理教科书理解由于其体系的封闭性、结论的固化性和恒定、研究方式的静态性容易产生绝对化、教条化理解，割断马克思的哲学与特定历史时代背景、特定实践场域、特殊时代问题之间的联系，把它变成适用一切时代、一切民族、一切实践场域的终极结论、绝对真理，不能深入探讨每一文本著作与当时历史时代，与当时马克思特定的思想语境、特定思想整体，与其他多种思想语境的复杂关联性，也难以展现马克思哲学与当代历史时代、与当代思想语境、与其他思想理论之间的内在关系，因而封闭了马克思主义哲学的创新之路，从而把它变成形而上学色彩的历史哲学，变成教条主义的不变结论。马哲史研究范式根本反对这种无历史、非历史、反历史的马克思主义哲学观，把历史性作为马克思主义哲学的第一本性，在历史场域中进行阐释，将马克思主义哲学看作是一个历史发展着的思想体系。它着力强调马克思主义思想本身历史发展的过程性：不仅强调其孕育、形成、传播的历史过程性，而且强调其理论发展、理论创新的历史过程性；不仅强调某一历史文本的整体性，而且强调它与其他历史时期马克思哲学发展的历史关联性；强调某一文本语境的多重性、思想的探索性、与其他理论思想的复杂关联性；努力结合各种思想产生的历史背景、时代差异来揭示各种思想理论的深层本质，强调其思想理论对于历史背景、时代特点的依存性，把马克思主义哲学看作是一个随着时代特点、历史图景的变化而不断出场、不断改变理论形式、不断创新形态的过程，看作是一个历史发展着的思想体系。

其次，注重理论挖掘，以"史"带"论"，以历史性为基础进行"史论"结合的研究，同时反对经验历史主义的外在描述的研究方式。凸显马克思思想的历史性是马哲史范式研究的根本特点，也是它不同于教科书原理范式的研究优势。另一方面，思想史的历史性又不是对各时期著作思想的表层描述，不是把不同历史时期马克思主义思想家的著作汇总起来，使马哲史成为"人名和书名的历史"。马哲史研究范式认为，马克思主义哲学作为"思想中的时代"，一方面包含其"时代性"、历史性、发展性的一面；另一方面又强调其作为时代性的"思想"，是一种基于历史变化、时代变迁的思想性、逻辑性、理论性，摒弃外在经验描述的研究方式，把马克思主义哲学史视为思想史、观念史、逻辑史，突出"论"（内在逻辑和理论）的阐释。因而这一研究范式的创新功能在于，通过"史"的眼光重新发现一个不同于苏联教条主义的理解方式，力求把马克思主义哲学理解为一个不断基于当时历史实践、历史背景、历史语境而不断出场、不断提出问题和解答问题并不断创新的理论史、思想史、逻辑史，并且为基于当代历史实践、历史背景、历史语境而提出问题解答问题，建构再次出场的创新理论，以此对当代社会实践、当代社会发展进行深层的理论穿透。

第三，各领域知识之间的整体关联性和历史相关性。马克思的新世界观出场不再是一个单纯封闭的哲学自我革命的产物，而是一个被还原到"改变世界"与"理解世界"相互激发，在古典经济学、政治社会学说、历史学说相互影响条件下整体碰撞的结果，甚至还涉及美学、军事学、民族学等内容。传统的马克思主义哲学原理研究是一种学科分化前提下的研究，把他的哲学思想作为一个独立的学科领域进行研究，把它的经济学、社会主义思想也作为独立的学科进行研究，造成彼此之间的分割。虽然表面上强调列宁所说的三大内容是"一块整钢"，不否认各相关领域知识之间的联系性，也肯定其他思想对于马克思主义哲学理论的作用和影响,但是由于学科分立作为其研究的前提,因而这种联系只能是已经画地为牢的各学科之间的外在关联、板块拼接,不可能展现它们水乳交融的内在联系。马克思主义哲学原理内容中不涉及经济学、政治学、历史学、民族学内容,仅仅是单纯的马克思主义哲学原理内容。如果承认其他内容的作用,也只是承认其在马克思主义哲学形成过程中的影响作用,而在马克思创立马克思主义哲学之后,经济学内容、政治学内容、文化学内容、历史学内容都是独立的研究领域,它们与哲学的联系只表现在它们都是哲学世界观、方法论原则的外在应用,只是已有哲学原理的丰富和证实,而不去揭示其他内容对于马克思主义哲学的创新和发展的作用、马克思主义哲学随着其他领域知识的发展而创新的本性。在哲学自身方面,传统研究只重视德国古典哲学对马克思主义哲学创立的作用,而不承认其他哲学阶段、哲学形态对马克思主义哲学的积极影响。而马哲史研究范式则根本克服了这一研究弊端:其一,在研究内容方面,马哲史研究范式可以不受狭隘学科分工限制,打破学科壁垒,能够同时包含哲学以外的经济学内容、社会主义思想的内容、政治和社会内容、文化传统等方面的内容。对马克思主义哲学自身而言,在德国古典哲学之外,可以更加深入探讨古希腊哲学、近代经验论和唯理论哲学、法国唯物主义哲学的积极影响,不仅重视其主导线索的研究,还可以进行支援背景的研究,从而深化对马克思主义哲学创立、发展的研究。其二,在各领域之间关系的理解上,既可以同时包含各个不同领域的思想理论,进行外在并列理解;也可以深入理解他们彼此之间的内在有机联系,揭示不同领域思想的相互依存性,尤其是其他内容对推动马克思主义哲学发展和创新的巨大意义。其三,在研究对待同一文本时,马哲史范式不是以单一学科的态度进行研究,而是深度挖掘表面上属于其他学科文本的哲学基础、哲学内涵,以及这些哲学基础对于某种学科知识的指导作用;更为重要的是,还可以反过来挖掘某一学科理论完善对马克思主义哲学发展的推动作用,消除教科书原理研究中的哲学理论终结论、目的预设论的弊端，比如传统研究一直视《资本论》为纯粹的经济学著作，对于其哲学意义要么不予承认，要么只是承认它是已有哲学思想的运用，没有独立的哲学意义。而马哲史研究则可以从经济哲学的视野打开其哲学、经济学的深层关联意义，剖析出经济学理论对于马克思主义哲学发展、哲学创新的不可或缺作用，从而彰显出对马克思主义哲学创新理解的独特优势。

马哲史研究范式的上述三大创新功能在总体上发挥着推动马克思主义哲学发展、创新的作用，这一创新集中表现在20世纪80年代和90年代，尤其是80年代，它推动了我国马哲史范式研究在这一阶段取得一系列突出的成果。伴随着开始对苏联教科书体系反思、马克思主义哲学史学科的建立，马哲史范式研究繁荣一时，各种通史著作喷涌而出。粗略统计，从1981年第一本马哲史著作问世起，至20世纪末共有近100种各形式的马哲史通史著作产生，其中通史著作在前十几年中占据了大半，直到1996年出版完整的8卷本《马克思主义哲学史》为止，标志着我国马哲史通史著作达到了最高潮。同时，还有一些有深入研究的断代史、专题史著作不断问世，在20世纪最后十年中，随着西方马克思主义等思潮的传入，专题史的探讨又成为马哲史研究的主导形式。总体来讲，这一时期我国马哲史范式研究的创新之处表现在：第一，初步克服了马克思主义哲学研究中的非历史性、同质性、意识形态的独断性缺陷，基本确立了马哲史学科的基本定位、基本分期体系、基本观点体系、研究方法上的基本特点，广大学者不再简单依据教科书原理判断现实问题，而是回到经典作家那里寻找方法和思路，马哲史范式所独有的历史特性、原著思想的本源性功能发挥了积极的引领作用，能够激励新问题的产生、推动争论的深化，成为判定各方讨论是非的标准，这一范式的研究在当时引领了一系列热点问题：如异化与人道主义问题、实践唯物主义问题、主体性原则问题、社会发展理论与东方道路问题、生产力标准问题。第二，凸显了马哲史范式研究的综合性优点，打破了"三分天下"(哲学、经济学、社会主义)各自独立的学科壁垒,许多通史和专题史著作都自觉结合经济学、政治学、社会主义学说、社会学、美学、民族学、军事学等广泛的内容,推动了当时历史学、文艺学、政治学等学科的发展。比如当时的社会形态理论、亚细亚生产方式理论影响了史学理论,马克思恩格斯与拉萨尔的现实主义争论影响了文艺学,列宁的民主集中制学说影响了政治学。马哲史研究还积极影响政治、社会发展,超越了纯学术的领域,80年代甚至90年代,许多党的重大路线方针的制定往往都以对经典作家的基本思想的解释、发展为基础,直接影响到党员干部和群众。①

三、马克思主义哲学研究范式的转换与马哲史研究范式进一步创新的趋势

以历史性为本质特征的马哲史研究范式虽然发挥了独特的创新功能,有力推动了改革开放之后马克思主义哲学在中国的创新发展,迎来了马克思主义哲学研究的繁荣局面。但是,应该看到,这一研究范式也不是完美无缺的,同样存在着视域局限和内在张力,具体表现在存在着时间逻辑和思想逻辑之间的矛盾,存在着史论循环、对象本性与方法论视域之间的循环、微观文本与整体通史阐释之间的循环,马哲史研究范式无法根本解决这些循环和张力,而只能在这些张力中进行,这些循环与张力构成马哲史研究范式的视域局限。这些内在张力和视域局限表现在中国马哲史研究范式发展的不同阶段之中:20世纪末表现在以论带史、思想的历史服从理论逻辑的倾向,马哲史的深层研究模式并没有真正彻底摆脱苏联的影响的问题和局限;新世纪以来则存在着"有史无论"、"趋史避论"的倾向,马哲史通史研究急剧衰落、成果锐减;又存

---

① 参阅张亮:《我国马克思主义哲学史学科的历史之路》,载《学术研究》,2009年第1期。

在着轻视理论逻辑创新与轻视现实历史同时并立的怪象，标榜"价值中立"、进行纯文本研究的问题。①

马哲史研究范式存在着上述内在张力和视域局限，以及不同阶段马哲史范式研究中实际存在的缺陷，使得马克思主义哲学范式总体创新的脚步就不会停留于此，而会继续造就和产生新的研究范式，以适应时代发展提出的要求，弥补马哲史研究范式的局限，因而在马克思主义哲学范式总体创新过程中，必然实现"范式转换"，即由马哲史研究范式必然会转换到其他研究范式。

立足于出场学视域审视，单一的马哲史研究范式对于马克思主义哲学研究是必要的，但又是不够的，需要其他研究范式的的补充，马哲史研究范式中的张力和局限可以在其他范式研究中得到有效解决。在马克思主义哲学研究中，某一范式会在某一阶段发挥主导作用，成为轴心范式，引领和带动着其他研究范式的发展；而随着时代发展，现实主题的变化，理论问题的变化，必然导致马克思主义哲学研究范式的转换，创造出新的研究范式，或者由某一轴心范式转换到其他轴心范式，发生轴心范式的转换，使马克思主义哲学范式研究呈现出阶段性特点。

马哲史研究范式就曾经在 20 世纪 80 年代成为轴心范式，随着"文革"的结束，改革开放历史新时代的开启，传统教科书理论研究不适应这一历史，需要进行改革，马克思主义哲学研究出现了"教科书改革"大潮。如何反思传统教科书研究的弊端，如何改革教科书理论体系，一方面要面对现实历史；另一方面，需要在理论上反思和批判教科书理论的非历史性、教条化理解、简单的意识形态化的缺陷，回到马克思主义经典作家那里寻找思路和方法，恢复马克思主义哲学作为历史科学的原貌，推进马克思主义哲学研究。马哲史研究范式以其历史性、原著思想的本源性、研究的交叉性、学科的综合性的特点和优势，自然成为 80

---

① 参阅冯建华：《马克思主义哲学史研究范式的视域局限及不同阶段的表现》，见任平主编：《当代中国马克思主义哲学研究 2016》，北京：中央编译出版社 2017 年版，第 35 页。

年代马克思主义理论创新的中心，在当时各种理论热点的讨论中，它都积极参与，发挥引领带头作用，能够激励理论问题产生、推动理论争论深化，甚至在争论中作为判定标准，起到终止争论的作用。比如在异化与人道主义问题、实践唯物主义问题、主体性原则问题、社会发展理论与东方道路问题、生产力标准等问题讨论中它都起到关键作用。而到20世纪90年代，我国社会发生了深刻转型，由计划经济全面转变为市场经济，国际上苏东剧变，社会主义实践遭受重大挫折，传统马克思主义理论失去了合法性基础，马克思主义哲学的当代性、在场性受到严重挑战，西方一部分自由主义者宣称"历史的终结"、马克思主义彻底退场。在这种背景下，马克思主义哲学是基本沿用既有形态，进行简单修补，使马克思主义哲学丧失解释力？还是在新的历史条件下，直面挑战，以当下现实问题与理论问题为中心，与时俱进，积极创新，激发其当代活力，探索马克思主义哲学与时俱进的新形态？时代的选择当然是后者，这一道路形成了20世纪90年代到新世纪马克思主义哲学创新的基本线索。而在其中，马哲史研究一度陷入低潮，新世纪以来则借力其他研究范式的成果实现了一定复兴和创新，但是，应该看到，马哲史自身的创新是有限的，虽然它能力求结合现实历史变化深度描述理论出场的历史逻辑，但是毕竟仍然属于思想的出场史、属于思想史，不能超出思想史的界限，而思想出场史的深度描述是不够的，它背后的现实历史才是造就思想出场史的真正原因。在激活马克思主义哲学当代性，实现马克思主义哲学面向现实历史创新的过程中，对重大现实历史问题的反思是创新的直接源头，借助当代西方哲学研究成果并进行有效对话是创新的时代视野和理论资源，以当代视野回到马克思文本并激活其思想是创新的基础。因而，新旧世纪交替之际，相继造就出与西方哲学对话的研究范式、问题的反思学研究范式、文本—文献学研究范式，马克思主义哲学研究范式创新相应实现了范式转换，即将轴心范式由马哲史研究范式相继转换为上述三种研究范式。

首先,"与西方哲学对话的研究范式"出现于20世纪80年代,兴盛于90年代,成为90年代的轴心范式。其出场的原因在于马克思哲学必须面向当下的理论问题,面向马克思主义今天受到的挑战,重新审视当代西方思潮的时代性价值,激发它具有的"切中时代现实"的思想资源。具体来讲,一方面,当代有重大影响的西方哲学家大多深刻地表征了时代问题;另一方面,他们又都提供了对这一时代问题的解答方案,具有积极的启示作用,虽然当代西方哲学不是时代精神的精华,但却是时代精神的表征,时代问题的表现。当年马克思思想就是在批判地汲取德国、法国和英国的古典思想,对当时各种思潮批判性对话的过程中才能出场,当代形态的马克思主义,也需要与当代一切主要思潮展开对话,汲取一切思想合理因素,激活自己的批判思想资源,创造出当代形态。这一对话进而扩展为与当代一切中西哲学思想的对话,并取代马哲史作为轴心研究范式的地位,成为引领和带动20世纪90年代马克思主义哲学创新的轴心范式。

其次,"反思的问题学研究范式"出现于20世纪90年代中期,在世纪之交对马克思主义哲学研究产生了重大影响,并延续至今。较之马哲史研究范式,这一研究范式可以走出理论史,以问题为中心展开研究,更好地体现马克思主义哲学的时代性、历史性,更加直接面对世界、面对时代、面对实际生活,面对它们不断提出的问题,打破教条主义的束缚,不断将现实问题转化为理论问题,重新反思批判既有的理论,重新寻求对问题的解答。这一研究范式所面对的重大问题主要是指当代出现的重大全球问题和国内市场经济发展中出现的问题:在国际层面,以知识经济为主导的新全球化时代对全球生产方式的深刻变革、知识资本化成为全球主宰、重写现代性、全球格局变化、多元文化冲突等;在国内层面,中国建设社会主义市场经济中出现的生态问题、伦理问题、社会分配不公问题、政治哲学问题,这些问题对马克思主义哲学在场性形成了当代挑战,需要马克思主义哲学重新回答,成为其出场的主要领域和当代在场的主要方式。同时这一研究范式又反对"问题的实证主义","问题的实证主义"停留于感性直观的外在描述,是一种资本拜物教,是在资本化的物质世界中遮蔽生活本质的"物化意识"。"反思的问题学"问题视域和提问方式则是批判地反思来自现实表象的问题,对问题进行本质层面的反思批判。这一研究反思以其深入的历史性、直接的现实性,在新世纪里产生主导作用,一度成为继马哲史范式之后的轴心范式,对马哲史范式研究产生了积极影响。

再次,"文本—文献学研究范式"在新世纪强势崛起,从马哲史研究范式中独立出来,成为一种重要的创新研究范式。1999年张一兵《回到马克思》一书的出版是这一研究范式诞生的主要标志,虽然这一研究范式属于马哲史研究领域,但较之马哲史研究范式,其独立出场的原因和意义在于:第一,清理了此前马哲史研究的方法论错误,消除了苏联马哲史研究模式的消极影响,更好地打破教科书和原理研究的教条主义,更深入地体现马克思哲学的历史性质,注重文本深度耕耘和意义探索,着眼于出场的变化和差异,着眼于与我们今天的当代马克思主义理解可能很不一样的当年马克思原初语境,着眼于我们今天的特殊语境去激活马克思文本的意义。所以,"返本"不是作为"原教旨主义"的还原,而是一个创新地理解马克思恩格斯思想的范式。第二,文本—文献学深化了对马克思、恩格斯、列宁等人的文本文献的版本学、目录学、编撰学、意义结构的考订、研究、解读。这一研究范式带动了新世纪以来对经典作家全集、文集的重新翻译和出版,目前已完成《马克思恩格斯文集》10卷、第二版《马克思恩格斯全集》近30卷的出版,我国已经成为世界上翻译出版马克思主义经典著作最多、最全的国家。全面、系统地翻译和研究马克思主义经典著作,为马克思主义中国化提供了坚实的文本基础,为理论创新提供了源源不断的思想资源、理论基础。正因为上述原因,这一研究范式在新世纪对其他研究范式产生很大的辐射作用,尤其是带动了马哲史范式的研究,使其克服了前一阶段的缺陷,实现了相当程度的复兴,新世纪以来,文本—文献学研究范式在较长时间里成为马克思主义哲学创新研究的轴心研究范式。

在马克思主义哲学研究范式图谱的整体演进中,由马哲史范式转换到其他新范式之后,并不意味着马哲史研究范式的消失,而是其失去了作为轴心范式的地位,失去了在整个马克思主义哲学范式创新图谱中带动引领其他研究范式的中心作用,只能作为被规定的范式,附属于新的轴心研究范式,但依然发挥着不可代替的作用,继续产生新的创新成果。马哲史研究范式前期存在的缺陷①,也预示了下一阶段进一步创新的趋势。

首先,继承和深化马哲史研究在新世纪已有的创新观念和方法论,进一步转变观念,根本突破传统思维的束缚,不断推进马克思主义哲学史研究的科学化程度。第一,树立明确的解释学视野与合理的解释学意识。马克思主义哲学史首先是马克思主义哲学理解史,然后才是发展史,是理解基础上的创新与发展。因此,应当以合理的解释学视野来审理马克思主义哲学发展史上各个人物、各种观念。以往教条主义的一个根本失误就在于不能以解释学的眼光来看待马克思主义哲学的历史发展,王金福的《马克思的哲学在理解中的命运》一书已经开始在这方面做出了努力和尝试。第二,清除领袖中心的研究方法,并且把哲学史与社会运动史、社会发展史区别开来。马哲史研究不仅要重视对领袖人物思想的研究,同样要重视对马克思主义哲学发展史上职业哲学家思想的研究。单纯以领袖人物的历史线索建构马克思主义哲学史必然是在一定程度上对马克思主义哲学真实发展历史的遮蔽。另外,需要努力呈现马克思主义哲学发展的内在逻辑,避免堆积客观历史事实,消除过去国际共产主义运动史的大量内容,把哲学史与社会运动史、社会发展史区别开来,何萍的《马克思主义哲学史教程》一书在这方面作出了探索。

---

① 冯建华:《马克思主义哲学史研究范式的视域局限及不同阶段的表现》,见任平主编:《当代中国马克思主义哲学研究 2016》,北京:中央编译出版社 2017 年版,第 41—45 页。

其次，坚持辩证法，在历史与现实、历史叙述与理论逻辑、政治与学术之间保持基本的张力平衡，以避免前两个阶段"以论驭史"和"趋史避论"、片面的一元性和片面的多样性、唯政治论和唯学术论两种片面性。第一，继承新世纪马哲史研究的创新成果，保持强烈的现实感和鲜明的针对性，虽然它研究的对象是历史，研究的目标则恰恰在于现时代，以中国当下的现实问题为立足点，以中国现代化建设道路为中心，突出中国化特征。同时又要注重"论"的建设，以中国化马克思主义哲学形态建构为目标，在此基础上着力探索重建马哲史的叙述逻辑，建构具有中国风格、特点的马克思主义哲学史，这一哲学史需要在内容上侧重中国问题，为中国社会发展服务，在形式上采用民族化的方式来表达理论成果。第二，马克思主义哲学史的建构应处理好统一性和多样性之间的关系，20世纪马哲史研究曾经片面强调马哲史逻辑的统一性、唯一性，新世纪在突破创新过程中又不自觉地片面强调多元性，以致忽视和弱化统一性。下一步的马哲史研究范式创新需要处理好二者之间的关系，一方面深入研究马克思主义哲学的民族化、地方化、多元性发展，重视本土化语境的影响，既遵循历史性线索，又兼顾马克思主义哲学在空间上的拓展；另一方面，又要在深入研究马克思主义哲学发展多元形态的基础上着力探讨统一的马克思主义哲学发展规律，探讨马克思主义哲学发展统一的内在逻辑，这方面吴元梁的《马克思主义哲学形态的演变》、侯才的《马克思主义哲学形态演变史》两本著作已经开始作出努力。第三，在学术性与政治性、现实性之间保持平衡，20世纪尤其是改革开放前，我国马哲史研究中政治性压倒了学术性，学术性丧失了独立地位，陷入政治实用主义之中，妨碍了马哲史研究；新世纪，在批判前一阶段错误时，又在某种程度上走向另一个极端——唯学术化，出现MEGA研究崇拜，推崇"西方马克思学"，标榜"价值中立"，反对马克思主义哲学的意识形态性和现实性，使马克思在某种程度上脱离现实生活，失去了当代性意义。下一步研究需要处理好二者关系，在继承和消化文本—文献研究成果的基础上,努力增加马哲史研究的现实感,使之服务于中国化马克思主义哲学形态和马克思主义哲学史建构。

再次,在理论内容上进一步深化、拓展和创新理论论域,这包括四个基本方面:第一,立足于当代视野对于马克思主义哲学史上的基本的问题进行新视角的理解和阐释,虽然这些问题很多是一直反复讨论的问题,但是新的时代条件下必然要求有新的审理。比如马克思主义哲学创立的意义,马克思主义哲学发展史的历史分期,马克思主义哲学与德国古典哲学的关系,马克思主义发展的历史线索,苏联马克思主义与经典马克思主义哲学关系,马克思哲学的一些基本概念等。第二,挖掘、整理、重塑、呈现在以往的马克思主义哲学史研究中被遮蔽、压抑、遗忘、误解、扭曲的理论问题、理论思潮、理论派别以及理论阶段,这些问题、思潮、派别和阶段是马克思主义哲学史不可或缺的有机构成部分。一方面要把它们的状况呈现出来以丰富马克思主义哲学史的理论躯体,另一方面要对僵化思维条件下被严重扭曲和妖魔化的内容给予重塑,还其实际的历史面貌。比如第二国际时期的马克思主义哲学这一断代史的重新研究,姚顺良的《马克思主义哲学史:从创立到第二国际》、张一兵主编的《资本主义理解史》已经开始了这方面研究,但前者还不够深入全面,后者则属于专题史形式,下一步需要深入、立体、全面地进行这一断代史研究。第三,继承已有的文本—文献学研究成果,继续重视对于马克思主义文献史的新发现或者文本—文献研究所引发的新问题、新思想的研究,在偶然性的历史连接关系中发现新的创造性思想。弥补马克思主义哲学进化史上材料和论据链条的断裂,借以实现对马克思主义哲学某些思想进程的反思、重构和重叙。第四,强化对新的社会思潮、社会实践以及当代重大时代现象的研究,在此基础上建构和创新马克思主义哲学的新的专题史。强化对把马克思主义基本方法、观点与新的社会思潮、社会实践、资本主义最新的现实问题结合起来所形成的新的思潮、流派、观点的研究。令人欣喜的是张一兵主编的6卷本的《资本主义理解史》已经在这一领域取得较为突出的成绩。

最后，通史领域的创新研究具有特殊重要的意义。新世纪我国马哲史范式研究虽有一定的复兴，但是由于时代原因、自身理论发展程度的原因，就其在马克思主义哲学研究中的总体影响力而言，相对20世纪80年代的辉煌，还存在着很大距离，一个重要表现是通史研究相对衰落，马哲史范式研究对于其他马克思主义哲学研究范式的带动力下降，因此，下一阶段马哲史研究范式的创新也会将一部分重点瞄准于通史研究，在通史研究中取得某种突破，当然这还取决于时代的发展、马克思主义哲学其他范式研究成果的带动和支撑，这方面何萍的《马克思主义哲学史教程》已率先取得了很大成绩。

（作者冯建华系江苏师范大学哲学范式研究院教授、哲学博士，研究方向为马克思主义哲学史、马克思主义哲学原理）

论马克思主义文本文献学研究范式的方法论创新

张丽霞

[摘　要] 就文本和文献而言，改革开放之前的中国马克思主义研究就是马克思主义文本学研究和马克思主义文献学研究。马克思主义文本文献学作为一种自觉的研究范式，源于张一兵《回到马克思》的问题意识和思维方式，即马克思主义文本文献学作为一种新的研究范式是根源于如何理解马克思的思维方式和问题意识。围绕这样的方法论逻辑，马克思主义文本文献学研究范式并没有形成统一的研究方法。就方法论创新的意义理解，马克思主义文本文献学研究范式确实又经历了三大方法论意义上的范式创新和若干次的转换。从马克思主义文本文献学研究的研究历史看，"文本文献考订化"、"文本文献解释化"和"文本文献时代化"是马克思主义文本文献学研究范式的三大方法论意义上的范式创新。三种具象的研究范式，没有孰重孰轻的区别，只有研究重点的差异。

[关键词] 马克思主义哲学　文本文献学研究范式　文本文献考订化　文本文献解释化　文本文献时代化

"忠实原著"是文本学和文献学研究的基本原则，马克思主义文本文献学研究范式也不能例外。那么，既然如此，为什么还要研究文本文献学研究范式的方法论创新和转换呢？其一，本文所指代的创新是指研究方式方法的创新；其二，本文所指代的转换是指研究视域侧重点的转换。也就是说，马克思主义文本文献学研究范式并没有逾越"忠实原著"的文本学和文献学研究原则，但就马克思主义文本文献学研究的历史而言，马克思主义文本文献学研究范式确实又经历了三大方法论意义上的范式创新和若干次的转换。文本文献学研究范式的三大范式创新，即"文本文献考订化"的范式创新、"文本文献解释化"的范式创新和"文本文献时代化"的范式创新。这三大创新十分明确和清晰，但若干次转换却不容易被理解。"文本文献考订化"范式、"文本文献解释化"范式和"文本文献时代化"范式，没有孰重孰轻的区别，只是存在研究重点的差异。从马克思主义文本文献学研究的实际状况看，"文本文献考订化"范式、"文本文献解释化"范式和"文本文献时代化"范式经常处在相互变换和转换之中，正是因为这种变换和转换，我们说马克思主义文本文献学研究范式经历着方法论创新背景下的若干次转换。

一、"文本文献考订化"的方法论创新

"考订"，即是指考据订正。"文本文献考订化"，也就是指以文本、文献为依据进行对比、考证研究。对于历史上传承下来的经典文本、文献本身，是需要作出历史的、具体的鉴别和考证，以求最大限度上恢复文本、文献的真实原貌，接近经典作家的原始思想。所以，对马克思主义文本文献学研究范式进行"文本文献考订化"研究就显得十分必要，而且意义重大。随着马克思主义经典著作文本的多种版本的问世，尤其是《马克思恩格斯全集》历史考证版（$MEGA^2$）的翻译和出版，国内关于马克思主义理论的文本文献学的考订研究越来越受到关注，并在此方面取得了重大突破与创新。限于篇幅，本文只选择《德意志意识形态》进行研究。

不少学者对马克思、恩格斯合著的《德意志意识形态》一书的写作时间以及整个完成过程进行了大量的考订工作。张一兵在《回到马克思——经济学语境中的哲学话语》一书中，表达了自己关于《德意志意识形态》的文本研究中的一些观点，"在原先的研究中，《德意志意识形态》一书开始写作的时间被确定为 1845 年 9 月，而最新的资料显示，手稿的动笔时间应为 1845 年 11 月。恩格斯关于该书第二卷所作的补充（《真正的社会主义者》一文），于 1847 年初完成"。① 之所以张一兵会这么认为，是因为这一结论是建立在他对《德意志意识形态》一书写作的历史背景、直接导因等一系列文本、文献考订的研究结果上的。在张一兵看来，马克思和恩格斯写作《德意志意识形态》与《维干德季刊》第 3 期的发表有关，即是马克思、恩格斯决定写作《德意志意识形态》的直接导因。张一兵分析指出，马克思所写的《神圣家族》书，出版后并没有立即得到鲍威尔等人的直接回应。直到《维干德季刊》第 3 期发表，才出现马克思、恩格斯所期待的鲍威尔等人的文章，如布鲁诺·鲍威尔的《评路德维希·费尔巴哈》、施蒂纳的《施蒂纳的评论者》以及《布·鲍威尔或当代神学的人道主义的发展、批判和特点描述》等文章。鲍威尔等人批评马克思、恩格斯所主张的思想实际仍是对费尔巴哈自然唯物主义哲学的发展，而费尔巴哈也并没有与黑格尔思想真正划清界限，实质与黑格尔所倡导的"绝对精神"没有多大区别。然而，实际上马克思此时的思想已经转向了以物质生产为基础的历史唯物主义立场上。在这样的理论争战中，马克思、恩格斯意识到他们"不得不重新直面旧哲学，一方面通过自我反思和批判，辨明是非，弄清问题，清算'从前的哲学信仰'；另一方面全面建构新世界观的理论逻辑，从而彻底地将自己与'德意志意识形态'界划开来。所以，马克思恩格斯决定写

---

① 张一兵：《回到马克思——经济学语境中的哲学话语（第三版）》，南京：江苏人民出版社 2014 年版，第 425 页。

一本书来实现这个目的,这就是《德意志意识形态》的直接导因"①。因而,在这种历史性的分析和对文本、文献的考订基础上,张一兵认为《德意志意识形态》的开始写作时间是在《维干德季刊》第3期发表之后,而《维干德季刊》第三期是在第四季度发表的,大概是在1845年10月16—18日出版。马克思、恩格斯此前写成了一篇批判鲍威尔《评路德维希·费尔巴哈》这篇文章的小文,后经过马克思的深入研究,起草了一篇深入批判性的文章,而这篇文章是打算发表出来的。赫斯在1845年11月带回消息说鲁道夫·雷姆佩尔和尤里乌斯愿意资助其出版,因而,这一消息可能促使马克思和恩格斯把已写成的草稿性文章最终写出来。因此,通过对这一历史事件、文本文献的考订,可以确定《德意志意识形态》的写作时间应是在1845年11月,订正了以往关于写作时间的观点,不得不说这是文本文献考订化研究的一个创新和突破。

诸多学者也对《德意志意识形态》一书的理论逻辑、编排顺序等方面进行了深入的考订研究。聂锦芳在所著的《批判与建构:<德意志意识形态>文本学研究》一书中,对马克思主义理论的经典文本《德意志意识形态》投入了大量精力和时间进行研究。书中认为"对于《德意志意识形态》来说,不仅写作过程断断续续,几经周折,最终作者留下一部由若干写法不同、各章篇幅不均的手稿、誊清稿和刊印稿等构成的相对松散的著述;进一步的考察还会发现,这些遗稿在以后的岁月中保存地点多次转换,有的散落,有的受到'老鼠的牙齿的批判',有的字迹也变得模糊不清,尤其是经过不同保管者的手之后,他们都进行过不同方式的编码、归档以及对其内容的逻辑处理,手稿从零散发表到全书出版,费时近90年,其中的《费尔巴哈》章更出现了多种结构编排不同的版本,近年 MEGA² '《德意志意识形态》研究小组'又提出新的编排

---

① 张一兵:《回到马克思——经济学语境中的哲学话语(第三版)》,南京:江苏人民出版社2014年版,第425页。

设想以及编排顺序"①，因而，聂锦芳着力对《德意志意识形态》一书的保存、整理、翻译、编排顺序以及刊布情况等方面的分析和研究，在书中也单独用了一章来说明对该文本的一些考证成果。该章结构与内容为：第四章文本命运与版本源流：一、马克思、恩格斯在世时的刊布情况；二、遗稿的保存、归档情况；三、从零散刊布到全书出版；四、《费尔巴哈》一章的不同版本；五、MEGA^2 的编排设想以及编排顺序；六、版本考证与文本解读、思想阐释的关系；附录：《德意志意识形态》发表情况一览表。从此章节的结构和内容看来，作者对《德意志意识形态》的文本、文献的各方面情况进行了的深入探索和分析，为我们进一步了解历史背景、文本情况、思想逻辑等方面奠定了基础。在研究《德意志意识形态》一书的编排顺序过程中，聂锦芳发现不同版本之间虽然有所不同，但是除第一卷的第一章《费尔巴哈》以外，其他章节的编排顺序差别并不大。因此，聂锦芳首先着重对《费尔巴哈》一章的探索和分析。经过对原始手稿的整理，聂锦芳发现，"除《序言》外，《费尔巴哈》章由5个相对独立的部分组成，即有5份手稿。第一、二、三手稿是全章的未誊清稿，第四、五两个手稿是两个誊清稿，即第一誊清稿和第二誊清稿。就《费尔巴哈》章手稿留存的情况看，有三种笔迹的编码，即恩格斯、马克思和伯恩施坦的编码，有几张没有编码。恩格斯的编码，被马克思在校订手稿时划掉了。这五个手稿的编码情况如下：第一手稿，恩格斯的编码是第6—11页，马克思的编码是第1—29页，其中缺3—7页，恩格斯的1页相当于马克思的4页。第二手稿，恩格斯的编码是第20、21页，马克思的编码是第30—35页。第三手稿，恩格斯的编码是第84—92页，马克思的编码是第40—72页，其中缺36—39页。第四手稿，即第一誊清稿，共5页，这个手稿的第1、2页的文字和第二誊清稿的相应部分相同（只有个别不重要的词不同）。第五手稿，

---

① 聂锦芳：《批判与建构：〈德意志意识形态〉文本学研究》，北京：人民出版社2012年版，第124页。

即第二誊清稿，共 16 页，恩格斯的编码第 1—5 页。"[①] 因遗稿复杂的流传情况，导致对该章的编排顺序上出现了诸多版本，聂锦芳整理和总结出了影响力较为突出的七个版本，分别是：梁赞诺夫版、阿多拉茨基版、巴加图利亚版、新德文版、MEGA^2 试编版、广松涉版、英文版，对各个版本的具体编排情况进行了说明、比较。这个对文本、文献的考订研究，为《德意志意识形态》的文本研究提供了详实的证明材料。聂锦芳着重分析、总结了 MEGA^2 版本的编排设想和编排顺序，"2003 年出版的《马克思恩格斯年鉴》收录了按照上述思路编辑的《德意志意识形态》的第 1、2 章。它被视为 MEGA^2《德意志意识形态》正式版的'先行版'。在排版方式上它遵照原始手稿的对折模式，并且使用不同字体凸显马克思加的着重号。在页码上在每一段文字的相应部位只是标注了马克思的原始页码，对于恩格斯标注页码和马克思标注页码的关系放在文章后面的解释中加以说明"。[②] 聂教授正是基于对此版本的《费尔巴哈》一章排序问题的考订研究，认为这一版本相较于以往的各个版本，最大可能地维持了原始手稿的本来面貌，即不再以编译者的认识意向来进行编排，便于马克思主义理论研究者在尊重和把握文本真实性的基础上，研究能够更有说服力和有效性。以上分析表明，当代中国诸多学者通过坚持不懈的努力，不仅在文本、文献方面力图符合历史原意，而且在文本文献考订化方面的创新研究极具价值和意义。这既是马克思主义理论研究的一个重要突破，也是进行马克思主义理论创新研究的内在要求。

---

① 聂锦芳：《批判与建构：〈德意志意识形态〉文本学研究》，北京：人民出版社 2012 年版，第 146 页。

② 聂锦芳：《批判与建构：〈德意志意识形态〉文本学研究》，北京：人民出版社 2012 年版，第 159 页。

二、"文本文献解释化"的方法论创新

文本解释就是指读者依据个人理论背景及知识结构对作者所写文本进行分析、理解和诠释。据此,马克思主义文本解释就是指马克思主义研究者通过对马克思主义文本文献进行分析理解,形成带有研究者个性特征的文本解读模式,主要包括背景解读范式、读者范式、对话范式等,具有历史性、生成性、现实性、开放性和多元性等特征。按照张一兵的理解,当今时代,对马克思主义的解读存在"五大解读模式",即西方马克思主义人本学的模式、西方马克思学的模式、阿尔都塞的模式、我国学者孙伯鍨的模式以及苏联学者的模式。不可否认的是,马克思主义文本文献解释化范式不仅已经成为马克思主义文本文献学研究的重要范式,也已经成为马克思主义研究的重要途径。

研究者要实现文本文献解释化范式的创新,就应该关注马克思主义文本的历史语境,恰当地解读马克思主义文本文献结构,对文本和文献进行精工细作的解读,推进文本文献解释化的范式创新。在如何深入解读马克思主义文本文献的问题上,张一兵认为,"这一解读模式就是要还历史的马克思本真面貌和原初语境。'摆脱对教条体制合法性的预设,消除现成性的强制,通过解读文本,实现中国人过去所说的'返本开新'。与马哲史相比,启封文本解读范式,将更加注重文本深度耕耘和意义探索,更加关注文本结构、作者心灵、思路的意义,更加注重从客观解释学'向前进'到'思想构境'的挖掘"。① 由此理解,研究者要加强文本文献解释化的范式创新研究,应该关注马克思主义文本文献的具体内容结构,从马克思主义作者的写作思路出发,仔细分析文本文献

---

① 任平、曹典顺、李惠斌:《当代中国马克思主义哲学研究(2012)》,北京:中央编译出版社2012年版,第8页。

的思想形成历程；当然，从著作本身出发进行文本解读，还要深刻关注对文本文献的思想建构，以此推动马克思主义文本解读范式的不断创新。张一兵在其写作的《文本的深度耕犁与研究范式的断裂——国外马克思主义研究的理论走向》一文中，论述道："回首自《历史与阶级意识》为起点的众多西方马克思主义经典，我们的研读水平大都停留在资料性的评述阶段，即便是已涉足一定的专题性研究，也远未能达到精耕细作的深度。触目可见的是众多二手资料的客观描述再冠以'主义'的大帽子，缺乏以驾驭性的哲学话语真正进入言说者语境的深入研究"。① 这就是说，一些研究者缺乏对马克思主义文本文献的深入解释，主要原因是研究者没有真正认真面对马克思文本文献，也没有精心解读马克思主义相关的文本文献，研究者对马克思主义文本文献理解不深，难以把握马克思主义文本的思想脉络和文本结构，故而造成文本解读的表面性，即研究者不能从文本客体语境向作者主体语境转化，研究者无法进行对文本的深入批判，进而也无法进行对文本文献解释化范式的不断创新。

文本文献解释化的重要特点之一是，对文本的解释要依赖解释者的个人知识结构，即研究者不仅要关注当年马克思主义思想，还要强调文本解释者的时代视域，实现由客观解读语境向主观解读语境的转变。当然，也决不可夸大文本和文献解释学的作用。传统的马克思主义文本文献解释化范式研究就是夸大了文本和文献解释者的作用，即强调以作者为中心，以作者所著的学术背景为研究焦点，强调作者的研究范例、个性化术语以及研究方式都是研究的重点，而阅读则处于的附属地位，即过分强调了解释者的个性特征，忽视了文本和文献的时代背景。"客观主义文本理解论主张文本有不依赖于读者、甚至不依赖于作者的原意，

---

① 张一兵：《文本的深度耕犁与研究范式的断裂——国外马克思主义研究的理论的走向》，载《求实学刊》，2001年第4期。

而读者的理解有相对性,但是文本原意并不因为读者甚至读者的主观意图而改变。在此,这一主张区分两种意义的含义:一是文本的原意,二是文本对读者的意义。文本的原意是相对不变的,而对读者的意义却是不断变化的。读者以自己的时代的前理解构成的主体图式来解读对象文本,就造成了差异化解读,这一过程,对读者来说,就不是一个在手过程,而是一个上手过程。即对读者说来的生成。"① 由此理解,研究者在进行马克思主义文本文献解释化范式研究时,应该从解释者的时代背景着手,将马克思主义看成是一个上手状态,而不是一个永远不变的在手状态,即应该根据解释者的历史背景不断调整文本解释结论,不再把马克思或其他经典作家预设的先验存在作为权威,进而不再背离时代背景,不再绝对服从经典作家的个人意识,而是根据解释者的主体解读语境进行文本解释,促进文本文献解释化的多元创新发展。例如,由朱贤和杨金洲编著的《回到文本:马克思主义经典文献解读》一书,主要关注的是对马克思主义经典文本的解读,本书主要包括六章内容,即第一章是马克思主义的真正诞生地和秘密——《1844年经济学哲学手稿》解读,第二章是新世界观天才萌芽的第一个文件——《关于费尔巴哈的提纲》解读,第三章是创建新唯物主义——《德意志意识形态》解读,第四章是科学社会主义原理完整而系统的阐述——《共产党宣言》解读,第五章是对资本主义生产方式的毕生探索——《资本论》解读,第六章是最高的视界——马克思晚年人类学笔记解读。由内容结构可知,该书侧重于对经典文本文献的解读,以经典作家的文本文献为研究中心,深入开展了文本文献解释化范式研究。然而,文本文献解释化的价值是实现作者与读者之间的沟通交流,即通过解释者的具体实际情况走进马克思主义文本文献,关注解释者的理论背景、实践经验和时代语

---

① 任平、曹典顺、李惠斌:《当代中国马克思主义哲学研究(2012)》,北京:中央编译出版社2012年版,第11页。

境，最终形成具有解释者个性特征和时代特征的文本解释结果，避免解释的模式化、意识形态化或者功利主义倾向，充分彰显文本文献解释化范式以人为本特性，推动马克思主义文本文献解释化范式的不断创新发展。

三、"文本文献时代化"的方法论创新

"时代"既是一个时间概念，也是一个空间概念，即"时代"是一个表征既定历史逻辑的哲学范畴，与之相适应，"文本文献时代化"就是指对于文本文献的研究要充分考量"文本"和"文献"内容中所表征出来的"时代意蕴"。用当代中国的马克思主义文本文献学研究专家俞吾金的观点解释，"时代意蕴"是建立在研究范式必须能够消解历史马克思与现实马克思主义之间的"历史间距"问题，或者说，既要看到"历史的马克思"对于当下具体生活世界解释的局限性，更应该看到马克思主义的"当代意义"。为此，俞吾金提出了"马克思仍然是我们的同时代人"的理论。就研究范式的意义上理解马克思主义文本文献学而言，"马克思仍然是我们的同时代人"的理论逻辑就应该是俞吾金提出的，"马克思和马克思主义的当代意义也正在于其提供了一个特殊的视角，以便当代人对这些来自生活世界的、困扰着自己的重大现实问题做出合理的回应"。① 既然马克思是与我们同时代的人，那么，研究者对马克思主义的文本文献学研究就应该充分挖掘马克思的思想资源，不断推进文本文献解释化研究范式的中国化，推动文本解释的当代视域，即在联系中国具体实践情况的基础上，不断促进马克思主义文本解读与中国具体实际相结合，以加强马克思主义对中国具体问题的解决效度。就研

---

① 俞吾金：《马克思仍然是我们的同时代人》，载《当代国外马克思主义评论》，2000年第1辑。

究状况而言,在马克思主义文本文献解释化的中国化研究方面,许多学者都在对马克思主义"文本"和"文献"的研究中进行了"文本文献时代化"意蕴上的研究。

从教科书的建构视角理解,一些学者试图从马克思主义的"文本"和"文献"中寻找其在现实生活世界中能够展现出的价值和意义。陶德麟和汪信砚共同主编的《马克思主义哲学的当代论域》一书,就很好地体现了这一价值和意义。该书共包括四编二十三章内容,第一编是面向当代实践,第一章是马克思主义实践观及其当代发展,第二章是当代人与自然的对立与和谐,第三章是历史向世界历史的转变,第四章是人性及其合理实现,第五章是当代实践的主体性条件;第二编是面向当代科学,第六章是马克思主义科学观及其当代发展,第七章是当代科学体系中的自然科学,第八章是人文社会科学的可能性及其实现过程,第九章是当代科学的思维方式,第十章是当代科学的功能;第三编是面向当代哲学,第十一章是马克思主义哲学观及其当代发展,第十二章是自然哲学的当代命运,第十三章是社会历史哲学的当代命运,第十四章是人的哲学的当代命运,第十五章是科学哲学的当代命运,第十六章是道德哲学的当代命运,第十七章是宗教哲学的当代命运,第十八章是艺术哲学的当代命运,第十九章是中国传统哲学的当代发展;第四编是马克思主义哲学的自我反思,第二十章是马克思主义哲学的基本规定,第二十一章是马克思主义哲学的当代发展,第二十二章是面对非马克思主义哲学的诘难与挑战,第二十三章是我国马克思主义哲学研究的未来走向。① 由以上对书本内容结构理解可以得知,该书立足于当代社会实践,深入探索了马克思主义哲学与当代实践之间的关系,把马克思主义文本文献解释化指向当代化、中国化视域,试图通过文本解释当代化、中国化的研究理解,不断加强马克思主义中国化的研究与深入发展。推进马克思

---

① 参见陶德麟、汪信砚:《马克思主义哲学的当代论域》,北京:人民出版社2005年版。

主义文本解释当代化与中国化，不仅是我国马克思主义不断发展的必然要求，也是文本文献解释化研究范式创新的重要途径，因为马克思主义理论的形成必然依据一定的历史背景，是一定时代精神的产物，不可避免地带有一定历史语境的局限性，研究者想要利用马克思主义思想指导中国具体实践取得成功，必然要求马克思主义理论与中国的具体国情相结合，与当代社会"和平与发展"的时代主题相结合，使马克思主义与中国具体的革命、建设和改革的实际情况相结合，促动马克思主义中国化的进程，推进马克思主义文本文献解释化中国化的创新研究。

从哲学基础理论的视角理解，许多学者也试图从当代哲学的研究高度来理解马克思主义"文本"和"文献"所展现出的当代价值和意义。虽然哲学研究方向上存在着马克思主义哲学与中国哲学和西方哲学的差别，但就其研究方法和研究问题上，三者关注的内容和方法往往是相通的，尤其是当代中国的哲学界，唯物辩证法的思维方式或多或少地都被学者们所掌握，即使是不能真正理解它的人们。就重视程度而言，国家和高校都重视马克思主义基础理论问题的研究，如在教育部和吉林大学的共同努力下，成立了"吉林大学哲学基础理论研究中心"。该中心的目标很明确，"一是形成了哲学观念变革和哲学体系改革、辩证法的理论与实践、唯物史观与社会发展理论三个主要研究方向，开展了一系列重要的课题研究，取得了一大批重要的研究成果；二是注重捕捉具有时代特征的重大前沿性问题，注重汲取国内外哲学研究的最新成果，注重进行综合性的跨学科的学术研究，以理论的方式推进当代中国的改革开放和社会发展。"① 就研究课题而言，无论是国家级的研究课题，还是其他级别的研究课题，都有关注当代现实问题的哲学基础理论视域的研究课题，如孙正聿承担了"《资本论》与当代社会发展道路研究"，贺来承担了"唯物辩证法的重大基础理论与现实问题研究"，曹典顺承担了

---

① 吉林大学哲学基础理论研究中心中心简介〔EB/OL〕。

"改革开放以来的中国特色社会主义的发展逻辑研究"。就研究成果而言,仅吉林大学哲学基础理论研究中心的马克思主义"文本文献时代化"范式的研究成果就十分丰富,如孙正聿撰写的著作——《马克思辩证法理论的当代反思》,孙利天撰写的论文——《解放的学说和实践的智慧——简谈中国马克思主义哲学的原创性贡献》,贺来撰写的论文——《改革开放以来哲学观的重大转向》。

(作者张丽霞系江苏师范大学哲学范式研究院研究人员,讲师;主要研究方向为马克思主义理论、马克思主义哲学)

新时代和马克思主义哲学创新双重视域下的"反思的问题学"*

——"反思的问题学"研究范式2018年研究综述

孟献丽

[摘　要] 时代进步不断提出新问题，引导哲学打破教条，重新反思问题、解决问题。中国特色社会主义进入新时代，新时代条件下的新任务新要求更需要我们聚焦问题、反思问题、解决问题。"反思的问题学"具有以问题为中心展开研究的基本特点。2018年，学术界主要聚焦于习近平新时代中国特色社会主义思想、改革开放40周年的经验总结和理论创新、推动构建人类命运共同体和"一带一路"倡议、乡村振兴战略、马克思主义与当代社会——纪念马克思诞辰200周年等当代中国发展中遇到的重大现实问题。

[关键词] 反思的问题学　习近平新时代中国特色社会主义思想　人类命运共同体　"一带一路"　社会治理　马克思主义

反思的问题学就是要通过捕捉和解决现实问题，创新发展马克思主义哲学研究。问题是时代的声音、创新的源泉，"问题意识"是马克思

---

* 国家社科基金青年项目"高校意识形态安全预警机制研究"（项目编号：14CKS033）的阶段成果。

主义哲学的本意和实质。因此，在新时代，我们开展马克思主义哲学研究必须勇于面对和回答新时代发展中的重大问题，在解决重大问题的同时促进马克思主义哲学的创新发展。

一、"反思问题学"出场的新时代语境

马克思曾强调："一个时代的迫切问题，有着和任何在内容上有根据的因而也是合理的问题共同的命运：主要的困难不是答案，而是问题。因此，真正的批判要分析的不是答案，而是问题。"① 如今，中国特色社会主义进入新时代，21世纪马克思主义哲学更是亟需在创新中得到发展。因此，新时代条件下更需要聚焦问题、反思问题、回答问题。

问题研究就是不断聚焦、反思、回答问题。实践不断提出问题，哲学不断聚焦问题、反思问题、回答问题，这是哲学研究所遵循的问答逻辑。中国经过40年改革开放的伟大征程进入新时代，中国社会的发展方位、发展格局和发展样态发生了深刻变化，一系列诸如社会主要矛盾的变化、新时代坚持和发展中国特色社会主义的战略、全面依法治国、全面从严治党、新型现代化城镇化道路、现代化经济体系和社会主义市场经济体制、供给侧结构性改革、文化强国战略、生态文明和谐等重大的时代问题在实践中布展，呼唤着马克思主义哲学的关照。特别是习近平新时代中国特色社会主义思想的提出，成为时代精神最显著的标识。作为时代精神的马克思主义哲学将如何反思、回答这些重大课题，成为马克思主义学者必须肩负起的历史使命。

问题是时代的口号，真正的哲学总是时代问题的解答。立足于问题反思的马克思主义哲学始终致力于解答现实问题。只有发现时代问题并予以回答，才能赋予马克思主义哲学以时代特征，使其拥有鲜活强大的生命力，这是马克思主义哲学研究创新的必然路径，也是马克思主义哲

---

① 《马克思恩格斯全集》第1卷，北京：人民出版社1995年版，第203页。

学实现时代出场的重要路径。

二、2018年学术界聚焦的重大现实问题

"反思的问题学"具有以问题为中心展开研究的基本特点。2018年,学术界主要聚焦于习近平新时代中国特色社会主义思想、改革开放40周年的经验总结和理论创新、推动构建人类命运共同体和"一带一路"倡议、乡村振兴战略研究、马克思主义与当代社会——纪念马克思诞辰200周年等当代中国发展中遇到的重大现实问题。

(一)习近平新时代中国特色社会主义思想

伟大的时代需要伟大的理论引领。2017年10月18日党的十九大召开,习近平新时代中国特色社会主义思想被首次提出,且被确立为党必须长期坚持的指导思想,并写入党章,成为理论界学者普遍关注和研究的问题。自1921年中国共产党成立以来,党就以马克思主义为指导思想,始终致力于将马克思主义基本理论与中国的革命、建设和改革的伟大实践相结合,创立了毛泽东思想和以邓小平理论为本源的中国特色社会主义理论体系,不断创新马克思主义中国化理论成果。新时期,中国特色社会主义进入新时代,由此形成的习近平新时代中国特色社会主义思想,是马克思主义基本原理同中国具体实际相结合的又一次历史性飞跃。2018年关于习近平新时代中国特色社会主义思想的理论研究主要从以下方面展开。

1. 习近平新时代中国特色社会主义思想的形成和科学内涵

任何理论的形成,都有其深刻的理论渊源与实践基础,也离不开时代条件与国际大背景。习近平新时代中国特色社会主义思想的形成自然也不例外。马克思主义和马克思主义中国化的成果是它的主要理论来源;对中国特色社会主义建设历史经验的科学总结、对国外政党执政经验教训的科学总结以及对党的十八大以来历史性变革的科学总结是它的

主要实践来源。① 新时代呼唤新理论，中国特色社会主义进入新时代，是习近平中国特色社会主义思想产生的时代背景和条件。进入新时代，中国和世界发生着深刻而复杂的变化，中国日益走向世界舞台中央，面临更多的新机遇新挑战是当前的国际大背景。周小毛探讨习近平新时代中国特色社会主义思想的理论渊源时，突破了这一思想来源于马克思主义和中国传统文化"二维论"的认识局限，提出了习近平新时代中国特色社会主义思想的理论渊源既由马克思主义提供理论基础、中国优秀传统文化提供丰富养料，又借鉴了西方进步文化合理要素的"三维论"。比较系统地梳理了马克思主义、中华优秀传统文化和西方进步文化与习近平新时代中国特色社会主义思想直接和间接相关的系列思想理论。② 陈金龙从新中国成立、改革开放和党的十八大以来三个阶段分析了习近平新时代中国特色社会主义思想形成的现实基础。③

习近平新时代中国特色社会主义思想是党和人民实践经验和集体智慧的结晶，是马克思主义中国化的最新理论成果，是中国特色社会主义理论体系的重要组成部分，是全党全国人民为实现中华民族伟大复兴而奋斗的行动指南。有学者认为习近平新时代中国特色社会主义思想深刻回答了国内外形势发生变化以及我国各项事业发展起来后中国共产党所要走的道路、使命、奋斗目标等问题，标志着马克思主义同中国实际相结合的新的历史性飞跃。认识习近平新时代中国特色社会主义思想我们可以从战略定位、战略定力、战略目标、战略步骤、战略举措、战略保障等方面予以探讨。④ 有学者认为，习近平中国特色社会主义思想内容

---

① 徐晨光：《习近平新时代中国特色社会主义思想理论特质研究》，载《湖湘论坛》，2018年第2期。

② 周小毛：《习近平新时代中国特色社会主义思想的理论渊源探析》，载《湘潭大学学报》（哲学社会科学版），2018年第5期。

③ 陈金龙：《习近平新时代中国特色社会主义思想形成的实践基础》，载《广东社会科学》，2018年第3期。

④ 谢存旭：《习近平新时代中国特色社会主义思想的精神实质和丰富内涵》，载《中共郑州市委党校学报》，2018年第3期。

丰富，它关注的不是某一个方面或某几个方面，而是面面俱到，关涉改革发展稳定、内政外交国防、治党治国治军等，其主要内容可以概括为"八个明确"。"八个明确"是管总的，是我们把握大方向的根本指针。① 还有学者认为习近平新时代中国特色社会主义思想的理论内涵主要体现在对中国特色社会主义新的历史方位的科学回答，对世界大格局变化及其发展趋势的科学研判，对中国社会主要矛盾的科学揭示和对中国特色社会主义发展战略目标的科学规划等方面。②

2. 习近平新时代中国特色社会主义思想的内容和特征

党的十九大作出了中国特色社会主义进入新时代的重大政治论断，形成了习近平新时代中国特色社会主义思想这一重大理论成果，实现了党的指导思想的又一次与时俱进。习近平新时代中国特色社会主义思想博大精深，系统全面，是以世界眼光和使命意识探寻中国和世界发展新方向、新道路的思维构想学说。所以，有学者指出，习近平新时代中国特色社会主义思想是实现中华民族伟大复兴的指南，同时又彰显了中国是有着世界情怀的当代大国，致力推动国际对话协商、保证持久和平，推讲国际共建共享维护普遍安全，通过经济合作共赢实现全球共同繁荣，通过文化交流互鉴达到全球开放包容，倡导推行绿色低碳，做到全球清洁美丽。③ 其实，在党的十九大报告中，习近平总书记提出"八个明确"，内容充实，这就是新时代中国特色社会主义思想的基本内容和整体框架。习近平新时代中国特色社会主义思想，以坚持和发展中国特色社会主义为主题，提出了一系列具有开创性意义的新思路新理念新战略，涵盖政治建设、经济建设、社会建设、文化建设、生态文明建设等

---

① 谢卓芝：《习近平新时代中国特色社会主义思想探赜》，载《思想政治教育研究》，2018年第6期。

② 胡万庆、阎治才：《习近平新时代中国特色社会主义思想的基本内涵与理论特色》，载《哈尔滨商业大学学报》（社会科学版），2018年第6期。

③ 吴霞：《习近平新时代中国特色社会主义思想的丰富内涵与实践要求》，载《厦门特区党校学报》，2018年第6期。

社会发展各个领域，是一个系统完整、逻辑严密的科学理论体系。

关于习近平新时代中国特色社会主义思想的特征，学者们都从不同的角度进行阐释、分析。有学者强调习近平新时代中国特色社会主义思想的继承性、创新性和时代性，认为习近平新时代中国特色社会主义思想并不是"无源之水、无本之木"，也不是"另起炉灶"，应该说，它是马克思列宁主义的理论承继和创新发展，是对毛泽东思想和中国特色社会主义理论的时代赓续。同时，这一思想不是对已有理论成果的复述，而是在诸多方面都有着新思路和新观点，具有鲜明的创新品格。① 有学者认为习近平新时代中国特色社会主义思想是党的十九大取得的一项重要成果，实现了党的指导思想的又一次与时俱进。习近平新时代中国特色社会主义思想关涉和蕴含新时代、新矛盾、新使命、新成果、新征程、新贡献等若干新论断。② 有学者指出，推动国际社会共担时代责任、共迎经济全球化挑战，共享经济全球化带来的机遇。习近平新时代中国特色社会主义思想中的建设人类命运共同体倡导，是马克思主义世界历史观的当代展现，是对人类社会发展规律在当今全球化时代的科学把握，是参与国际事务、推动世界进步的中国担当，是具有世界意义的重大理论创新，为发展中国家新型现代化道路的选择、人类问题的根本解决提供了中国方案。因此，从国际影响维度看，习近平新时代中国特色社会主义思想是构建世界人类命运共同体的中国新方案。③ 关于习近平新时代中国特色社会主义思想的鲜明特质，有学者认为，"使命自觉是责任担当的基本前提，责任担当是使命自觉的重要体现。习近平新时代中国特色社会主义思想充分彰显了为人民谋幸福、为国家谋富强、为民族谋

---

① 谢卓芝：《习近平新时代中国特色社会主义思想探赜》，载《思想政治教育研究》，2018年第6期。

② 任洁：《习近平新时代中国特色社会主义思想之"新"》，载《河南社会科学》，2018年第11期。

③ 王永贵、刘希刚：《习近平新时代中国特色社会主义思想理论创新的四个维度》，载《毛泽东邓小平理论研究》，2018年第11期。

复兴、为世界谋和平、为人类谋进步的使命自觉与对人民、国家、民族、世界和人类社会发展的责任担当高度一致，这是习近平新时代中国特色社会主义思想的根本所在。"① 新时代中国特色社会主义思想所提出的奋斗目标、蕴含深切的基于党执政风险和国家前途命运的忧患意识及其直面问题的政治勇气和以身许国的责任担当都内含着一种神圣的、崇高的使命自觉。而夏锦文认为，彻底的实践性、理论品格的创新性和价值取向的人民性是习近平新时代中国特色社会主义思想的鲜明特质。②

3. 习近平新时代中国特色社会主义思想的重要意义

习近平新时代中国特色社会主义思想是马克思主义中国化的最新成果，是中国特色社会主义理论体系的重要组成部分，是决胜全面建成小康社会，进而全面建设社会主义现代化强国、实现中华民族伟大复兴中国梦的行动指南，为人类文明的发展进步贡献了中国智慧和中国方案，具有重大的理论和实践意义。习近平新时代中国特色社会主义思想对中国的发展具有深远的意义。在理论上，习近平新时代中国特色社会主义思想把马克思主义基本原理与新时代中国改革开放发展的实际和时代特征相结合，推进马克思主义中国化，充盈了马克思主义的思想宝库，深化了党的认识水平，形成了马克思主义中国化新成果，具有重要的理论意义。③ 在实践上，习近平新时代中国特色社会主义思想实现了中国特色社会主义的新发展、提出了治国理政的新方略、开辟了管党治党的新境界。④ 习近平新时代中国特色社会主义思想是十八大以来中国共产党在锲而不舍的实践探索中取得的重要成果，在新的历史坐标上成功开辟了

---

① 王永友、宁友金：《习近平新时代中国特色社会主义思想的历史向度与鲜明特征》，载《贵州社会科学》，2018年第10期。

② 夏锦文：《习近平新时代中国特色社会主义思想的鲜明特质》，载《红旗文稿》，2018年第07期。

③ 万奎：《习近平新时代中国特色社会主义思想的五重意义》，载《中共石家庄党校学报》，2018年第09期。

④ 叶光林：《习近平新时代中国特色社会主义思想的重大意义》，载《学习论坛》，2018年第5期。

马克思主义中国化的新境界，是引领全党全国奋力实现中华民族伟大复兴的行动指南。① 另外，习近平新时代中国特色社会主义思想植根于新时代中国特色社会主义新的伟大实践，借鉴历史，立足当下，放眼未来，在历史与未来的时空中精准确定当代中国发展的历史方位，指引着新时代的前进方向，具有重大的现实意义。②

习近平新时代中国特色社会主义思想还具有世界意义。习近平新时代中国特色社会主义思想立足中国，深刻回答新时代坚持和发展中国特色社会主义的一系列重大问题，是中国人民为实现中华民族伟大复兴而奋斗的行动指南；同时，习近平新时代中国特色社会主义思想又面向世界，积极探索关系人类前途命运的重大问题，贡献中国智慧和中国方案，愈益显现出深远的世界意义。③ 习近平新时代中国特色社会主义思想拓展了发展中国家走向现代化的途径，给世界上那些既希望加快发展又希望保持自身独立性的国家和民族提供了中国方案。党的十八大特别是党的十九大以来，社会主义"中国之治"与资本主义"西方之乱"形成鲜明对比，彰显了中国共产党强大的治国理政能力。④ 习近平新时代中国特色社会主义思想是对人类社会发展具有现实引领意义的世界科学社会主义的又一次重大飞跃。这一飞跃实际上回答了"经济社会发展取得显著成就的社会主义国家，如何在世界舞台中央，继续发挥社会主义制度的优越性与先进性，代表科学社会主义的发展趋势，引领人类文明前进

---

① 吴霞：《习近平新时代中国特色社会主义思想的丰富内涵与实践要求》，载《厦门特区党校学报》，2018年第6期。

② 曲士英：《习近平新时代中国特色社会主义思想的生成逻辑与现实意义》，载《学校党建与思想教育》，2018年第23期。

③ 胡昌明：《习近平新时代中国特色社会主义思想的世界意义》，载《党建》，2018年第3期。

④ 林建华：《习近平新时代中国特色社会主义思想是世界社会主义运动的重要篇章》，载《世界社会主义研究》，2018年第8期。

方向"的重大课题。①

(二) 40 年改革开放积累的宝贵经验

改革开放 40 年,我们党团结带领全国各族人民风雨兼程、锐意进取,取得了建设中国特色社会主义的辉煌成就,也积累了发展中国特色社会主义的宝贵经验。善于总结经验、把握规律,是我们党推动革命、建设和改革开放伟大事业不断走向胜利的重要法宝。改革开放 40 年的经验可以总结为以下几个方面。

1. 坚持中国特色社会主义方向

方向决定行进道路和命运。改革作为一次新的革命,不是也不允许我们否定和抛弃建立起来的社会主义基本制度,它是社会主义制度的自我完善。习近平总书记提出,必须坚持走中国特色社会主义道路,不断坚持和发展中国特色社会主义。改革开放 40 年的实践启示我们:方向决定前途,道路决定命运。我们要把命运掌握在自己手中,就要有志不改、道不变的坚定。②

韩振峰认为,中国特色社会主义这条路,走得通、走得对、走得好,改革是在中国特色社会主义道路上不断前进的改革,坚持中国特色社会主义方向是我国 40 年改革开放成功的根本原因。③ 胡玉萍指出,中国特色社会主义是马克思主义基本原理与中国改革开放实际相结合的产物,是中国人民在改革开放实践中的经验总结和理论升华,是适应中国实际的社会主义。④ 改革不是细枝末节的修改,而是一次彻底的变革。

---

① 王婷:《习近平新时代中国特色社会主义思想的时代意蕴和世界贡献》,载《求是学刊》,2018 年第 2 期。

② 《在庆祝改革开放 40 周年大会上的讲话》,载《人民日报》,2018 年 12 月 19 日,第 02 版。

③ 韩振峰:《改革开放 40 年的几点宝贵经验》,载《经济日报》,2018 年 9 月 20 日,第 013 版,理论周刊。

④ 胡玉萍:《改革开放的中国经验和历史启示》,载《光明日报》,2018 年 07 月 05 日 06 版。

必须高举中国特色社会主义旗帜，保持政治定力，守住底线；必须高举改革旗帜，坚定改革定力，保持清醒的头脑，既不走封闭僵化的老路，也不走改旗易帜的邪路。

2. 坚持解放思想，实事求是，求真务实

1978年的十一届三中全会拉开了改革开放的序幕，当时解放思想上的争议、交锋，集中表现在全党性的实践是检验真理的标准和"两个凡是"的大辩论。当年，邓小平同志在中央工作会议上发表了题为《解放思想，实事求是，团结一致向前看》的重要讲话，这篇讲话被认为是改革开放的宣言书、中国特色社会主义的宣言书。南京大学哲学系教师胡福明在《光明日报》上发表的《实践是检验真理的唯一标准》，在当时也引起了巨大反响和广泛讨论。坚持实践是检验真理的唯一标准就必须解放思想。习近平总书记指出：中国人民坚持解放思想、实事求是，实现解放思想和改革开放相互激荡、观念创新和实践探索相互促进，充分显示了思想引领的强大力量。①

李明福提到，我们党在90多年的风雨历程中，之所以战胜一个又一个的艰难险阻，取得一个又一个的辉煌胜利，靠的是始终坚持以实事求是为核心的一条正确的思想路线，一切从实际出发，理论联系实际，实事求是，在实践中检验真理和发展真理；彰显着中国共产党为中国人民谋幸福、为中华民族谋复兴的初心。② 祝福恩认为解放思想是改革开放40年的鲜明主线，解放思想使理论、思想、观念转化为实践，转化为物质成果，使我国由"站起来"进入到"富起来"的阶段，再由"富起来"进入到今天"强起来"的中国特色社会主义新时代。③ 解放思想理论指导实践，实践是理论的落实，在实践中检验和发展理论。解

---

① 《开放共创繁荣创新引领未来——在博鳌亚洲论坛2018年年会开幕式上的主旨演讲》，载《人民日报》，2018年04月11日，第03版。

② 李明福：《坚持实事求是勇于开创新局》，载《光明日报》，2018年05月17日，第05版。

③ 祝福恩：《解放思想：改革开放40年的鲜明主线》，载《学术交流》，2018年第12期。

放思想、实事求是、求真务实是指导改革开放的重要思想，中国在改革开放探索的进程中，也在不断发展这种思想，形成了中国特色社会主义理论体系的重要组成部分。

3. 坚持以人民为中心，尊重人民的首创精神

唯物史观是中国共产党人的科学世界观和方法论，坚持以人民为中心是坚持唯物史观的必然要求。习近平总书记在庆祝改革开放40周年大会上的重要讲话中强调，为中国人民谋幸福，为中华民族谋复兴，是中国共产党人的初心和使命，也是改革开放的初心和使命。[1] 我们党必须坚持以人民为中心，把人民对美好生活的向往作为我们的奋斗目标。以人民为中心一个重要的体现就是尊重人民的首创精神，坚定人民群众创造历史的观点。

李福岩、张红梅指出，改革是推动中国发展的重要动力源泉，人民是推动改革的力量之源，紧紧依靠人民推动改革，才能将改革进行到底。[2] 储著武、边钰认为，任何时候，意识形态工作都不能脱离人民群众，必须坚持以人民为中心的工作导向，要坚持党的群众路线，从群众中来，到群众中去。[3] 要尊重人民群众的首创精神，尊重人民群众集体智慧的结晶，续写新时代中国奇迹。习近平总书记指出，实践充分证明，中国人民一定行，中国一定能。坚持以人民为中心是中国共产党的根本立场，也是改革开放40年来积累的宝贵经验。人民对美好生活的向往就是中国共产党的目标，要着力解决发展不平衡不充分问题，做到发展为了人民，发展依靠人民，发展成果由人民共享。

---

[1] 《在庆祝改革开放40周年大会上的讲话》，载《人民日报》，2018年12月19日，第02版。

[2] 李福岩、张红梅：《坚持以人民为中心将改革进行到底》，载《光明日报》，2018年12月26日，第05版。

[3] 储著武、边钰：《改革开放40年意识形态工作的历程与经验》，载《毛泽东邓小平理论研究》，2018年第12期。

4. 坚持对外开放，以开放促发展

坚持对外开放，是改革开放 40 年来中国经济实现快速发展的重要前提，也是新时代实现经济高质量发展的必然要求。

2018 年 4 月，习近平总书记在博鳌亚洲论坛 2018 年年会开幕式上的主旨演讲中指出，过去 40 年中国经济发展是在开放条件下取得的，未来中国经济实现高质量发展也必须在更加开放条件下进行。习近平总书记还多次强调，中国开放的大门不会关闭，只会越开越大。海纳百川，有容乃大，中国将以开放的胸怀，兼容并包的精神，向世界开放。① 杨雪冬指出，经过 40 年的发展，中国已经站在新的历史起点上，世界也在孕育着深刻变革。对外开放不仅是中国与世界各国交往依然需要坚持的态度，也应该成为世界各国，尤其是西方国家面对中国需要拥有的心态。② 习近平总书记进一步指出："中国将在更大范围、更宽领域、更深层次上提高开放型经济水平"，"共同维护和发展开放型世界经济"。③ 对外开放是中国融入世界的关键举措，统筹国内国际两个大局，在对外开放中把独立自主与参与全球化统一起来。

5. 坚持党的领导，加强党的建设

党的领导是中国特色社会主义的本质特征，也是中国特色社会主义制度优越性的体现。"打铁还需自身硬"，坚持中国特色社会主义就必须坚持中国共产党的领导，加强党的自我建设、自我革命，不断完善自身。

马维振、王明生认为，改革开放 40 年来，中国之所以能够发生如此深刻的巨大变化和成就，得益于多方面的推动和贡献。其中一个决定

---

① 《开放共创繁荣创新引领未来——在博鳌亚洲论坛 2018 年年会开幕式上的主旨演讲》，载《人民日报》，2018 年 04 月 11 日，第 03 版。

② 《从自我改造到相互改造：对外开放 40 年再审视》，载《浙江社会科学》，2018 年第 8 期。

③ 《习近平谈治国理政》，北京：外文出版社 2014 年版，第 114、335 页。

性力量就是党的领导核心。① 坚持党的领导，加强党的自身建设，才能真正走中国特色社会主义道路，才能真正不负共产党的初心和使命，才能真正做到为人民服务。协同推进社会革命与自我革命，是对改革开放40年历史经验的深刻总结，也是新时代坚持和发展中国特色社会主义、把我们党建设好建设强的内在要求。总结中国共产党执政党建设的经验，要求我们必须一以贯之推进党的建设新的伟大工程。②

6. 正确处理好改革、发展、稳定之间的关系

在庆祝改革开放40周年大会上，习近平总书记指出，"必须坚持辩证唯物主义和历史唯物主义世界观和方法论，正确处理改革发展稳定关系。"③ 这既是对改革开放40年宝贵经验的深刻总结，又是对我们党坚持马克思主义世界观方法论这一坚定立场的郑重阐发。改革、发展、稳定相互依存、互为条件。发展是目的，改革是动力，稳定是前提，胆子要大、步子要稳，在正确处理好改革发展稳定的关系中行稳致远。

韩振峰指出，我们要坚持把改革的力度、发展的速度和社会可承受的程度统一起来，把改善人民生活作为正确处理改革发展稳定关系的结合点，在保持社会稳定中推进改革发展，通过改革发展促进社会稳定。④ 李琦从深刻领会习近平论述的角度，提出要把握好全面深化改革的几个重要关系。他指出，中国采取的是"渐进式改革"方式，注重总体平衡、整体协调、步伐稳重，避免了因情况不明、举措不当而引起的社会动荡，反过来，维护社会稳定，也为稳步推进改革、顺利实现目标提供

---

① 马维振、王明生：《改革开放以来中国特色社会主义理论自信的内在逻辑》，载《马克思主义理论学科研究（双月刊）》，2018年第6期。

② 张荣臣：《协同推进社会革命与自我革命的壮阔历程》，载《人民日报》，2018年11月6日，第22版。

③ 《在庆祝改革开放40周年大会上的讲话》，载《人民日报》，2018年12月19日，第02版。

④ 韩振峰：《全面深化改革的哲学方法论》，载《光明日报》，2018年08月24日，第06版。

了保证。① 我国改革开放 40 年来，最根本的一条历史经验，就是要正确处理好改革发展稳定三者之间的关系，这个历史经验对于当今世界致力于发展的任何国家都具有重要的借鉴意义。

（三）"一带一路"与构建人类命运共同体

人类命运共同体思想是习近平总书记顺应国际国内形势对建构国际新秩序所作的理论创新，"一带一路"倡议是中国为全球治理体系提出的一项具有东方智慧的发展方案，是促进多国共同繁荣的实践探索。"一带一路"是构建人类命运共同体的伟大探索和实践，也是走向人类命运共同体的重要路径。以"一带一路"促进人类命运共同体建设，展现了中国的大国风范与责任担当，彰显了中国理念和中国方案对各国共同发展的重要贡献，二者在实现中华民族伟大复兴中国梦的实践中得到统一。

1. "一带一路"是构建人类命运共同体的伟大实践

人类命运共同体就是"命运相连、休戚与共"，"你中有我、我中有你"。"一带一路"倡议就是立足全人类发展前景，把世界各国凝聚为同呼吸共命运的人类命运共同体，实现繁荣发展。构建人类命运共同体是新时代中国特色大国外交的目标方向，"一带一路"则是将构建人类命运共同体从理念转化为行动的实践路径。二者相辅相成、相互辉映。习近平总书记在"一带一路"国际合作高峰论坛圆桌峰会上指出："在'一带一路'建设国际合作框架内，各方秉持共商、共建、共享原则，携手应对世界经济面临的挑战，开创发展新机遇，谋求发展新动力，拓展发展新空间，实现优势互补、互利共赢，不断朝着人类命运共同体方向迈进。这是我提出这一倡议的初衷，也是希望通过这一倡议实现的最

---

① 李琦：《把握和处理好全面深化改革的几个重大关系》，载《党的文献》，2018 年第 6 期。

高目标。"① 因此推动"一带一路"建设，就是朝着人类命运共同体的方向迈进。

当今世界正处于百年未有之大变局，和平合作的潮流、开放融通的潮流、变革创新的潮流持续推进，各国之间的联系从来没有像今天这样紧密，世界人民对美好生活的向往从来没有像今天这样强烈，人类战胜困难的手段从来没有像今天这样丰富。② 但全球化趋势历来是一把"双刃剑"，在推动世界各国发展的同时也造成了财富分配不均、经济危机频发、政局动荡不安等一系列不容忽视的问题。

我们要认识到，和平与发展仍是时代的主题，全球各国间紧密联系在一起，在这种情况下，各个国家在处理矛盾和摩擦时更应该采取和平合作、对话协商的方式来取代暴力战争手段，共同促进世界和平。中国提出的"一带一路"和构建人类命运共同体倡议，体现了中国爱好和平、相互尊重、合作共赢的理念和决心，也是中国坚定不移走和平发展道路的立场体现，符合和平与发展的时代主题。因此习近平总书记提出的"一带一路"倡议，就是要实践人类命运共同体理念。这既是提出该倡议的初衷，也是希望通过该倡议实现的最高目标。

古丝绸之路绵亘万里，延续千年，这早已说明了只要坚持以和平合作、开放包容、互学互鉴、互利共赢为核心的丝绸之路精神，不同民族、不同文化、不同发展阶段的国家完全可以共享和平、共同发展。在新的历史条件下，我们提出"一带一路"倡议，就是要继承和发扬这种丝绸之路精神，以共建"一带一路"为实践平台推动构建人类命运共同体，坚持对话协商、共建共享、合作共赢、交流互鉴，聚焦政策沟通、设施联通、贸易畅通、资金融通、民心相通，推动各国加强政治互信、经济互融、人文互通。越来越多的国家热烈响应和积极参与，全球治理

---

① 《开辟合作新起点谋求发展新动力——在"一带一路"国际合作高峰论坛圆桌峰会上的开幕辞》，载《人民日报》，2017年5月16日。

② 高祖贵：《推进"一带一路"建设构建人类命运共同体》，载《学习时报》，2019年4月22日。

的中国方案正在释放越来越强大的感召力和引领力。

2. "一带一路"与构建人类命运共同体的实践路径

构建人类命运共同体是新时代中国特色大国外交的动力与方向，"一带一路"则是将构建人类命运共同体理念转化为具体行动的路径与平台，是中国走向世界舞台的有力倡议。通过近几年的不断努力，"一带一路"倡议已经逐步从理想变为现实，成为一条和平之路、繁荣之路、开放之路、创新之路、文明之路。因此，要致力于实现在坚持平等协商、合作共赢、和平安全、文明交流的过程中，不断推动"一带一路"建设向更高层面迈进，最终达到人类命运共同体设想的宏伟目标。

（1）坚持平等相待，倡导对话协商

习近平总书记在 2018 年出席推进"一带一路"建设工作 5 周年座谈会时强调指出："共建'一带一路'是经济合作倡议，不是搞地缘政治联盟或军事同盟；是开放包容进程，不是要关起门来搞小圈子或者'中国俱乐部'；是不以意识形态划界，不搞零和游戏，只要各国有意愿，我们都欢迎"。[①] 平等的观念是中华传统文化中历来就有的，中华民族历来坚持着平等和谐、美美与共的大同观念。"一带一路"倡议也正是汲取了中华文明的平等观念，在尊重沿线各国国情的基础上致力于推动国家与地区间平等相待、对话协商。我们始终坚持"一带一路"沿线国家不论大小强弱，不论社会制度、发展道路是否相同，只要愿意参与，我们全部都要欢迎，使各国都能平等参与到建设中来。郝保权强调，"一带一路"实践既要尊重人类共同利益，又要尊重经历了历史沉淀的不同文化、民族之间的差异，尊重本土差异，在差异性的本土身份和人类命运共同体之间保持平衡。[②] 李丹也特别指出，平等是规范各国关系的首要原则，维护国际秩序的根本底线，如果说中国贫弱时坚持平

---

① 习近平：《推进"一带一路"建设工作 5 周年座谈会重要讲话》，载《人民日报》，2018 年 8 月 28 日，第 01 版。

② 郝保权：《"一带一路"：人类命运共同体的路径探索》，载《中国高等教育》，2018 年第 1 期。

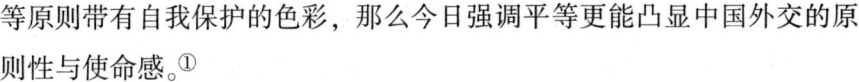

等原则带有自我保护的色彩,那么今日强调平等更能凸显中国外交的原则性与使命感。①

(2) 坚持合作共赢,实现共同繁荣

习近平总书记指出:"人类社会发展的历史告诉我们,开放带来进步,封闭必然落后。世界已经成为你中有我、我中有你的地球村,各国经济社会发展日益相互联系、相互影响,推进互联互通、加快融合发展成为促进共同繁荣发展的必然选择。"② 在当前推动发展的关键时刻,我们更应该以坚持合作共赢、实现共同繁荣为目标,欢迎各国家、各地区的人民共同参与到"一带一路"建设中来,实现人类社会共同的繁荣与发展。这也正如习近平总书记所说的:"我国是'一带一路'的倡导者和推动者,但建设'一带一路'不是我们一家的事。'一带一路'建设不应仅仅着眼于我国自身发展,而是要以我国发展为契机,让更多国家搭上我国发展'快车',帮助他们实现发展目标。我们要在发展自身利益的同时,更多考虑和照顾其他国家利益。"③ 李丹从全球治理改革的角度指出,人类命运共同体思想深刻揭示了治理主体联动性、国家利益交互性、人类价值共通性和未来命运依存性,这恰恰是共商共建共享共赢全球治理的内在依据和必然结果。④ 何星亮则从基础设施建设的角度指出,中国可以切实帮助丝绸之路经济带沿线国家修铁路、公路、架桥和修建机场,改善他国人民生活状况,推动相关国家的现代化建设,展现合作发展的理念,彰显大国风范。⑤

(3) 坚持相互信任,促进和平安全

自古以来,人类社会就渴望和平、渴望发展。张骞出使西域,作为

---

① 李丹:《论全球治理改革的中国方案》,载《马克思主义研究》,2018年第4期。

② 习近平:《博鳌亚洲论坛2018年年会开幕式上的主旨演讲》,载《人民日报》,2013年3月23日,第01版。

③ 《习近平谈治国理政》第二卷,北京:外文出版社2017年版,第501页。

④ 李丹:《论全球治理改革的中国方案》,载《马克思主义研究》,2018年第4期。

⑤ 何星亮:《"一带一路"建设与人类命运共同体》,载《中南民族大学学报》(人文社会科学版),2018年第4期。

文化使者，为沿途国家送去了先进文化，也将和平的种子撒满了亚欧大陆。郑和七下西洋，作为和平使者，他为当地人民送去了珍奇物产，传播了和平精神，推动了海上丝绸之路的开启。诚如习总书记所说："这些开拓事业之所以名垂青史，是因为使用的不是战马和长矛，而是驼队和善意；依靠的不是坚船和利炮，而是宝船和友谊。一代又一代'丝路人'架起了东西方合作的纽带、和平的桥梁。"① 但随着近代以来资本主义生产方式的确立，人们为了掠夺资源、获得财富，进行了无休止的战争。在苦难和战争过后，我们更应该认识到和平与安全是多么的珍贵。"一带一路"倡议也正是顺应了历史发展趋势，积极响应着世界人民对和平的渴望。耿洪洲从应对处理国际关系的角度出发，认为在当前一个时期，要重点加强对外协调和安全保障，妥善处理大国关系，推动与美英德法等发达国家合作，推动日本印度等国参与。要强化安全保障，完善境外安全保障体系，保障海外工作人员生命和项目财产安全。② 吴自聪、张莉也强调，我国要坚持走和平发展道路，不干涉他国内政、不谋求地区事务主导权，但也要守住底线，绝不能以牺牲别国利益作为自身发展的垫脚石；也绝不能牺牲我国的核心利益。③

（4）推动文明交流，彰显文化自信

习近平总书记指出："'一带一路'建设要以文明交流超越文明隔阂、文明互鉴超越文明冲突、文明共存超越文明优越，推动各国相互理解、相互尊重、相互信任。"④ 文化因交流而多彩，文明因交融而丰富。人类命运共同体理念和"一带一路"倡议鲜明的文化内涵，深刻体现了中华优秀传统文化天人合一、和谐中庸的价值观。"一花独放不是春，

---

① 习近平：《"一带一路"国际合作高峰论坛开幕式主旨演讲》，《光明日报》，2017年5月14日，第01版。

② 耿洪洲：《围绕构建人类命运共同体推进"一带一路"建设》，载《中国党政干部论坛》，2018年第7期。

③ 吴自聪、张莉：《"一带一路"：新时代人类命运共同体的中国方案》，载《中共南京市委党校学报》，2018年第6期。

④ 《习近平谈治国理政》第二卷，北京：外文出版社2017年版，第513页。

百花齐放春满园。"各个国家和民族的文化都有其独特性和优势,不同文明要在平等的基础上相互交流,在相互竞争中互学互鉴、共同发展,推动不同文明之间实现碰撞和融合。国内学者也普遍高度重视文化交流和文明互鉴对推动"一带一路"和构建人类命运共同体的重要作用。吴自聪、张莉着重强调了建设"一带一路"的文明之路,要以人文交流为纽带,实现民心交融要用绵绵之力,久久为功。各国要积极开展人文交流合作机制,打造多层次交流平台,拓展相互合作渠道。同时要注重加强各阶层群体之间的交流对话,促进更多普通群众之间的相互了解。[①]

(四)乡村振兴战略

在2017年10月18日召开的中国共产党第十九次全国代表大会上,实施乡村振兴的新战略被正式提出。2017年12月28日至29日,习近平总书记在中央农村工作会议上发表重要讲话,深刻阐述了实施乡村振兴战略的重大问题并对其贯彻落实提出了明确要求。2018年中央一号文件和《乡村振兴战略规划(2018—2022年)》对实施乡村振兴战略的实施作出了全面部署。自从乡村振兴战略被提出以来便受到了学者们的广泛关注,也成为了学术界一个新的研究重点。关于乡村振兴战略的理论研究主要体现在如下几个方面。

1. 乡村振兴战略的内涵解读及重要意义

党的十九大报告指出,农业农村农民问题是关系国计民生的根本性问题,必须始终把解决好"三农"问题作为全党工作的重中之重,实施乡村振兴战略。有学者认为,党的十九大提出要实施乡村振兴战略,并将之作为全面建成小康社会决胜期的七大战略之一,是党中央解决好新时代"三农"问题的重大战略决策。[②] 学术界的学者从不同视角对其内

---

① 吴自聪、张莉:《"一带一路":新时代人类命运共同体的中国方案》,载《中共南京市委党校学报》,2018年第6期。

② 《走中国特色社会主义乡村振兴道路》,北京:中国社会科学出版社2019年版,第1页。

涵进行了解读，主要有以下几个方面：蒋永穆指出，乡村振兴战略的内涵在于从城乡一体化发展转向坚持农业农村优先发展、从推进农业现代化转向推进农业农村现代化、从生产发展转向产业兴旺、从村容整洁转向生态宜居、从乡风文明转向乡风文明、从管理民主转向治理有效、从生活宽裕转向生活富裕的七大根本性转变。① 关浩杰则从"五位一体"的总体布局出发，对乡村振兴战略的内涵作出了解读，他认为，乡村振兴战略跟党中央所提出的"五位一体"总体布局有着紧密的联系，经济建设是乡村振兴的前提，政治建设是乡村振兴的保障，文化建设是乡村振兴的灵魂，社会建设是乡村建设的关键，生态文明建设则是乡村振兴的出发点和目的地。②

关于乡村振兴战略的重要意义，学术界普遍认为乡村振兴战略的提出是我党在深刻把握社会发展规律、总结社会发展经验的基础上提出的，对于我国全面实现小康、步入社会主义现代化强国、实现中华民族伟大复兴中国梦有着极其重要的意义。有学者指出，乡村振兴战略是党中央从中国的国情以及中国当前经济社会发展的阶段性特征出发，做出深入研究后所得出的一个重大判断，也是今后中国发展的一个重大战略。③ 由此可以看出，乡村振兴战略是一个关系到中国全面发展，并最终建成现代化强国的大事。范建华从乡村振兴战略的时代意义出发，总结出了如下五点重大意义：第一，乡村振兴战略的实施从本质上来看是回归并超越乡土中国；第二，乡村振兴战略的实施，其本身就是对近代以来充满爱国情怀仁人志士们理想的再实践、再创造；第三，乡村振兴战略的实施，其核心就是从根本上解决"三农"问题；第四，乡村振兴战略的实施，有利于弘扬中华优秀传统文化；第五，乡村振兴战略的实

---

① 蒋永穆：《基于社会主要矛盾变化的乡村振兴战略：内涵及路径》，载《社会科学辑刊》，2018 年第 2 期。
② 关浩杰：《乡村振兴的内涵、思路与政策取向》，载《农业经济》，2018 年第 10 期。
③ 陈锡文：《实施乡村振兴战略，推进农业农村现代化》，载《中国农业大学学报》（社会科学版），2018 年第 1 期。

施,有利于中国人民把饭碗牢牢地端在自己手中。①

2. 乡村振兴战略的历史逻辑及现实背景

关于乡村振兴战略的历史逻辑,部分学者认为,通过对我国关于农村农业农民问题的研究,不仅明确了中国共产党解决"三农"问题的基本脉络,也展现了乡村振兴战略的历史逻辑。有学者指出,乡村振兴战略的提出及实施一方面基于我国特定的时代背景,另一方面也综合考量了历史发展规律以及我国农业农村的发展现状。他还指出,当我们在谈及乡村振兴时,就必须去探究与振兴相反的、乡村衰落的深层原因。以此,他提出了四点乡村衰落的历史事实:第一,这是农村城镇化所导致的必然结果;第二,这是农业现代化所引起的必然要求;第三,这是农民市民化所造成的必然后果;第四,这是收入差异化加剧的必然趋势。②谢涛指出,在我国实施改革开放这一基本国策之前,中国共产党所制定和实施的"三农"政策总体上是为了服从于革命或继续开展革命这一基本指导思想的。改革开放则代表着中国乡村振兴战略的新起点。在这以后,随着党的工作中心发生转移,改革和发展成为党的基本执政思路和主流话语,"三农"政策的制定也因此发生重大转向。③叶兴庆详细分析了党的十六大、十七大和十八大中对"三农"工作所作出的总体部署,在此基础上,指出,党的十九大报告以"实施乡村振兴战略"统领关于"三农"工作的部署,展现从城乡统筹、城乡一体化到乡村振兴的清晰脉络。这既保持了思路、目标的连续性,又根据新时代的要求,在思路上进一步拓宽,在目标上进一步提高。④

关于乡村振兴战略的现实背景,郭晓鸣认为,当前我国宏观经济下行的压力仍在不断加大,但是农业和农村的发展在一定程度上可以称之

---

① 范建华:《乡村振兴战略的时代意义》,载《行政管理改革》,2018年第2期。
② 李孝忠:《乡村振兴:历史逻辑与现实抉择》,载《中国发展观察》,2018年第2期。
③ 谢涛:《乡村振兴战略的历史逻辑、现实关照及时代意蕴》,载《邓小平研究》,2018年第6期。
④ 叶兴庆:《新时代中国乡村振兴战略论纲》,载《改革》,2018年第1期。

为"一枝独秀",这主要表现在我国现代农业的整体水平在持续提升、农民人均收入增速持续快于城镇居民、新农村建设的力度前所未有、脱贫的成果不断创造奇迹。在这一现实背景下,党中央所提出的乡村振兴战略,意味着目前我国农业和农村在发展的过程中仍然存在着一系列需要高度重视并且急需要解决的深层次矛盾,这些矛盾不仅仅侵蚀着我国自改革开放以来在"三农"领域所付出的艰辛努力,而且还将不可避免地危及我国经济社会的全局性发展。①

学术界普遍认为党的十九大所提出的乡村振兴战略,是顺应时代发展的趋势所提出来的伟大战略决策,具有深厚的历史逻辑与鲜明的现实背景,在当前这样一个新时代的历史条件下,乡村振兴战略是推动农业农村现代化、破解"三农"问题的金钥匙。

3. 乡村振兴战略的实施路径和具体措施

学术界的不同学者关于如何推进乡村振兴战略的全面发展这一问题,从各个层面提出了相应的实施路径。

从宏观层面上来看,实施乡村振兴战略,不仅是对乡村的经济、政治进行振兴,还是对其社会、文化、生态、法律、科技等全方位、多领域的振兴。王思斌提出要实现乡村振兴,需要进行社会基础建设。农民是乡村振兴的主体,理念整合、协同运作的促进农村经济社会发展的政策体系,对改变农村"弱生态位"状况具有重要作用。②胡胜指出,建设日益完善的乡村法制环境,既是保证乡村振兴战略顺利实施的前提条件,也是实施乡村振兴战略的重要保障。③赵淑清认为,乡村文化与乡村发展紧密相连,深度挖掘并研究乡村文化可以为乡村振兴提供坚实的文化基础。④

---

① 郭晓鸣:《乡村振兴战略的若干维度观察》,载《改革》,2018年第2期。
② 王思斌:《社会生态视角下乡村振兴发展的社会学分析——兼论乡村振兴的社会基础建设》,载《北京大学学报》(哲学社会科学版),2018年第2期。
③ 胡胜:《乡村振兴离不开法制护航》,载《人民论坛》,2018年第6期。
④ 赵淑清:《在造乡村文化助力乡村振兴》,载《人民论坛》,2018年第2期。

从微观层面上来看，乡村振兴战略在实施的过程中需要众多的参与者携手前行，诸如政府、企业、村民等参与主体。张红宇指出，我国农业企业是现代农业产业体系中最具有活力和创新力的主体，实施乡村振兴战略，需要依靠市场的活力，而企业家精神地发扬及其有利于市场活力的形成和发展。因此实施乡村振兴战略要求弘扬企业家精神。① 刘合光在其文章中对与参与主体及其作用进行了简要阐述，他认为，总设计师、人民公仆、村干部、村民、各类智囊以及其他参与者是我国乡村建设的重要参与主体。各参与主体在乡村振兴战略实施中各有功用。②

关于乡村振兴战略的具体措施，不同学者从各个角度给出了多样化措施。唐任伍认为，乡村振兴战略要精心规划、因地制宜，他提出了以下几点措施：首先，要创新实施理念，从系统性、全局性的角度来进行统筹安排；其次，要具体谋划精准试测，注重实干的重要性；再次，要建设田园综合体，有效解决好人、地、钱的矛盾，实施可持续发展；最后，要加强乡村振兴的制度建设。③ 魏后凯认为，实施乡村振兴战略，需要做到多措并举。他在其文章中主要提出了五点措施：第一，切实做好乡村振兴规划。各级地方政府也需要切实的从当地的实际情况出发，抓住工作中的重难点，找准工作中的突破口，制定出科学合理的乡村振兴实施方案。第二，研究制定乡村振兴的标准；有关部门需要尽快汇集各领域的专业人依照产业兴旺、生态宜居、乡风文明、治理有效、生活富裕的总要求，研究并制定出符合我国现阶段实际的乡村振兴标准，以此来作为各地实践和评价的参考依据。第三，实行差别化的推进策略；第四，进一步加大政策支持力度。第五，引导全社会参与乡村振兴。④

---

① 张红宇：《乡村振兴战略与企业家责任》，载《中国农业大学学报》（社会科学版），2018年第1期。

② 刘合光：《激活参与主体积极性大力实施乡村振兴战略》，载《农业经济问题》，2018年第1期。

③ 唐任伍：《新时代乡村振兴战略的实施路径及策略》，载《学术前沿》，2018年第2期。

④ 魏后凯：《如何走好新时代乡村振新之路》，载《学术前沿》，2018年第2期。

综上所述，学界对于乡村振兴战略的具体措施进行了全方位、多层次的研究，并认为乡村振兴战略的实施无论是对于当前我国"三农"问题的解决，还是对于我国经济社会的发展都具有重要意义。同时，学者也认为，在其实施的过程中会不可避免地遇到各种各样的困难与挑战，要努力克服困难，采取积极的措施化解矛盾，从而全面推动乡村振兴战略的实施。

（五）马克思主义与当代社会

马克思主义在《共产党宣言》发表后宣布诞生，其科学性、真理性、指导性并没有随着时间的流逝而过时，马克思主义作为颠扑不破的真理在经过一百多年的洗礼之后仍然焕发着出彩的生命力。马克思主义蕴含的理论价值、实践价值在不同的时代条件下不断创新、不断发展，发挥着重要的指导借鉴作用。在当今时代，马克思主义中唯物史观、剩余价值学说等观点的影响力不仅没有减弱反而在不断扩大，不但为其他国家提供了一种全新的思维方式借鉴，更在进一步地指导新时代的中国朝着伟大复兴的目标昂首前进，为我们实现伟大复兴中国梦指明了方向。

1. 马克思主义的内涵解读

马克思主义是人类思想史上的伟大变革，深刻地改变了人类文明发展进程。马克思主义产生于19世纪的中叶，由马克思主义哲学、马克思主义政治经济学和科学社会主义三大部分组成，是关于自然、社会和思维发展的普遍规律以及全世界无产阶级和全人类彻底解放的学说。其批判的着力点为资产阶级的剥削本质，以及由此引发了资产阶级与无产阶级之间直接对立、资本主义制度与社会主义制度的矛盾冲突。

马克思主义是人民的理论。马克思主义不是为少数剥削阶级服务的理论，而是人民的科学，是以人民为主体、维护人民利益、实现人的自由而全面的发展和全人类解放为己任的科学。其深刻地揭示了人民群众在历史活动中的主体地位、作用和解放条件，使无产阶级和劳动人民的精神状态实现了由被动走向主动、由自在走向自为的伟大转变。① 马克思从历史唯物主义视角考察人类社会发展，阐明了人在社会历史发展中的主体地位，以及个人的解放和发展只有通过广大人民群众联合的行动才能实现。马克思曾在《共产党宣言》中强调："资产阶级生存和统治的根本条件，是财富在私人手里的积累，是资本的形成和增殖；资本的条件是雇佣劳动。"② 只有依靠联合的力量，无产阶级和人民大众才能解脱套在他们头上的枷锁，摆脱他们被禁锢住的命运。

马克思主义的价值在于它的科学性和真理性，在于它能与时俱进、永葆活力，在于它具有实践性、批判性、开放性、辨证性等基本理论品格。解放思想、实事求是、与时俱进，是马克思主义活的灵魂。③ 科学把握时代特征并与之结合，是马克思主义理论的重要品格，也是马克思主义时代化的内在价值。马克思主义研究在推动社会思想解放和观念变革的同时，也在不断推进自身的思想解放和观念变革。④

2. 马克思主义的理论贡献和实践意义

马克思主义犹如熊熊燃烧、永不熄灭的火焰在世界上得到广泛传播，极大地推进了人类文明发展进程。在马克思主义影响下，马克思主义各国政党在世界范围内犹如雨后春笋般建立和发展起来，人民群众第一次掌握了自己的命运，得到了真正的解放，成为实现自身解放和全人类解放的根本政治力量。列宁将马克思主义与俄国的国情结合起来，领导了十月革命并取得胜利，使社会主义从理论变为现实。十月革命为迷茫中的国家敲响了警钟，证明了马克思主义可以赋予其时代价值，可以

---

① 谢伏瞻：《马克思主义是不断发展的理论——纪念马克思诞辰200周年》，载《中国社会科学》，2018年第5期。
② 马克思、恩格斯：《共产党宣言》，北京：人民出版社：2014版，第40页。
③ 《习近平新时代中国特色社会主义思想学习纲要》，北京：学习出版社、人民出版社2019年版，第11页。
④ 孙利天：《马克思主义哲学在改革实践中的创新性发展》，载《中国社会科学》，2018年第11期。

与不同国家的国情结合而产生不同的指导理论。在十月革命的影响下,各国的无产阶级开始醒悟过来,纷纷为争取自己的自由而做出努力,一大批社会主义国家诞生,特别是中华人民共和国成立,极其壮大了世界各国无产阶级力量,彻底瓦解了帝国主义的殖民体系。

马克思主义的唯物史观为马克思理解和阐释国际社会历史发展提供了哲学方法论前提。一方面,马克思主义打开了动态地发展地看待和审视国际社会的发展与运动的视阈;另一方面,又为理性批判和辩证追问资本主义时代的内在逻辑提供了理论借鉴。马克思主义是一种实现全体人类解放和自由全面发展的共同体理论,是关于实现未来全人类共同发展的伟大思想。构建人类命运共同体就是在新的历史条件下,马克思主义结合当今社会发展而提出的新任务。人类命运强调共存共生,共建共享,在革命政治概念之外,开启了一种建构性的政治发展道路,为创立马克思主义的社会建设理论和全球治理理论奠定了基础。[①]

马克思主义与中国实际相结合,实现了马克思主义的中国化,指导了中国的革命、建设、改革,也为中国特色社会主义的实践提供了进一步的科学理论和具体方法。随着中国特色社会主义实践的不断落实与深化,党和国家面对国内现实状况以及国际大背景有了越来越多的新认识,并针对新时代的疑惑与困难提出了更多的新思路,这些创新推动了马克思主义理论的与时俱进,同时也丰富了马克思主义,更为中国的发展拨开了迷雾点亮了明灯。

习近平总书记在 2018 年 5 月 4 日纪念马克思诞辰 200 周年大会上着重强调,"新时代,中国共产党人仍然要学习马克思,学习和实践马克思主义"。[②] 我们要以科学的态度对待科学,以真理的精神追求真理,不

[①] 罗骞:《构建人类命运共同体:21 世纪马克思主义的重要命题》,载《理论探索》,2018 年第 2 期。

[②] 《纪念马克思诞辰 200 周年大会在京举行》,载《人民日报》,2018 年 5 月 5 日,第 01 版。

断赋予马克思主义以新的时代内涵。① 学习研究当代世界马克思主义,是我们积极促进当代世界和平发展合作进程,和各国人民一道推进全球治理体系的改革和建设,构建人类命运共同体,创造人类的美好未来,为解决世界发展困境提供中国智慧、中国方案的一个重要条件。② 习近平新时代中国特色社会主义思想用理论与实际结合的成果不断丰富了中国特色社会主义理论体系的新内涵,同时也为广大对的发展中国家带来了崛起的希望。

3. 提升马克思主义的当代解释力与话语权

马克思主义的当代解释力,就是让马克思主义作为一种经典的思想体系,使之同当今时代以及实践产生紧密的联系,全面、科学地指导社会的有序发展并获得当代意义。

当今时代,出现了各种版本的马克思主义"危机论"、"消亡论"、"过时论"或"终结论"等观点。有学者指出,马克思主义理论范式之所以在当代面临着诸多质疑和挑战,原因至少有两个方面:一是由于对马克思范式的误读、片面或教条化的理解;二是因为马克思主义理论范式的独特解释力没有被客观评估和充分发掘。③ 马克思主义理论作为一种具备科学性的不断发展的真理,能够指导和解决当今时代的实践中所产生的一系列重要问题。要想提升马克思主义的当代解释力就要深入到民众的生活和工作当中,想民众所想急民众所急,解决民众生活和工作中亟需解决的问题,这也是改善民生、提高民众生活水平的重要路径。不能仅仅停留在思想理论层面,而是要深入到思想背后的社会问题和利益诉求中,从而解决当今社会发展过程中出现的各种社会矛盾和问题,

---

① 程伟:《〈共产党宣言〉与新时代马克思主义理论教育》,载《学习论坛》,2018年第12期。

② 奚广庆:《学习研究当代世界马克思主义思潮发展和创新》,载《理论与改革》,2018年第1期。

③ 徐步华:《马克思社会运动理论范式的基本特征及其当代解释力》,载《马克思主义与现实》,2018年第1期。

完善群众利益合理表达的渠道和机制，实现意识形态发展与利益调整同频共振，赢得实践场域的认同与支持。① 想要提升马克思主义的当代解释力，需将马克思主义作为基础，通过不断了解、探索马克思主义中所蕴含的真正精神和内涵，做到与时俱进，立足现实生活找出马克思主义的生长切入点，赋予其当代理解。

综合实力的增长与国际地位的提升决定了各个国家在世界舞台处于怎样的位置。话语权作为软实力的表现，其基础是经济、军事等硬实力，其实质则是意识形态和价值观念的竞争，尤其是政治价值观念的竞争。针对什么是马克思主义话语权这个问题，有学者指出，马克思主义话语权的内涵应该从以下两个层面来理解与把握：一是马克思主义对社会舆论具有强大的控制权、管理权和主导权，是党和国家制定、执行重大方针、政策、法规以及学术界开展哲学社会科学研究必须坚持的唯一指导思想；二是广大人民群众在日常生活实践中普遍支持、普遍认同和普遍信仰马克思主义的原理、立场、方法和观点并内化为一种价值自觉。②

根据马克思主义经典著作以及权威学者的论述，我们了解到马克思主义话语体系的建构与话语权的实现，具有两大逻辑，即阶级性和实践性。所谓阶级性，即话语由谁控制、为谁服务的问题。区别于西方"虚假的意识形态"，马克思主义的"话语"不再是空洞的和抽象的概念，而是建立在唯物史观基础之上，以"现实的人"为根本的、实实在在的概念。对于无产阶级而言，其使命就是要夺取话语权，建构以无产阶级为基础的、与人民利益一致并代表人类发展方向的话语体系。③

---

① 吕峰、王永贵：《新时代我国主流意识形态话语权建构的多重维度》，载《社会主义研究》，2018 年第 4 期。

② 史献芝、王永贵：《马克思主义话语权的建构之道——基于普通社会公众视角的考察》，载《学海》，2018 年第 6 期。

③ 韩美群：《解构与重建：西方话语的理论逻辑与马克思主义的话语创新》，载《马克思主义研究》，2018 年第 2 期。

理论只有通过宣传传播才能被大众所了解，才可能被大众认同和接受生成话语权。信息传播是一个复杂的系统，有其自身运行的规律，必须深入了解这一复杂的系统结构，把握传播的运行规律，才能收到良好的传播效果。① 要对西方国家的话语进行话语转换，创新马克思主义话语理论，将马克思主义及其与时俱进的成果传播到各个国家去，使之与各国国情相结合被群众所理解，为马克思主义争取更多的话语空间。

三、问题反思是马克思主义哲学与时俱进的重要路径

"问题意识"是马克思主义哲学突破僵化的体系哲学的重要导向。反思现实问题不仅是马克思主义哲学的主要内容，而且是马克思主义哲学永葆生机与活力的关键所在。马克思主义哲学的实践性和时代性品格决定了其始终是对现实问题的解答。从实践性来看，马克思哲学不是思辨哲学，而是实践哲学，它以"改变世界"为己任。因而它必须不断聚焦、反思时代重大现实问题，不断追溯问题的根源、探寻问题的本质，直至解决问题。从时代性来看，马克思主义哲学是"时代精神的精华"，因而它必须以这些重大现实问题为中心，不断拓展马克思主义哲学研究的视域和研究方法，实现马克思主义哲学的与时俱进。

把日新月异的社会实践转换为哲学问题，马克思主义哲学也正是在解答这些时代问题中实现当代出场的，这既是马克思主义的当代化，也是马克思主义哲学对现实问题的的关照。实践提出问题，哲学反思问题并给出方向上的指引。如今，中国特色社会主义进入新时代，中国面临的新实践新问题，需要马克思主义哲学反思并给予科学性的回答。作为时代精神的马克思主义哲学也正是在回答反思这些新问题时

---

① 张爱武：《论马克思恩格斯科学社会主义国际话语权思想及现实启示》，载《马克思主义理论研究》，2018 年

实现了自己的当代出场。也只有如此，马克思主义哲学才保持强大的时代性和生命力。聚焦问题、反思问题、进而解决问题，这是马克思主义哲学的使命，也是马思主义哲学研究创新发展、与时俱进的必然路径。

（作者孟献丽系宁波大学马克思主义学院教授；研究方向为马克思主义理论与社会发展研究）

2018年马克思主义哲学中国化研究范式综述与前瞻

覃世艳

[摘 要] 2018年是马克思诞辰200周年，也是改革开放40周年、真理标准大讨论40周年和《共产党宣言》发表170周年。这一年，马克思主义哲学中国化研究范式尤其注重通过一系列纪念性活动，展开对重大历史事件的哲学反思；继而基于马克思主义哲学中国化的视角，把握中国发展道路和中国经验；注重对马克思主义哲学中国化最新理论成果的哲学解读，这些方面均有所创见，成果丰硕。回顾2018年，马克思主义哲学中国化研究范式呈现出问题意识导向愈益鲜明、中国话语内涵日趋清晰、范式引领功能日益凸显等特征。应继续推动新时代的马克思主义哲学中国化，一方面通过深入把握普遍性与特殊性的辩证关系原理，进一步探寻中国道路的世界历史意义；另一方面通过深化理论创新与实践创新的辩证关系原理，进一步推动中国理论对中国实践的创新引领功能。

[关键词] 2018年 纪念性活动 中国发展道路 习近平新时代中国特色社会主义思想 哲学解读 话语创新 范式引领 世界历史意义

一、范式概览

2018年是我国改革开放40周年,也是真理标准大讨论40周年,还是伟大的革命导师马克思诞辰200周年,及其科学社会主义的奠基之作《共产党宣言》发表170周年。这一年,我国马克思主义哲学界通过各种形式开展了一系列纪念性活动,明晰了改革开放与思想解放之间的关系,基于马克思主义哲学中国化的视角反思了中国道路与中国经验,研讨了马克思主义哲学中国化最新理论成果的哲学内涵与时代价值。纪念性活动是理论发展的内在要求,只有回眸历史,总结经验,才能更好地把握马克思主义哲学中国化历程,掌握哲学思想与历史发展、时代要求的辩证法,继而推进新时代的马克思主义中国化。某种意义上,总结历史也是为了检验和丰富发展人类社会发展规律、社会主义发展规律和共产党的执政规律,为其他国家走向现代化提供全新选择,为解决人类问题贡献中国智慧和中国方案。

(一)一系列纪念性活动

这一年,我们党隆重地纪念了马克思诞辰200周年,以马克思主义中国化的实践为例,再次明晰了马克思主义的科学性和真理性、人民性和实践性、开放性和时代性,强调新时代要继续推进马克思主义中国化时代化。这一年,全国上下也热烈地庆祝了改革开放40周年。改革开放是我党的一次伟大觉醒,通过重新确立马克思主义的思想路线、政治路线和组织路线,拉开了改革开放的大幕,指出全面深化改革开放仍然需要坚持马克思主义指导地位,推进实践基础上的理论创新,不断开辟马克思主义中国化新境界。这一年,学界也通过举办学术会议、召开专题研讨会等多种形式,探讨马克思诞辰200周年、改革开放暨真理标准大讨论40周年和《共产党宣言》发表170周年等重大历史事件的时代意义和当代启示,进一步凝炼中国道路和中国经验，探讨马克思主义哲学的中国理论创新和话语创新，探索中国马克思主义哲学的世界意义。

2018年3月，江苏师范大学范式研究中心主持召开"纪念'真理标准大讨论'40周年学术高峰论坛"，为全国纪念性会议"打响了第一枪"（任平语）。2018年6月9—10日，中国人民大学组织召开"哲学与新时代：庆祝改革开放40周年研讨会暨第十五届马克思主义哲学创新研讨论坛"。与此同时，武汉大学也举办召开"马克思主义哲学中国化与中国道路的哲学表述"高端学术论坛。2018年7月27—30日，在山东日照举办"习近平新时代中国特色社会主义思想与哲学创新"理论研讨会。2018年8月18日，天津大学主办召开"第六届中国社会科学院马克思主义哲学论坛"。2018年9月22—23日，在广西南宁举行"改革开放实践与中国马克思主义哲学发展"理论研讨会。2018年10月13日，在青岛举行"改革开放与历史唯物主义研究新进展"学术研讨会。2018年10月30日，山东理工大学举行"第七届中日社会主义学者论坛"。2018年11月2—4日，在湖北十堰召开"习近平新时代中国特色社会主义思想与马克思主义哲学中国化"学术研讨会。2018年11月3日，由西北师范大学马克思主义学院主办召开第二届"习近平新时代中国特色社会主义思想暨当代中国历史唯物主义构建问题"学术研讨会。2018年12月1日，在江苏师范大学范式研究中心又一次组织召开了"'《共产党宣言》与新时代中国道路'高端学术研讨论暨中国马哲史学会马恩哲学思想研究分会换届会议"等。

一系列纪念性学术活动旨在总结中国经验、破解中国问题、前瞻中国未来，是马克思主义哲学中国化的内在要求。开展纪念性活动，是为了更好地搞清楚我们从哪里来，更好地看清楚我们要到哪里去，明晰中国特色社会主义的理论源起、发展历程和奔赴方向。历史可以更好地照亮我们前行的道路。中国越发展，就越应该明晰中国道路的出发点和目的地。"一切思想都是问答逻辑。时代提出问题，思想解答问题，思想因而是总问题的解答。"① 面对着中国现代化和中国道路的阶段性成功，我们需要抚今追昔，通过对重大历史事件、中国道路及其马克思主义哲学中国化的最新成果的哲学解读，明晰马克思主义哲学中国化的历史经验，继而在总结经验的基础上，不断推进马克思主义哲学中国化进程。

（二）改革开放与马克思主义哲学中国化

围绕着纪念性大事件，2018年马克思主义哲学中国化研究范式通过考察改革开放40年的历史经验与马克思主义哲学中国化在其中所发挥的思想解放与思想引领的历史事实，进一步凝炼了马克思主义哲学与时代之间的辩证关系原理。改革开放40年的实践充分证明，改革开放是党和人民大踏步赶上时代的重要法宝，是坚持和发展中国特色社会主义的必由之路，是决定当代中国命运的关键一招，也是决定实现"两个一百年"奋斗目标、实现中华民族伟大复兴的关键一招。改革开放40年来所带来的中国马克思主义研究最深刻的变化是实现了以革命为主题到以发展为主题的转换，最重大的理论成果是创立了中国特色社会主义理论体系，最重要的实践成果是引领中国特色社会主义进入了新时代。② 我们应在马克思主义哲学中国化的视野下解读改革开放所带来的巨大实践创新。思想是行动的先导，"思想走在行动之前，就像闪电走在雷鸣之前一样。"③ 改革开放也不例外，它开启于40年前的真理标准大讨论。改革开放的历次变革也跟历次思想解放相呼应。

1. 改革开放与真理标准大讨论等历次思想解放运动

40年前的真理标准大讨论开启了改革开放的重要序幕，它实质上是

---

① 任平：《新时代 新思想 新境界：21世纪中国马克思主义的出场方式》，载《江苏行政学院学报》，2018年第1期。

② 陈曙光：《中国马克思主义研究40年：1978—2018》，载《教学与研究》，2018年第10期。

③ 亨利希·海涅：《论德国宗教和哲学的历史》，海安译，北京：商务印书馆1974年版，第150页。

突显了哲学作为思想中把握的时代、对人的思想解放和时代的引领作用。这场马克思主义哲学中国化的大讨论，也是中国特色社会主义伟大历史进程的思想序幕，是真正结束"文革"和开创中国特色社会主义道路的思想先导。如何从马克思主义哲学中国化、特别是中国哲学话语自觉自信的视角解读改革开放40年的巨大成功，成为本年度马克思主义哲学界的热点事件。

任平通过考察思想变革与政治变革的辩证关系，指出思想之争、政治之争的背后是道路之争，是为了找到一条改革开放的中国特色社会主义道路。还指出道路之争的检验标准，只能是中国人民走向现代化的需要和奋斗实践，明晰了中国道路的人民性。[①] 孙利天也认为"真理标准问题大讨论"和历次思想解放运动，厘清了改革开放的思想路线；改革开放以来马克思主义哲学共出现了认识论、实践哲学和历史唯物主义等范式的理解变迁，实际上都是适应社会主义市场经济建设的需要，突出马克思主义哲学作为人民的理论的人民主体性思想。[②]

哲学"是被把握在思想中的它的时代"，哲学也是把握现实的有效方式。任何时代变革，往往都是与思想解放相互呼应的。40年的改革开放，每到重大历史关头，都会经历一次重要的思想解放和观念突破，而每一次思想解放和观念突破都闪耀着马克思主义哲学的光辉。中国化马克思主义哲学开启了当代中国改革开放的历史大幕，为破解改革开放中的一系列重大难题提供哲学智慧，推动改革开放不断深入。比如，"真理标准大讨论"恢复了马克思主义认识论的本来面目，"生产力标准"是实践标准在社会历史发展中的运用，"三个有利于"标准使评价社会历史的标准达到了价值尺度和科学尺度的统一；"以人为本"的发展观是对应"以物为本"的发展模式提出的；"以人民为中心的发展思想"

---

① 任平：《真理标准大讨论：出场之路与重要启示》，载《武汉大学学报》（哲学社会科学版），2018年第5期。

② 孙利天：《马克思主义哲学在改革实践中的创新性发展》，载《中国社会科学》，2018年第11期。

是从发展质量的角度提出的,把人具体化,避免把人抽象化;运用社会基本矛盾原理准确把握了我国社会主要矛盾的新变化;"人类命运共同体"是应对新时代世界历史新变化、为国际社会提出了共商共建共享的全球治理观。①

2. 改革开放与哲学思维变革

改革开放40年来,中国大地焕然一新,从开启新时期到跨越新世纪,从站上新起点到进入新世纪,诠释了"贫穷不是社会主义",用几十年时间走完了西方发达国家几百年走过的工业化历程,彰显了社会主义制度优越性,实现了从站起来、富起来到强起来的飞跃!这其中,不得不说,马克思主义哲学是滋养当代中国改革开放的重要哲学智慧,是当代中国改革开放得以行稳致远的重要理论支撑。中国的改革开放也是马克思主义哲学思维运用于中国具体实际的成果,比如"社会矛盾学说"是引领当代中国改革的重要哲学智慧,"普遍联系观点"是引领当代中国对外开放的重要哲学智慧,"人民群众观"是引领当代中国改革开放的重要价值导向。②

3. 改革开放与马克思主义哲学创新

马克思主义哲学是旨在改变世界的哲学,内含决定论与能动论的张力。通过考察改革开放40年中国马克思主义哲学发展理路,可以把握马克思主义哲学中国化的历程,继而明晰当前马克思主义哲学进一步中国化和中国马克思主义哲学创新的方向。王南湜指出,中国改革开放呼唤人的能动性,继而以弘扬人的主体能动性为核心的实践唯物主义大讨论便应运而起,扬弃了历史上第二国际和苏联教科书体系偏向机械决定论的阐释理路。这一讨论极大地深化了对于马克思主义哲学的理解。③

---

① 赵剑英:《中国化马克思主义哲学引领改革开放的伟大历史进程》,载《社会科学战线》,2018年第1期。
② 杨玉成:《改革开放秉持了哪些哲学思维》,载《人民论坛》,2018年第31期。
③ 王南湜:《改革开放40年中国马克思主义哲学发展理路之再检视》,载《社会科学战线》,2018年第11期。

冯颜利也指出，1978年的真理标准大讨论带来了人们的思想解放，思想解放推动了全社会改革开放，进而推动了马克思主义哲学进一步创新和发展。① 可见，思想解放最终带来了理论自身的创新与发展。新时代马克思主义哲学中国化也需要在进一步解放中创新，包括范式创新，"研究范式的创新已经成为当代中国马克思主义哲学思想解放、观念进步、学术发展的原创思想动力和方法论前提"②，思维革命和方法论自觉。

4. 改革开放与哲学主题的变迁

改革开放是五四运动以来我国发生的三大历史性事件之一，是近代以来实现中华民族伟大复兴的三大里程碑之一。马克思主义哲学中国化成功地破解了中国在革命、建设和改革开放不同时期的时代之问，实现了哲学主题的变迁。值得一提的是，马克思主义哲学的强大生命力还在于，伴随着改革开放的不同阶段，马克思主义哲学在不同的实践领域实现了不同的中国化，继而呈现了不同阶段的哲学主题变迁。于永成、贺来认为，改革开放以来，马克思主义哲学中国化大致经历了三个阶段：一是20世纪80年代学界对认识论、价值论与主体性问题的讨论，在突破教科书体系束缚的基础上，开展了实践唯物主义的大讨论，形成了对辩证法的多样化理解等；二是20世纪90年代后在改革与社会发展的呼声中，学界则聚焦到以历史观、社会发展哲学、经济哲学与政治哲学等为代表的"部门哲学"中来；三是从20世纪90年代后期至21世纪，时代的同步性与文本的回归构成了两个重要维度，现代性、当代性与文本学视野中的马克思主义哲学受到学者们的普遍关注。③

---

① 冯颜利：《新时代哲学的使命：范式创新、思维革命、方法论自觉》，载《中国人民大学学报》，2018年第6期。

② 任平：《当代中国马克思主义哲学创新范式图谱》，载《中国社会科学》，2017年第1期。

③ 于永成、贺来：《改革开放40年来马克思主义哲学研究的回顾与展望》，载《广东社会科学》，2018年第4期。

5. 改革开放与历史唯物主义基本原理

田克勤认为，改革开放 40 年来中国共产党坚持运用历史唯物主义基本原理指导中国特色社会主义实践，并根据新的实践要求丰富发展了历史唯物主义基本原理。对"社会主义社会发展动力"观点的创新发展，主要体现在科学区分了"革命"与"改革"，明确了改革的性质和内涵，把计划和市场从基本制度范畴中剥离出来，确立社会主义市场经济为我国经济体制改革的目标；对"物质生产是社会发展的基础"观点的创新发展，主要体现在科学分析了社会主义条件下阶级斗争与发展生产力的关系，强调要以经济建设为中心、以发展为主题、以社会全面进步和人与自然和谐共生为目标，用发展的办法解决前进中的问题；对"人民群众是历史创造者"观点的创新发展，深刻揭示了群众运动和群众路线的本质区别，解决了"依靠群众"和"为了群众"的关系，创造了一系列密切党群、干群关系的教育实践活动。这三个方面的创新发展，推动着党对人类社会发展规律的认识进入新阶段。①

6. 改革开放与马克思主义科学方法论

斯蒂芬·佩里指出，中国在 40 年内实现了经济现代化，而美国花了 100 年，英国花了 200 年。中国做到了，不是靠机遇和运气，而是运用科学方法。这种科学方法和马克思主义有关：确认想要做的事，进行不同的试验，然后调整，再形成政策。……因此有中国特色的社会主义是经历过几十年实践考验的。② 韩震具体说明了中国改革开放所采用的马克思主义科学方法，包括实事求是，问题导向；改革与稳定的统一，两点论与重点论的统一；历史思维、战略思维；辩证思维、底线思维；善于处理局部和全局、整体和部分、当前和长远的关系；既注重整体谋

---

① 田克勤：《改革开放以来党对历史唯物主义的坚持和发展》，载《思想理论教育导刊》，2018 年第 12 期。
② 孙微：《英国 48 家集团俱乐部主席斯蒂芬·佩里谈改革开放——中国的成功靠的是运用科学方法》，载《环球时报》，2018 年 5 月 25 日，第 7 版。

划,又善于牵牛鼻子等。①

实际上,改革开放的历程,也是马克思主义哲学不断中国化、中国马克思主义哲学不断创新的历程。自1978年真理标准大讨论以来,我国马克思主义哲学研究不断地回应时代关切,破解时代难题,实际地参与和推动了改革开放的伟大实践,为我国社会主义建设做出了重要的理论贡献。当前的中国正面临着全面深化改革和全面开放新格局,"容易的、皆大欢喜的改革已经完成了","剩下的都是难啃的硬骨头。"继续推进改革开放,仍然需要进一步思想解放和顶层设计,必定期待着中国马克思主义哲学更多的思想指引和方法论指导,马克思主义哲学还需要不断地中国化。

(三) 中国道路与马克思主义哲学中国化

中国改革开放40年的实践成果是开创了一条不同于西方的中国独特的现代化发展道路。这条道路是中国共产党团结领导全国人民开辟出来的,是马克思主义中国化的现代实践产物。我们应在马克思主义哲学中国化、特别是中国马克思主义的现代性视域中解读中国道路。实际上,中国近现代的中心问题正是"中国向何处去"的问题,即中国走什么道路的问题。百年来马克思主义哲学中国化,从根本上说就是为了探索和回答"中国向何处去"即中国走什么道路这一近现代中国的时代中心问题。作为马克思主义哲学中国化的理论成果,中国的马克思主义哲学就是中国道路的哲学表述。"由马克思主义哲学中国化建构的中国马克思主义哲学则是中国道路的哲学表达"。②

2018年马克思主义哲学中国化研究范式特别注重通过历史梳理,特别是中国道路的回眸,包括对中国革命、建设和开放的道路实践回归,考察马克思主义哲学中国化历程,在中国语境中进一步思考马克思主义

---

① 韩震:《改革开放的历史变迁与理论变革》,载《中国社会科学》,2018年第11期。
② 汪信砚:《马克思主义哲学中国化与中国道路的哲学表达》,载《哲学研究》,2018年第1期。

哲学基本原理,明晰中国道路的哲学基础,总结中国道路的理论经验。中国道路越成功,中国现代化越发展,说明马克思主义哲学中国化越成功、越管用。为了更好地凝炼中国经验,创新中国话语,本年度马克思主义哲学界聚焦中国道路和中国经验的理论阐释,形成了一些共识。

1. 中国道路的哲学表达:中国马克思主义哲学

中国道路既是一个现实的历史过程,有着实践的变迁;也是一个理论的嬗变历程,有着观念的演化。无论关于"中国道路"的观念如何演化,历史证明,只要遵循马克思主义哲学中国化这一基本立场,中国道路就能成功,反之就会失败。历史语境不断变化与思想创新出场之间关系构成马克思主义与时俱进的逻辑。与时俱进的马克思主义,总是在穿越新时代语境、发现新时代问题、提出新时代解答方案中不断出场、实现与时俱进的。一切思想都是问答逻辑。时代提出问题,思想解答问题,思想因而是总问题的解答。① 总体上看,"中国向何处去"的问题,即中国走什么样的现代化道路的问题,是中国近现代的中心问题。百年来的马克思主义哲学中国化,从根本上说就是为了求解这一问题,而由马克思主义哲学中国化建构的中国马克思主义哲学则是中国道路的哲学表达。中国早期马克思主义者在开启马克思主义哲学中国化之初,就已把中国马克思主义哲学研究的目标定位于探索中国道路、回答"中国向何处去"的问题,对中国道路作了初步的哲学表达。毛泽东哲学思想对"中国向何处去"的问题作出了创造性的解答,是民主革命时期和新中国成立初期中国道路的哲学表达。近40年来,中国马克思主义哲学研究继续不断地推进马克思主义哲学中国化,成为改革开放时期中国道路的哲学表达。②

不理解这一点,将不能理解马克思主义哲学为什么需要中国化,也

---

① 任平:《新时代 新思想 新境界:21世纪中国马克思主义的出场方式》,载《江苏行政学院学报》,2018年第1期。

② 汪信砚:《马克思主义哲学中国化与中国道路的哲学表达》,载《哲学研究》,2018年第1期。

不能理解中国马克思主义哲学的中国特性。20世纪中期以来，西方学者就中国马克思主义哲学发表了两种谬见：一是"异端"论，即认为中国马克思主义哲学是马克思主义哲学的"异端"；二是"复制"论，即认为中国马克思主义哲学只是"正统的"马克思主义哲学的"复制品"。二者都否定了中国马克思主义哲学之中国特性的合法性。其实，中国马克思主义哲学的中国特性不仅是合法的，而且是中国马克思主义哲学的基本根据。中国马克思主义哲学之中国特性的合法性，是由马克思主义哲学的根本性质、对待马克思主义哲学的应有态度以及马克思主义哲学中国化的理论目标所决定的。中国马克思主义哲学之所以具有中国特性，最为根本的原因就在于它是中国道路的哲学表达。①

2. 中国道路的唯物史观基础

唯物史观规定了中国道路的历史起点和基本路标，中国道路是唯物史观发展视域的直接现实。何干强指出，唯物史观的中国化是中国道路成功的最重要的原因；也唯有遵循唯物史观，才能全面地阐释中国道路。唯物史观的中国化，就是运用唯物史观的基本立场、观点和方法，分析和解决中国问题，将其具体化为适用于中国的指导思想和方法的过程。这种自觉性，从中国共产党建党初期，就在以毛泽东为代表的优秀共产党人中充分表现出来。新中国成立初期，我们党又自觉应用唯物史观坚决对农业、手工业和资本主义工商业进行生产资料私有制的社会主义改造，建立起社会主义根本制度，走上了中国特色社会主义道路的崭新历程。中国道路的奇迹，是我们党坚持自觉推进唯物史观中国化的必然结果。中国道路证明，唯物史观不是抽象、空洞的理论，而是可以通过人们应用于实践，成为具体行动指南而现实化的。唯物史观的普遍真理一旦与本国实践结合，就能推动本国迅速向前发展。唯物史观的中国

---

① 汪信砚：《马克思主义哲学中国化与中国马克思主义哲学的中国特性——对西方学者关于中国主义哲学的两种谬见的回应》，载《马克思主义研究》，2018年第12期。

化必将推动人类这一科学思想在世界各国的本国化,从而世界化。① 陈广亮、熊晓琳也认为,马克思社会形态思想对现代道路多样性、现代社会形态的资本驱动和"亚细亚生产方式"的理论支撑,有助于科学理解中国何以选择新型社会主义现代化的道路。②

3. 中国革命道路

马克思主义哲学是改变世界的实践哲学。中国道路则是马克思主义哲学中国化、马克思主义哲学改变中国命运的革命道路与中国特色社会主义道路。就其实质而言,马克思主义哲学中国化,不是一个理论的问题,而是一个实践的问题。因此,对于马克思主义哲学中国化,不能仅仅从纯粹理性的角度去把握,更应从中国实践去领会。实际上,马克思主义哲学中国化既是中国改革开放取得巨大成就的理论法宝,也是中国取得革命成功的历史原因。不理解这一点,就没有真正理解马克思主义理论品质,就会犯历史虚无主义的错误。恩格斯曾经这样说,"历史就是我们的一切,我们比其他任何一个先前的哲学学派,甚至比黑格尔,都更重视历史"。③ 解读新时代中国道路的理论根基,还应注重与历史上的中国革命道路结合起来思考。中国改革开放的道路与中国建设道路、中国革命道路有着共同的理论法宝,即中国化的马克思主义。

何萍通过反思十月革命与中国道路的内在关联,指出中国道路并没有经历一个所谓的俄国道路的跳板,从一开始,中国革命道路就是植根于中国实际情况的特殊的革命道路,而不是俄国十月革命的翻版。实际上,十月革命是先进的中国人接受马克思主义学说并将其运用于中国实践的桥梁,十月革命及其后建立的苏联社会主义国家是先进的中国人心中的理想社会,也是他们用于改造旧中国、建设新中国的样板。在理论

---

① 何干强:《中国道路是唯物史观中国化的伟大成果》,载《世界社会主义研究》,2018年第7期。

② 陈广亮、熊晓琳:《马克思社会形态思想与中国新型现代化道路的形成——唯物史观视域下对中国选择社会主义现代化道路的解读》,载《思想教育研究》,2018年第2期。

③ 《马克思恩格斯全集》第3卷,人民出版社2002年版,第520页。

上,作为十月革命的指导思想的列宁主义成为了先进的中国人理解马克思主义学说的中介。但是,中国共产党人在长期的实际斗争中,在经历了无数次的挫折和失败的经验中,认清了中国半殖民地半封建社会的特点,并根据这种认识找到了一条适合中国国情的特殊革命道路,建立了具有中国特色的社会主义国家,也建构了中国人自己创造的马克思主义思想体系。这就是我们所说的中国道路。[①]

4. 中国道路:一种新文明类型

有学者指出,中国道路作为马克思主义哲学与中国具体实践的结合,在直接性的层面上,所解决的乃是当代中国的发展问题;但在世界文明发展的意义上,它还将历史性地承载着世界历史时代文明观念变革和文明形态重构的伟大使命。其一,中国道路的社会主义特质,开显出一种有别于并超越于资本主义现代性的新文明方向。社会主义以"以人为本的社会逻辑",实现了对资本主义"以物为本的资本逻辑"的扬弃。这一变革体现了人类文明形态发展的历史逻辑。其二,中国道路对自身文化传统的弘扬和创造性转化,实现了马克思主义哲学与中华优秀文化传统的有机结合。这一文化结合的典型案例,是对西方中心主义和普遍主义文化观念的有力反驳。它为东西方文化的融合会通和新的文明形态的建构,提供了富有启发意义的思想经验。其三,中国道路所彰显的诸多价值理念,为新的文明形态的生成注入了面向世界和面向未来的新文明元素。中国道路所蕴含的以人为本、多元一体、和谐共生、开放包容、交流互鉴等一系列理念,超越了文明冲突论的知性思维范式和霸权主义、单一主义的西方文化观念,为处理和解决不同文化之间的关系,建构新的世界秩序和文明形态提供了建设性和创造性的思路。[②]

5. 中国道路:一种新现代性

中国道路,是现代性和现代化的新版,而不是简单延续我国历史文

[①] 何萍:《十月革命与中国道路》,载《毛泽东思想研究》,2018年第1期。
[②] 王艳华、庞立生:《马克思主义哲学中国化与新文明形态的建构》,载《华南师范大学学报》(社会科学版),2018年第3期。

化的母版，不是简单套用马克思主义经典作家设想的模板，不是其他国家社会主义实践的再版，也不是国外现代化发展的翻版。世界上本没有中国道路，它是中国共产党带领中国人民在中国实践中摸索出来的，是马克思主义中国化的现代实践产物。它不同于西方现代化道路，具有独特的中国经验标识，是中国自主现代性的充分体现，是对中国时代问题的接续回答，为人类的现代化选择和现代性思考提供了中国方案。任平指出，从本质上说，现代性的中国道路是新时代中国特色社会主义道路，因而是现代性的社会主义道路的中国化和时代化。新时代的现代性的中国道路是现代性中国历史道路的继续，更是这一历史道路的创新发展。中国新现代性道路绝不跟着西方现代性道路步调亦步亦趋地从启蒙现代性、经典现代性、后现代到新现代历时态呈现，而是根据人民的需要和时代特点，在中国新时代创造将第一次现代性和第二次现代性综合创新的道路。站在了历史的制高点上，这一道路的开辟使中华民族能够有信心走向伟大复兴的未来，对其他国家现代化发展也有借鉴参考价值。①

张明认为，中国现代性问题的产生并非是中国社会内部矛盾发展的产物，在很大程度上是资本主义殖民主义现代性外部扩张与输入的结果。中国近现代性问题基本表现为西方现代化霸权与中国现代性焦虑之间的张力。中国现代性问题的发生机制与发展逻辑与内外部矛盾存在着密切关联。总体上，中国现代性与现代化道路首先是由外部矛盾（殖民主义现代性的资本增殖与国内市场难以满足上述需求的矛盾）引起的，然后再引起中国社会内部矛盾的连锁反应。应突破西方现代性的一元话语霸权，建构符合中国自身特色的新现代性方案，通过马克思主义具体化的理论范式，破解当代中国现代性问题。② 项久雨也认为，改革开放

---

① 任平：《论现代性的中国道路及其世界意义——习近平新时代中国特色社会主义现代性思想解读》，载《马克思主义与现实》，2018年第1期。

② 张明：《现代性的"中国方案"及其哲学审视》，载《贵州社会科学》，2018年第9期。

推动中国道路实现关键变革，通过不断协调生产力与生产关系、经济基础与上层建筑之间的矛盾，实现重心转向、自我完善、理论掌握群众与理论满足国家需要并举的理论主线、倡导共同发展等举措，破除了谈及现代化便唯西方道路是从的迷梦，在面向现代化的发展进程中变得更加自主、独立、稳健。中国道路从利益归属、领导主体、理论指引、价值取向四个层面对资本主义现代性进行根本性超越，通过处理好民主与集中、政府与市场、秩序与变革、人的价值与道路发展等四对张力，将张力转化为亲和力，将人的价值理念注入道路发展，推动了社会主义现代性的内在建构。① 晏辉则从现代性重构的视角谈到当代中国道路的选择受到共时性语境和历时性场域的共同影响，表现为前现代、现代和后现代三期叠加的文化体影响，包括前现代中国封建社会的文化体系、现代社会主义文化体系、西方后现代文化体系。②

恩格斯指出，"每一个时代的理论思维，从而我们时代的理论思维，都是一种历史的产物，它在不同的时代具有完全不同的形式，同时具有完全不同的内容。"③ 无论是在中国革命、建设还是改革开放时期，马克思主义哲学中国化一直聚焦中国道路、着眼中国现代化的致思取向，是基于中国本土实践经验的哲学研究，为中国特色社会主义事业的发展提供了坚实的思想支撑和理论先导。

（四）对马克思主义哲学中国化最新理论成果的哲学解读

2018年是落实党的十九大会议精神的开局之年。党的十九大提出了习近平新时代中国特色社会主义思想，它是马克思主义哲学中国化历史上的里程碑事件。习近平新时代中国特色社会主义思想是马克思主义哲学中国化最新理论成果。习近平新时代中国特色社会主义思想是运用并发展马克思主义哲学，开辟中国道路的马克思主义中国化的思想理论结

---

① 项久雨：《改革开放四十年中国道路的哲学沉思》，载《哲学研究》，2018年第12期。
② 晏辉：《政治哲学视阈中的中国问题与中国道路》，载《齐鲁学刊》，2018年第2期。
③ 《马克思恩格斯选集》（第4卷），北京：人民出版社1995年版，第284页。

晶。党的十九大郑重宣告,经过长期努力,如今中国站到了新的历史起点上,中国特色社会主义进入了"新时代"和"新的发展阶段"。习近平新时代中国特色社会主义思想是马克思主义哲学中国化的最新理论成果。正如十九大报告指出:这意味着近代以来久经磨难的中华民族迎来了从站起来、富起来到强起来的伟大飞跃,迎来了实现中华民族伟大复兴的光明前景;意味着科学社会主义在二十一世纪的中国焕发出强大生机活力,在世界上高高举起了中国特色社会主义伟大旗帜;意味着中国特色社会主义道路、理论、制度、文化不断发展,拓展了发展中国家走向现代化的途径,给世界上那些既希望加快发展又希望保持自身独立性的国家和民族提供了全新选择,为解决人类问题贡献了中国智慧和中国方案。[①] 当代中国共产党人正在团结带领全国人民努力接续完成实现现代化和中华民族伟大复兴的时代课题。任务的完成、目标的实现,需要坚守当代中国的马克思主义——新时代中国特色社会主义思想。在中国发展的新历史时期,习近平新时代中国特色社会主义思想成为指引中国道路继续前行的指导思想。

1. 习近平新时代中国特色社会主义思想的哲学内涵

马克思主义哲学包括辩证唯物主义和历史唯物主义,是马克思主义立场、观点、方法的集中体现,是马克思主义学说的思想基础。习近平新时代中国特色社会主义思想作为中国新时代精神的精华,蕴含着辩证唯物主义和历史唯物主义的科学世界观和方法论,散发着马克思主义哲学的理论魅力,既是对马克思主义哲学的历史继承,又是马克思主义哲学的新时代展开。任平指出,党的十九大提出重大理论创新成果,最大亮点和突出理论贡献,就是提出习近平新时代中国特色社会主义思想,这是对马克思列宁主义、毛泽东思想、邓小平理论、"三个代表"重要思想、科学发展观的继承和发展,是马克思主义中国化最新成果,是一

---

① 《中国共产党第十九次全国代表大会文件汇编》,北京:人民出版社2017年版,第8—9页。

个划时代引领性思想,是 21 世纪中国马克思主义的思想体系与出场形态。① 曾祥云认为,习近平新时代中国特色社会主义作为一种中国化马克思主义,从其形成方式看,它是马克思主义与反映新时代中国具体实际的有机统一体;从其构成要素看,它是对马克思主义合规律性的继承与合目的性的发展;而从中国化马克思主义的历史发展进程看,它是中国化马克思主义实践发展的必然产物,标志着马克思主义和中国化马克思主义在 21 世纪的中国获得了新的重大突破和创造性发展。② 郭云泽、刘同舫也认为,习近平新时代中国特色社会主义思想是在继承与发展马克思主义哲学立场、观点和方法的基础上续写 21 世纪马克思主义中国化的新版本,充分彰显和释放出马克思主义哲学的强大生命力和真理力量。③

还有学者从具体观点方面阐述了习近平新时代中国特色社会主义思想对马克思主义哲学论点的具体继承与创新。比如刘靖北认为,习近平新时代中国特色社会主义思想对马克思主义哲学思想的创新发展,包括提出中国特色社会主义进入新时代的重大论断,创新发展了马克思主义时代理论;提出我国社会主要矛盾转化为人民日益增长的美好生活需要和不平衡不充分的发展之间的矛盾的重大论断,创新和发展了马克思主义社会矛盾理论;提出"以人民为中心"的发展思想,创新了马克思主义历史观、发展观和群众观;提出推动构建人类命运共同体的构想,创新了马克思主义世界历史理论和人类共同体理论;提出人与自然是生命共同体,强调人与自然和谐共生,创新了马克思主义人与自然关系的学

---

① 任平:《新时代 新思想 新境界:21 世纪中国马克思主义的出场方式》,载《江苏行政学院学报》2018 年第 1 期。

② 曾祥云:《习近平新时代中国特色社会主义思想的哲学解读——一种基于马克思主义认识论的立场》,载《社会科学》2018 年第 11 期。

③ 郭云泽、刘同舫:《习近平新时代中国特色社会主义思想对马克思主义哲学的继承与发展》,载《思想理论教育》2018 年第 8 期。

说。① 还有学者认为，习近平新时代中国特色社会主义思想不仅在回答和解决当今中国和世界面临的诸多挑战上创造性运用马克思主义哲学，而且在把马克思主义哲学中国化的过程中创新发展马克思主义哲学基本概念和基本原理，在马克思主义唯物论、唯物辩证法、认识论、唯物史观等方面都作出了原创性贡献。② 刘西山等人认为，习近平新时代中国特色社会主义思想始终坚持马克思主义物质观，发展了马克思主义实践观，始终贯穿马克思主义辩证法，始终体现马克思主义认识论，始终运用历史唯物主义。蕴含着实事求是、从实际出发的唯物主义思想，凸显着全面布局、适时创新的唯物辩证方法，体现着以人民为中心、为民谋福利的唯物史观的初心，彰显着共建共享、放眼全球的人类发展思想。③ 戚嵩等认为习近平新时代中国特色社会主义思想的哲学底蕴是：实事求是是其辩证唯物论底蕴，对立统一是其唯物辩证法底蕴，以人民为中心是其唯物史观底蕴。④ 除了继承性与创新性的理论特性之外，习近平新时代中国特色社会主义思想还具有时代性与科学性、系统性和针对性、人民性和党性等理论特性。还有学者从唯物论、辩证法、认识论等角度剖析习近平新时代中国特色社会主义思想所蕴涵的哲学理路。⑤

2. 习近平新时代中国特色社会主义思想的创新思维

习近平新时代中国特色社会主义思想，是对党的十八大以来习近平治国理政新理念新思想新战略的高度概括，是党和人民实践经验和集体

---

① 刘靖北：《习近平新时代中国特色社会主义思想对马克思主义哲学思想的创新发展》，载《思想理论教育》，2018年第10期。

② 范宝舟：《习近平新时代中国特色社会主义思想对马克思主义哲学的创新发展》，载《思想理论教育》，2018年第9期。

③ 常改香：《习近平新时代中国特色社会主义思想的哲学意蕴》，载《广西社会科学》，2018年第6期。

④ 戚嵩、邱乘光：《习近平新时代中国特色社会主义思想的哲学底蕴》，载《青海社会科学》，2018（2期）。

⑤ 冯立娟：《试论习近平新时代中国特色社会主义思想的马克思主义哲学理论》，载《改革与开放》，2018年第24期。

智慧的结晶，也是马克思主义哲学思维方式的集中体现。面对百年未有之大变局，马克思主义理论工作者如何才能立时代潮头、通古今变化、发思想先声呢？必须要始终坚持解放思想、实事求是、与时俱进，这是马克思主义活的灵魂，是我们适应新形势、认识新事物、完成新任务的根本思想武器。有学者将习近平新时代中国特色社会主义思想的思维方式概括为五种，即辩证思维：领会历史新变革，树立全局观；历史思维：洞察历史新方位；价值思维：肩负时代新使命；实践思维：回应时代新课题；创新思维：创立时代新思想。① 也有学者认为习近平新时代中国特色社会主义思想是植根于历史唯物主义的历史主义思维方法。这一思想站在历史哲学的维度看待中国特色社会主义新时代的本质与特征，站在历史哲学的广度看经济全球化发展阶段以及中国与世界关系演变的历史进程，站在历史哲学的高度看待人类问题的解决。这一思想鲜明地反对历史虚无主义，重视对历史的学习和对历史经验的总结与运用，重视对历史事件和历史人物的科学评价，善于从不断认识和把握历史规律中找到前进的正确方向和正确道路。②

3. 要完整地解读习近平新时代中国特色社会主义思想

汪信砚认为，当前学界对习近平新时代中国特色社会主义思想哲学基础的解读存在着教条主义、碎片化和肤浅化等倾向，比如只是简单罗列习近平新时代中国特色社会主义思想所体现的马克思主义哲学相关原理和观点的做法，造成了关于习近平新时代中国特色社会主义思想哲学基础研究的大量低水平重复。应整体把握这一思想，讲清楚习近平新时代中国特色社会主义思想是怎样具体实现哲学创新的，它是如何具体推进马克思主义哲学中国化进程的等重要问题，要多维度地拓展关于习近

---

① 隋江波：《习近平新时代中国特色社会主义思想的哲学思维方式》，载《学习与实践》，2018年第1期。

② 辛向阳：《习近平新时代中国特色社会主义思想的历史哲学性》，载《学习论坛》，2018年第9期。

平新时代中国特色社会主义思想对马克思主义中国化的贡献的研究。①

二、范式特征

马克思主义哲学中国化研究范式的理论特点和创新功能是：聚焦中国问题，以中国问题为中心；坚守中国立场，坚定地从中国人民立场出发；创新中国视域，有自己的理论眼光和理论视域；原创中国理论，真正解释和指导自己的实践；形成中国学术话语，使中国学术走出国门，影响世界学术。2018年马克思主义哲学中国化研究范式基本体现了上述理论特点和创新功能，具体说来，突出表现在三个方面：（1）本研究范式注重在习近平新时代中国特色社会主义思想的指引之下，植根于广大中国实践，关切中国发展真问题，问题意识导向愈益鲜明；（2）通过总结经验与探索规律并举，凝炼中国理论核心概念、核心范畴，中国话语内涵日趋清晰；（3）马克思主义哲学中国化研究的范式引领功能日益彰显。

（一）问题意识导向愈益鲜明

哲学"是被把握在思想中的它的时代"，而把握一个时代，最重要的是提出这个时代的问题，提出问题比解决问题更重要。问题是时代的声音，每个时代都有属于它自己的问题，"问题是公开的、无畏的、左右一切个人的时代声音。问题就是时代的口号，是代表时代自己内心状态的最实际的呼声。"② 问题具有三大特点，其一，客观性。"问题就是事物的矛盾。哪里有没有解决的矛盾，哪里就有问题。"③ 矛盾总是客观的，是客观事物及其内在要素既对立又统一的事实呈现，而非主观臆断

---

① 汪信砚：《习近平新时代中国特色社会主义思想的哲学基础研究述评》，《武汉大学学报》（哲学社会科学版），2018年第2期。
② 《马克思恩格斯全集》第40卷，北京：人民出版社1982年版，第289页。
③ 《毛泽东选集》第三卷，北京：人民出版社1991年版，第839页。

的。其二，非直接性和非给定性。提出问题是理性活动，是理性分析和判断的产物，它往往隐藏在现象背后，并没有直接给定。其三，可认识性。一代人有一代人的使命，马克思主义哲学的重要任务就是把握不同时代的不同使命和问题。马克思主义哲学中国化的成功说明我党带领全国人民提出、分析和解答"时代之问"的成功。

马克思主义哲学中国化不断回应了和回应着中国人民"站起来"、"富起来"直至"强起来"的现代化难题，破解了和正在破解着中国革命、建设和发展的不同时期"挨打"、"挨饿"和"挨骂"的时代之问。一切思想都是问题逻辑，中国理论正是在不断回应中国时代问题中形成和发展的。当前，为了回应中国社会主要矛盾已然发生变化的新问题，我党及时地调整发展战略，积极回应新时代发展中"人民日益增长的美好生活需要"和"不平衡不充分的发展"之间的矛盾，作出了"中国特色社会主义进入了新时代"这一中国发展新的历史方位的重大政治判断。实际上，提出与解答时代问题就是马克思主义中国化理论成果的创新，习近平新时代中国特色社会主义思想就是在提出与解答新情况新问题中形成与发展的，人民性是马克思主义中国化理论创新中问题导向的出发点和立足点，规定了其主体向度、价值向度与根本方法。①

总体而言，2018年马克思主义哲学中国化研究范式的问题意识凸显，面对中国经验亟需总结、中国理论亟需凝炼、最新化成果亟需解读，本研究范式基本上聚焦了这一时代关切，而且成果丰硕。一些专家学者指出，包括马克思主义哲学中国化在内的哲学社会科学只有在面向问题中才能获得内在规定性；可以在前提性反思（包括理论前提和实践前提）中不断呈现问题意识；新时代要有更加自觉的问题意识表征，包括坚持问题导向，明确问题意识，这是中国特色哲学社会科学实践品格

---

① 刘文卿：《马克思主义中国化理论创新中问题导向的基本特征》，载《马克思主义研究》，2018年第3期。

的最重要表现。① 中国马克思主义哲学还应当加强对中国社会发展问题的总体观照。② 冯颜利认为始终坚持以问题为导向是新时代马克思主义哲学创新发展的源泉，是新时代中国特色社会主义理论创新和实践创新的动力，也是改革开放40年来中国特色社会主义取得伟大成就的关键。③ 有学者强调了如下中国现实问题：对资本的驾驭问题、制度创新问题以及全球治理问题等。④ 还有学者认为，只有深入解剖和解析中国社会现实，深入中国广大农村和工厂，深入接触中国广大的农民、农民工、工人和市民，我们才能真正理解和把握"中国问题"，才能"切中中国社会现实"，才能真正建构面向"中国问题"的历史唯物主义话语体系。⑤

（二）中国话语内涵日趋清晰

中国话语是2018年马克思主义哲学中国化研究范式的热门关键词之一。有些学者从学科建设的角度关注了中国特色的哲学社会科学话语体系的建构，有些学者从话语权的角度关注了中国价值观话语在国际传播中的失语现状，有些学者则从意识形态安全的角度关注了中国的意识形态话语如何应对西方话语的冲击和影响，还有些学者关注了中国的大众话语现状。中国话语本质上是中国实力提升的语言症候，在很大程度上，它是马克思主义哲学中国化的理论产物。2018年的马克思主义哲学

---

① 韩升：《改革开放与中国特色哲学社会科学的问题意识》，载《科学社会主义》，2018年第5期。

② 阎孟伟：《马克思主义哲学应当加强对中国社会发展问题的总体观照》，载《社会科学辑刊》，2018年第5期。

③ 冯颜利：《新时代哲学的使命：范式创新、思维革命、方法论自觉》，载《中国人民大学学报》，2018年第6期。

④ 王海峰：《当代中国马克思主义哲学的现实性品格——改革开放40年来马克思主义哲学研究的反思》，载《哲学动态》，2018年第10期。

⑤ 张艳涛：《建构面向"中国问题"的历史唯物主义理论话语体系》，载《社会科学》，2018年第3期。

界，有一些学者正是从马克思主义哲学中国化视角把握中国话语与中国实践、中国价值、中国方案之间的关系，也特别关注党的中国话语创新。新时代中国特色社会主义思想正是马克思主义哲学中国化的最新理论成果，也是我党的重大理论创新和话语创新。

2018年马克思主义哲学中国化研究范式的中国话语内涵愈益明晰。中国话语是中国理论的语言载体，是马克思主义哲学中国化的语言表达，是中国特性的马克思主义哲学话语。是否形成中国理论、中国话语，是判断马克思主义哲学中国化成功与否的重要标志。马克思主义哲学中国化的理论目标正是为了建构中国马克思主义哲学，让马克思主义哲学说中国话。马克思主义哲学越中国化，中国实践越成功，就越能推动马克思主义哲学发展，也越有助于建构中国理论，越能引领中国实践的进一步发展。中国话语是中国理论的成熟形式，是中国核心概念范畴体系的形成标志，是马克思主义哲学的书本话语向中国实践话语的成功转换。中国话语的形成有利于传播和推广中国马克思主义哲学，创设21世纪马克思主义的中国样本。包括"人类命运共同体"、"一带一路"、"中国新文明类型"、"中国新发展理念"等正是典型的中国话语。正如任平指出，"中国话语的马克思主义哲学的当代出场不仅是马克思主义哲学中国化百年史的不懈追求，也是传统中国哲学向中国化马克思主义哲学转化的有效进路，更是在全球文明对话中融会中、西、马建构当代马克思主义哲学中国文化形态的积极尝试。"①

迄今为止，中国实践所取得的成就是举世瞩目和公认的，中国的马克思主义研究成果也不失为汗牛充栋。不过，总体而论，中国的发展优势还未能完全转化为话语优势，中国的话语地位与其大国身份完全不相匹配。② 中国在不少领域还处于失语、无语、话少、话弱的状态。"当前

---

① 任平：《论中国话语的马克思主义哲学建构的坐标与原则》，载《江海学刊》，2018年第1期。
② 陈曙光：《中国马克思主义研究40年：1978—2018》，载《教学研究》，2018年第10期。

的马克思主义中国化就是要讲好中国故事、传播好中国声音,增强在国际上的话语权。"① 马克思指出,"语言和意识具有同样长久的历史;语言是一种实践的、既为别人存在因而也为我自身而存在的、现实的意识。"② 意识(语言)对实践具有能动的反作用。马克思主义哲学原理告诉我们,意识活动(话语)具有目的性和计划性,具有创造性,具有指导实践改造客观世界的作用,也具有调控人的行为和生理活动的作用;所以,在充分尊重实践活动的客观规律的同时,还要积极发挥主体意识(话语)的能动反作用。话语越来越成为国之重器,它是包含价值观在内的文化符号系统,往往是一个民族国家的身份标签。话语总是跟话语权联系在一起使用。话语权更多表征着权力(power),而不仅仅是权利(right)。中国话语表征着中国在国际舞台上说话实力的强弱、话语权力的大小。伴随着中国越来越走向世界舞台的中央,世界也越来越期待基于中国实践的中国经验、中国故事和中国方案。不过,中国经验、中国故事和中国方案的言说必须置于马克思主义哲学中国化的理论统摄之下,否则不能科学地解读和引领中国实践。

有学者还重点考察了毛泽东在开创中国特色、中国风格、中国气派的中国化马克思主义话语体系方面的经验和贡献。③ 实际上,习近平本人对中国话语体系建设十分重视,提出"立足中国、借鉴国外,挖掘历史、把握当代,关怀人类、面向未来"的基本思路。任平提出建构中国话语的马克思主义哲学要遵循四个原则:整体性继承原则,批判性创新原则,历史性梳理原则,思想性引领原则。④ 此外,建构中国话语要注意传承和发展马克思主义经典话语,立足中国特色社会主义伟大实践,

---

① 张兆民:《马克思主义中国化的当代使命》,载《社会主义论坛》,2018年第8期。
② 《马克思恩格斯选集》(第1卷),北京:人民出版社1995年版,第81页。
③ 白清平、任晓伟:《毛泽东是怎样进行中国化马克思主义话语创新的》,载《党的文献》,2018年第1期。
④ 任平:《论中国话语的马克思主义哲学建构的坐标与原则》,载《江海学刊》,2018年第1期。

批判错误话语，注重以人民为中心实现"术语革命"。①"中国话语马克思主义哲学"建构的可能性在于中国的社会历史发展发生了由近代化向现代化、由全球化向中国化的转变，应科学地抓取思想资源，避免陷入"以马化中"和"以中化马"的片面误区，还要注重与实践、与大众保持良性关系。② 中国话语体系建构的背后是深刻的中国理论建构，中国话语体系建构要通过不同文化资源的融通创新来实现，中国话语体系建立在对重大时代问题的深度把握之上，中国话语体系的持久生命力来自于其内在张力，包括话语体系的理论完整性和实践指向性的张力，人类普遍性和民族具体性的张力，历史开放性和真理体系性的张力等。③ 研究中国话语的马克思主义哲学必须面向中国问题。④

（三）范式引领功能逐渐凸显

在当代中国马克思主义哲学学术史图景上，教科书改革、原理研究、文本学—文献学解读、马克思主义哲学史、与中西方哲学对话、反思的问题学、部门哲学、马克思主义中国化、马克思主义出场学等相继成为推进理论创新的研究范式，成为这一时代理论创新的本真逻辑。⑤ 这些范式本身是历史问答逻辑的不同理论表现，具有内涵的多元性、研究领域的差异性和出场时间的顺序性。尽管如此，这些范式却都需要接受中国马克思主义哲学的理论指导，继而从不同视角切中时代关切，破

---

① 李天国、张千磊：《习近平新时代中国特色社会主义哲学话语体系研究》，载《青年学报》，2018年第3期。

② 张晨耕、庄友刚：《中国话语马克思主义哲学建构的可能与问题》，载《江苏社会科学》，2018年第3期。

③ 金民卿：《中国特色哲学社会科学话语体系的建构基础与内在张力》，载《中共中央党校学报》，2018年第5期。

④ 徐俊忠：《研究中国话语的马克思主义哲学必须面向中国问题》，载《江海学刊》，2018年第1期。

⑤ 任平：《当代中国马克思主义哲学创新学术史的范式图谱演化》，见任平主编：《当代中国马克思主义哲学研究（2016）》，北京：中央编译出版社2017年版，序，第1页。

解中国实践问题，从不同层面丰富当代中国哲学视域，因而马克思主义哲学中国化研究理应起到范式引领功能。从当前中国期刊网（CNKI）刊发文章主题和数量来看，本年度以马克思主义中国化为主题的文献多达 2431 条，这说明该研究主旨客观上已然成为不少范式研究不可回避的基础问题。

马克思主义哲学中国化研究的范式引领功能大体上表现为三个方面：一是方法论指引。无论是教科书改革、原理研究、文本学—文献学解读、马克思主义哲学史，还是与中西方哲学对话的研究范式，都可以借鉴马克思主义哲学中国化的基本方法论原则，那就是离开哲学基地，实现马克思主义哲学原理与中国实践的"彻头彻尾、彻里彻外"的结合，在中国实践需求中运用并创新马克思主义哲学原理。二是价值观引导。无论是何种范式研究，最终都需要落实到"以人民为中心"的价值理念和服务中国特色社会主义建设发展理论需求的国家情怀上面，需要彰显社会主义核心价值观。三是目标导向。寻求中国发展道路是马克思主义哲学中国化的实践表达，建构中国特色的哲学社会科学是中国道路的理论目标。马克思主义哲学中国化揭示和深化共产党执政规律、社会主义建设规律、人类社会发展规律，与时代同步伐，与人民共命运，关注和回答时代和实践提出的重大课题，彰显了马克思主义的生机和活力，丰富和发展了马克思主义的原理和方法，也基本形成了中国特色的中国经验和中国理论，是中国道路成功的重要原因。马克思主义哲学中国化一直以来清晰的目标导向理应成为其他范式的目标指引。

因而，马克思主义哲学中国化并非只是一个研究领域，还是一种特殊的、引领其他范式研究的研究范式。通过发挥范式引领功能，通过方法论引领、价值观引导和目标导向，突破范式本身"画地为牢"、研究领域受局限的窘境。客观上，中国问题林林总总，远远超出马克思主义哲学中国化自身领域的具体问题，因此马克思主义哲学中国化研究范式可以发挥方法论指引功能，而非具体方法指导，指引其他范式的中国化研究。"如果仅将其视为中国马克思主义哲学的一个研究领域，那么这个研究领域实质上与国外马克思主义哲学研究、马克思主义哲学史研究、马克思主义哲学流派研究等并无实质差异，均属于不同的研究方向，并有各自关注的研究对象和遵循的研究逻辑，这显然与以面向中国现实问题为宗旨的马克思主义哲学中国化的地位极不相称……这就要求马克思主义哲学的相关研究要以马克思主义哲学中国化为智识取向，并围绕马克思主义哲学中国化这一任务来展开。"①

三、范式前瞻

马克思主义哲学中国化是我国革命、建设和改革开放事业不断取得胜利的理论法宝，是继续推进全面改革和实现中华民族伟大复兴的理论锐器。中国实践的巨大成功也意味着马克思主义哲学中国化范式的巨大成功。不过，马克思主义哲学的生命力在于它不断地与时俱进、丰富和发展，而不是故步自封、停滞不前。放眼未来，当前马克思主义中国化研究范式还需要至少处理好以下两个方面的问题：（1）如何通过深化普遍性与特殊性的辩证关系原理，探索中国道路的世界历史意义，为其他国家的现代化发展提供借鉴和参考。（2）如何通过深化理论创新与实践创新的辩证关系原理，探索中国理论创新引领实践创新的具体路径和方法。

（一）如何理解中国道路的普遍意义

中国道路无疑是具有中国风格中国气派中国特性的，是马克思主义哲学运用中国历史实际和现实实际的成功实践，那么特殊的中国道路是否也具有普遍意义、可以给其他国家现代化道路提供某种借鉴和参考呢？这一问题其实关涉"普遍性"与"特殊性"这一对哲学范畴的辩证

---

① 陈飞：《推进马克思主义哲学中国化的三个关系》，载《中国社会科学报》，2018年11月1日，第1版。

关系问题。总体上说,"普遍性"与"特殊性"的辩证关系大致包含以下四个层面:其一,普遍性在特殊性之中。从实践论和认识论的角度来看,特殊性是第一位的,普遍性通过特殊性开辟道路,这是普遍性的根本"存在"方式。其二,特殊性蕴含普遍性,而不是相反,特殊性体现普遍性,无数的特殊性叠加"呈现"普遍性。其三,特殊性丰富发展普遍性。普遍性并不是一成不变的、先天的、既成的,而是不断生成、变化、丰富、发展的。因为人们的实践和认识不是静止的,而是不断发展深化的,人们对特殊性的认知深化也将丰富和深化对普遍性的认知。其四,普遍性反过来也推动特殊性的确认与认知,减少对特殊性的认知摸索时间。认识的根本目的在于把握事物发展的本质和规律,也就是普遍性。人类擅长于学习,通过对普遍性的认知甚至猜想,提高把握特殊性的效率。

从马克思主义哲学中国化历程来看,我国马克思主义者一开始就注意运用普遍性与特殊性的辩证关系原理,去分析我国革命、建设和发展道路,这一辩证关系原理在我国的不同历史发展时期,其侧重点稍有偏重。早在民主主义革命时期,我国早期的马克思主义者就开始思索马克思主义普遍原理是否适合中国特殊国情这一问题。这一问题其实就是普遍性是否在特殊性之中的问题。最典型的有唯物辩证法论战时期艾思奇与叶青的辩论。叶青主张中国"特殊论"、"例外论",机械地运用所谓马克思主义一般原理来"剪裁"中国实际,得出中国不适合走社会主义道路的论点,更别提马克思主义哲学中国化的可能性与必要性了。叶青的主张跟今天的中国特性中国风格中国气派等说法截然不同。中国期刊网上关注中国道路普遍性与特殊性话题最早的一篇文献是杨家宝先生1983年提出的,他以"农村包围城市革命道路理论"为例,赞扬它为马列主义普遍原理同中国革命具体实践相结合的典范。[①] 这一研究论证

---

① 杨家宝:《马列主义普遍原理同中国革命具体实践相结合的典范——农村包围城市革命道路理论的形成和发展》,载《理论战线》,1983年第31期。

了特殊性蕴含普遍性这一命题。1993年,丰子义撰文指出,"中国特色社会主义道路理论本身的提出,就直接涉及一个重要的哲学问题,即中国发展的特殊与世界历史发展的一般的关系问题。""不能离开世界历史的普遍规律来讲中国道路的特色"。① 这篇文章再次阐释了特殊性蕴含普遍性这一原理,也开始思考特殊性丰富发展普遍性这一问题。2008年,雷经祥再次指出"中国特色社会主义道路是普遍性与特殊性的统一"②。直到2012年,一些学者开始强调中国道路的普遍性。丁立群认为,强调特殊性只是弱小国家的防御策略,中国的发展壮大应该注意强调中国道路的普遍性维度,挖掘中国道路的普遍性内涵,让中国道路具有开放性,使我们的道路选择既具有时代性又具有普遍性。③ 任平也指出,只有在现代性的世界历史坐标中,才能科学揭示新时代的现代性中国道路的世界历史方位和本质特点;因此,中国现代性和现代化是一项世界历史性事业,为世界上发展中国家走向现代化提供了新的路径,为解决人类问题贡献了中国智慧和中国方案。④ 不过,总体而论,以往的研究中关于中国道路所蕴含的普遍性理念及其价值并不多见。

普遍性与特殊性的辩证关系原理告诉我们,特殊性蕴含普遍性,人们对特殊性的丰富认知能够深化人们对普遍性的认知。反过来,普遍性经验的凝炼和提升也将推动特殊性的确认与发现。中国发展道路具有怎样的世界历史意义?它能够为其他国家现代化建设提供怎样的方法论借鉴和路径参考?这应该成为马克思主义哲学中国化范式接下来发展的重要问题域。韩震指出,作为时代精华的哲学都是基于特定时代和境遇

---

① 丰子义:《历史发展普遍规律与中国特色的社会主义道路》,载《哲学研究》,1993年第9期。

② 雷经祥:《中国特色社会主义道路是普遍性与特殊性的统一》,载《法制与社会》,2008年第20期。

③ 丁立群:《普遍性:中国道路的重要维度——一种文化哲学的思考》,载《求是学刊》,2012年第1期。

④ 任平:《论现代性的中国道路及其世界意义——习近平新时代中国特色社会主义现代性思想解读》,载《马克思主义与现实》,2018年第1期。

的，因而是特殊的；但真正的思想精华都是面向未来理想的，都应该具有超越时空的普遍意义，因而又是普遍的。① 正如习近平指出，"当代中国的伟大社会变革，不是简单延续我国历史文化的母版，不是简单套用马克思主义经典作家设想的模板，不是其他国家社会主义实践的再版，也不是国外现代化发展的翻版"②，而是中国特色社会主义发展道路的新版，是新的自主现代性。伴随着中国一带一路、亚投行等重大战略推进，中国道路、中国现代性、中国新文明类型、人类命运共同体、中国话语等理念已经产生了国际影响。中国进行改革开放，顺应了中国人民要发展、要创新、要美好生活的历史要求，也契合了世界各国人民要发展、要合作、要和平生活的时代潮流。马克思主义中国化历史经验拓展了发展中国家走向现代化的途径，给世界其他国家的发展提供了全新选择，贡献了中国智慧和中国方案。中国道路的世界历史意义是不容置疑的，正如胡大平指出，"要特色不要世界历史的中国现代化是一种漫画式的完成，而要世界历史不要特色又成为一种反讽。在当代资本主义的力量真正地成为一种全球抽象的历史条件下，二者都是不可能的，也是要不得的。"③

（二）如何用中国理论创新引领中国实践创新

当前中国的实践创新日新月异，亟需与时俱进的理论创新引领实践创新，而不仅仅是经验总结和哲学解读。这给当前的马克思主义哲学中国化研究范式提出了更高的要求，不仅仅能够哲学解读中国发展经验，而且还能够通过构建当代中国哲学，自觉地引领和前瞻中国实践创新。这双重任务本来也是马克思主义哲学中国化的题中应有之义，不过总体

---

① 韩震：《改革开放的历史变迁与理论变革》，载《中国社会科学》，2018 年第 11 期。
② 《在纪念马克思诞辰 200 周年大会上的讲话》，北京：人民出版社 2018 年版，第 26—27 页。
③ 胡大平：《后革命氛围与全球资本主义——德里克"弹性生产时代的马克思主义"研究》，南京：南京大学出版社 2002 年版，第 324 页。

而言，当前中国理论创新对于实践创新的引领功能还有待于进一步加强。

马克思主义哲学原理告诉我们，理论源自实践，是对实践的概括性总结，反过来，理论也可以指导实践，避免实践的盲目性。前苏联模式的弊端在于，"在它之中发生了一种真正的分裂，把理论扔到一边，把实践扔到一边……理论和实践分离的结果，是把实践变成一种无原则的经验论，把理论变成一种纯粹的、固定不变的知识。"[①] 中国特色社会主义道路应该避免重蹈苏联覆辙，注重运用理论与实践的辩证关系原理，在当前特别是注重运用中国理论创新引领中国实践创新。一是全面考察中国实践创新，在经验总结的基础之上创新中国理论。没有对中国实践的了解，就不会产生科学解读中国实践的中国理论。二是注重发挥理论创新对实践创新的引领。一方面，理论的真理性需要在实践的此岸中得以确证；另一方面，加强顶层设计，加强理论分析，未雨绸缪，可以减少甚至避免实践道路上出错。三是发挥中国理论创新对中国实践创新的引领功能也是中国理论自信的体现。中国理论创新本身是马克思主义哲学中国化的历史经验总结，是切中新时代中国发展问题的中国方案。积极推动中国理论创新对中国实践创新的引领，将进一步深化马克思主义哲学中国化进程，将进一步强化中国理论自信、道路自信、制度自信和文化自信。

（作者覃世艳系西南交通大学马克思主义学院副教授，博士，硕士生导师；研究方向为马克思主义理论）

[①] 萨特：《辩证理性批判》，林骧华、徐和瑾、陈伟丰译，合肥：安徽文艺出版社1998年版，第22页。

出场学与西方马克思主义的唯物史观重建

孙 琳

[摘 要] 马克思主义出场学与唯物史观、西方马克思主义的对话需要通过西方马克思主义的唯物史观重建这个维度来进行。主要内容包括：(1) 唯物史观范式革命及其基本纲领在于历史、实践、出场的同构性，并以此透视唯物史观从当时到当代的发展变化。(2) 方法论重构是西方马克思主义的唯物史观重建的基础。具体的脉络如下：早期的辩证法与现象学；中期的辩证法、现象学、精神分析法、结构主义和后结构主义；晚期的辩证法、现象学、精神现象学以及解构主义等方法论分类原则。越是后期则越是呈现出各种方法论交错的情况。通过方法论重构透视唯物史观在理论重建后变得面目全非的深层根源。(3) 出场学对西方马克思主义唯物史观重建各个时期的超越与批判。因此，马克思主义出场学在与西方马克思主义重建唯物史观的对话中完成对其有原则高度的批判，是对唯物史观在新时代的继承与发扬，是唯物史观的当代形态。

[关键词] 唯物史观方法论　西方马克思主义　出场学

西方马克思主义对唯物史观的重建是一个非常庞大的课题。如果要进行系统研究，必须设定一个分类计划。由于在此前国内学者已经在具体原理方面进行了系统而科学的分类,笔者在此不再作重复研究,因而把分类计划不再放在原理或本体论方面,而是以出场学为视角,以方法论重构为线索,对这方面的研究空白进行一些基础性的探讨。这些探讨包括几个非常重要的问题:在西方马克思主义的唯物史观重建过程中,唯物史观是否被改头换面?唯物史观重建为何会发生变化,变化之处又在哪些方面?这是否会导致唯物史观变得面目全非,甚而走向反唯物史观的道路?我们又该保持怎样的理论自信来全面审视这些唯物史观的多样化发展甚至是差异化发展?

因此,我们首先需要梳理马克思唯物史观的范式创新及基本论纲,包括其基础视阈、理论目标、方法论体系、前期与后期思想之间的关系、哲学与政治经济学批判之间的关系,形成统一的线索,论证其不断发展、具有永恒生命力的理论根源。其次,通过方法论的分类指引,透视不同时期不同学派的西方马克思主义的不同研究策略。主要的方法论线索包括:辩证法、现象学、精神分析学、结构主义方法、后结构主义方法、解构主义方法等。用方法论线索填补相关领域的研究空白。最后,比较出场学与唯物史观、西方马克思主义的异同,指明统一、差异的重建工作的出场逻辑脉络。在对时代问题的不断追问与解答过程中,对西方马克思主义中国化提供了逻辑支持和方法论支持。在研究理论的同时,不忘把唯物史观的原理应用于中国实际和西方现实,指明为何在西方容易发生差异,在中国的当代发展形态下却可以获得统一,并且为当代世界资本主义发展提供中国方案、中国道路和中国指引,形成理论自信。

一、唯物史观范式创新的"本质—根据"

(一)历史、实践与出场的辩证关系

在黑格尔逻辑学中,撤去最后漂浮于理念之圣杯泡沫之上的概念

论，其本质论成为最为关键的一个环节。本质是反思的概念，或者说只有在反思中，才能获得本质。这种反思不是既定的，而是具有建构性和生成性的历史烙印的。因为作为反思的本质具有"根据"和"条件"，完成了的"根据"和"条件"环节的是"本质"，也即整体性的"矛盾"。马克思对此几乎全部传承，在唯物史观中，出场的反思性的"实践"体现了"根据"，出场的置身性的"历史"语境体现了"条件"。"实践"与"历史"正是在此意义上与黑格尔的本质逻辑和马克思的唯物史观不谋而合。当然，唯物史观超越了黑格尔本质逻辑之中任何指向虚幻理智神学的环节，出场学也沿袭了马克思的批判，反对黑格尔的历史形而上学体系。海德格尔同样对此心领神会，使用了"当下上手"替代了黑格尔的"根据"，"当下在手"替代了黑格尔的"条件"。正如马克思对黑格尔在概念论中完成的历史形而上学的思辨性的批判，海德格尔也对黑格尔形而上学体系进行了改造，把历史置入真正"敞开"之中。马克思唯物史观告诉我们，"历史"和"实践"是在不断出场中不断融合和发展的。

首先，历史。第一，历史是感性人的感性实践活动创造的，是主体与客体的统一。第二，历史不是在场者的特征，而是一个不断出场的过程。

其次，实践。第一，实践具有先入场（先行在手），后出场（当下上手）的时代场域的有限性特征。第二，实践是"感性的人的感性活动"，是主体与客体的统一。第三，将实践区分为"行动实践"与"理论实践"的必要性。第四，实践不是不证自明的本体，需要其他概念的界定。

再次，出场。第一，"出"是摆脱被遮蔽状态"进入"某一特定场域中的实践行动。第二，"场"是人类历史的广阔舞台。第三，"出场"是人类及其思想亲临历史舞台的现身行动。

最后，辩证关系。第一，历史与实践是双向互动的出场过程。第二，历史不是相对主义或虚无主义，每一段不同的历史，都对应着每一段不同的"行动实践",衍生出每一段不同的"理论实践"。第三,历史与实践是同态、同质、同构的。

围绕着这三个主要方面,唯物史观的基本论纲,其基础视阈、理论目标、方法论体系、前期与后期思想之间的关系、哲学与政治经济学批判之间的关系,都得到了有力的论证,形成了统一的思想脉络。"出场"是"历史"、"实践"及其辩证关系的具体表征,出是实践的,场是历史的,是以"正在生成"的出场过程作为其自身的特征。出场不是在场的形而上学的超链接,而是深入把握形成超链接的具体过程,连接的是"过去—现在—未来"三重时间经度,以及深烙"Dasein"特征的空间纬度。在置身语境的亲临(具有社会关系的交往的)实践中,它通过对表层在场事物的不在场的深层发展过程的不断追问,来突破以往所有在场的形而上学的"神学努斯"迷梦,实现哲学与政治经济学批判的逻辑一致,这个任务的完成意味着历史与逻辑的统一、思与史的统一、理论与实践的统一。因此"出场"是马克思唯物史观的范式创新的总命题。

(二) 唯物史观:从当时到当代

在新的历史时期,我们如何总体把握出场学视域中的历史场域的变化,进而实践唯物史观呢?

第一,把握时间的变化。(1) 马克思建构文本的时期处于西方资本主义快速发展时期。欧洲社会急剧转型,时而爆发深刻的政治危机和经济危机。马克思处在人类历史社会发展形态的前沿地带,对资本主义在现代性发展过程中出现的社会矛盾和社会问题进行了深入的分析,剖析其根源,找到其病症,进而发掘历史发展规律,找到现代性病症的治病良方。(2) 西方马克思主义建构文本的时期与当时的时代话语不同,同样也与当代的时代话语不同。西方马克思主义的发展可以说跨越了整个20世纪,革命与战争成为时代主题。随着资本主义发展的黄金时期的到来,在对时代问题解答中,西方马克思主义者保持了与马克思一样清醒的头脑,对资本的剥削本质进行了批判。但是随着生产力的发展,工人阶级的工作时间得到了一些释放，导致了工人阶级的革命意识的削弱；伴随着各种新型媒体的诞生，工人阶级休闲活动时间（通过媒体及其操纵的方案）得以增加，必要劳动时间减少并不意味着剥削的降低。资本剥削方式就发生了新的改变。他们不再局限于工厂之中，而是通过资本操纵媒体来对工人进行各种潜移默化灌输，尤其是在价值观方面，激励符号消费、形成象征价值、掌控意义生成。因此在西方马克思主义重建中，涌现出精彩纷呈的画面。这是时代的飞速发展带来的思想界的五彩缤纷的画卷。随后我们会一一进行梳理。无论西方马克思主义者通过何种方式、何种角度对唯物史观进行补充或理论重建，他们都以批判资本为基础，也都无法逃离马克思唯物史观的确定的世界历史范围，因为对资本的批判是唯物史观的根本要义。（3）新时代，马克思主义出场学对唯物史观进行了发展性继承。20世纪后期，人们逐渐从战争创伤中平复，和平与发展成为时代主题。科技革命日新月异，全球化步伐愈走愈快。全球化使得人类命运从未像今天这样被牢牢捆绑在了一起。进入21世纪之后，资本主义尽显疲态，中国的社会主义建设却风生水起，一次次的经济危机、金融危机再一次证明马克思是对的。唯物史观依然具有当代性。马克思主义出场学则在牢牢把握时代脉搏的前提下，对时代的问题进行深入研究，成为唯物史观在新时代、新场域的新形态。

第二，把握空间的变化。如果说时间定位于年份，那么空间则定位于坐标。丈量空间的尺度和空间的位移变化同样重要。（1）马克思所处的西欧，经历启蒙运动、宗教革命和工业革命之后，大多数国家迎来资产阶级当政。然而政治解放并不意味着人的解放。法国大革命给马克思的心灵带来极大的震撼。在工厂中，马克思亲眼目睹了工人阶级的被压榨的悲惨状况，结合了"当时"的最先进的政治经济学和古典哲学，对科学社会主义进行了重新解释。（2）西方马克思主义则不再局限于西欧。东欧、苏联、美国等都是广义的西方马克思主义的成员国家。毋宁说，西方马克思主义者的批判视野是针对全球的资本主义发展，而不仅仅是西欧的资本主义发展。这与马克思的世界历史观是相吻合的，在马克思去世之后，资本主义的发展态势正如马克思所预料的那样，形成燎原之势并席卷全球。为了争夺资源，爆发了两次世界大战，这是全体人类的创伤性事件，引发了现代哲学家的深刻思考。进入21世纪之后，资本主义更是通过拓展全球市场，发动局部战争使得摩擦不断，最根本的原因依然是资本的增殖本性。以空间换时间，越是占领的空间多就越多占有市场，资本就周转越快，进而获得更多的利润。西方马克思主义在研究时间与资本的关系同时，进一步研究空间与资本的关系，例如列斐伏尔、哈维、吉登斯、福柯等，以某种空间政治经济学批判对资本的创新逻辑进行诠释与批判。哈贝马斯通过对公共领域的结构转型重建唯物史观，则是考虑到了空间异化的新路径，由此导致符号异化、意义世界的异化，剩余价值从商品领域拓展到文化领域，进而发掘文化剩余价值。与时间转换相呼应的是，现代新型传媒在空间转换的过程中承担着主要载体的角色。（3）中国化的马克思主义及其地域话语的形成。中国的问题需要中国自己来解决。这不是马克思所处的西欧，也不是西方马克思主义放眼的全球。他们给我们提供了极为宝贵的思想财产，尤其是作为方法论的辩证法，但是在中国，当且仅当是中国时，就同样需要根据辩证法具体问题具体分析。唯物史观的方法论要求不断通过具体追问问题具体分析具体的社会现实，"Dasein"的问题不能由"Sein"来解决，相反只有通过"Dasein"问题的解决"Sein"才能"绽露"其自身。中国化的马克思主义也可以为其他国家提供中国智慧和中国方案，因此把握空间的变化，需要理解唯物史观的当代形态，唯物史观不得不发展为马克思主义出场学。

第三，把握场域的变化。通过时间、空间的变化把握处境中的人的场位变化，以此为合力形成出场学的场域观。场域具有时空转换、经纬交织的视野，具有置身性主体的交往实践及在其中形成的社会关系的维度。在把握场域的变化中，把握唯物史观从"当时"到"当代"的发展形态的一致性，具有五大原则，依次为："历史主体的出场原则"、"思想的出场原则"、"方法论原则"、"新世界观原则"、"出场意义原则"。① 通过"追问"、"解构"、"还原"、"重构"的思想脉络来理解马克思主义出场学与唯物史观的一致性和发展性,对于理解马克思思想创新的真正内涵,指导我们用科学的相统一的历史观、方法论、价值观来分析与面对场域的新情况和解答场域的新问题,都具有极为重要的意义。关于"历史"与"实践",我们的问题域不再是仅仅去追问"是什么"(何所是)的问题,而是进一步转换为"为什么"(何所为)和"怎么做"(何所向)的问题。

二、西方马克思主义的历史唯物主义重建

为何要通过方法论的视角来梳理西马的重建工作,是因为方法论是真正的活的灵魂,正如黑格尔指出的:"方法并不是外在的形式,而是内容的灵魂和概念。"② 这是相当有见地的。笔者通过这样的思路来梳理西方马克思主义的唯物史观重建:(1)方法论的重构:通过西方马克思主义的辩证法、现象学、精神分析学方法、后结构主义等方法学思路,来透视理论的重建,这是一项具有开拓性的研究任务。(2)理论的重建:以方法论的重构来透视理论的重建,是切实可行且行之有效的一项工作。出场学不仅是新时代的世界观,同样也是新时代的方法论。唯有首先在方法论重构的基础上对西方马克思主义的唯物史观重建工作进行审视,才能完成一个完全原创性的理论实践。方法论重构对于理论重建来说,不仅意义重大,而且需要各个突破。

(一)早期:于辩证法中初现现象学

早期西方马克思主义的明显特征是思想中的黑格尔因素,在此基础

---

① 参见任平:《论马克思主义出场学的历史语境、思想资源与对话图景》,载《河北学刊》,2018年第2期。

② 黑格尔:《小逻辑》,贺麟译,北京:商务印书馆1980年版,第429页。

上重建"人学"范式的唯物史观。

1. 重启辩证法：对黑格尔因素的重新审视

早期三贤的论著中充斥着无处不在的黑格尔术语，尤其是卢卡奇，可以说是以黑解马的典型。例如"对象化"、"中介"、"总体性"等，这些都是直接来源于黑格尔的术语，其深层逻辑也与黑格尔如出一辙。所不同的是，卢卡奇认为黑格尔还是有所欠缺的，例如"这种历史上可能达到的高度并不靠直接既定的对象（及其规律）的笔直发展所能达到的，而是要靠通过形形色色的中介，意识到社会的总体才能达到的，是要靠明确地渴望要实现发展的辩证倾向才能达到的。"① 最终借助"阶级意识"来"重新理解"马克思的历史唯物主义。"阶级意识"正是具有阶级性的自我意识的觉醒，这是对黑格尔的忽略了阶级性的"自我意识"超越，也是对马克思的阶级观念的继承性发展。

葛兰西则通过对"市民社会"的重新理解及其文化领导权的确证，来进一步根据本国的历史和国情"实践"来"完善"马克思的唯物史观，从现实层面上重新"打开"唯物史观。"只有实践哲学才能使哲学前进一步，它把它自身建立在德国古典哲学的基础上，但又避免了走向唯我论的任何倾向，它使思想具有历史真实性"②。实践成为理论核心，并且这是建立在德国古典哲学基础上的实践。

科尔施则同样通过"总体性"、"革命性"、"实践"等概念对第二国际和列宁思想中的实证因素进行批判。"它是这样的一种唯物主义，它的理论认识了社会和历史的整体，而它的实践却颠覆了这个整体。"③对理论与实践的关系作出了新的阐释。

此外，在早期三贤思想中具有重要地位的"劳动"、"异化"等概念尽管与马克思密切相关，但事实上，根源也还是在黑格尔的思辨辩证法

---

① 卢卡奇：《历史与阶级意识》，杜章智等译，北京：商务印书馆1999年版，第279页。
② 葛兰西：《实践哲学》，徐崇温译，重庆：重庆出版社1990年版，第28页。
③ 科尔施：《马克思主义和哲学》，王南湜、荣新海译，重庆：重庆出版社1989年版，第38页。

之中。尽管对马克思思想中的黑格尔要素进行了有意义的发掘，但是他们也受到了黑格尔的影响，把唯物史观又拉回到历史形而上学的迷梦之中。

2. 初现现象学：社会存在本体论与现象学

尽管在卢卡奇的思想脉络中，马克思的辩证法，尤其是其中的黑格尔要素占据了主要地位，但是仍然会时不时地在辩证法之中"插播"一些现象学的术语和思想。尽管这种"插播"不占有主要地位，但是不得不承认它已经初步浮现。例如卢卡奇运用了不是那么明显的现象学的意向性理论对"超对象的对象性"的意识现象进行了分析，尤其是在"物化意识"的阐述上，卢卡奇早期一直从"关系"向度来阐释意识的形成，似乎觉得社会关系就可以直接决定物化意识，社会实践也只是被放在实体性的劳动领域之中，而未能对物化意识产生直接的决定性的作用。这正是某种现象学方法插播所导致的结论。"在直接商品关系中隐藏着的人们相互之间以及人们同满足自己现实需要的真正客体之间的关系逐渐消失得无法察觉和无法辨认了，所以这些关系必然成为物化意识的社会存在的真正代表。"① 直到后期，卢卡奇才放弃了对意识的关系化处理，在社会存在本体论中才从实践出发以弥补早期对实践问题的忽略，以实践为问题域的引力中心。同时对现象学方法进行了改造，运用了现象学的构成方法，开启西方马克思主义的现象学研究道路。

3. 历史本体论重建：历史中心论

卢卡奇的历史本体论、社会存在本体论与黑格尔的历史形而上学有着直接的传承关系。如果一定要建构一个本体论，那么唯有"历史"才能承担此项任务。"历史"是不断发展变化的，并且是通过历史主体的实践而不断发展变化的。然而本体论是普遍必然的，为了与知性科学的本体论相区分，就一定要进行本体论批判，才能揭示出历史本体论的超越性。卢卡奇说道："进行本体论上的批判就成为必要的了，而且这种

---

① 卢卡奇：《历史与阶级意识》，杜章智等译，北京：商务印书馆1999年版，第161页。

批判无论如何是一种具体的、以一定的社会总体为依据并以这种社会整体为指南的批判。"① 因此，通过历史的发展变化的普遍必然性来重建本体论才符合历史即社会总体的本质向度，然而，对马克思来说，马克思并不赞同把历史归于抽象思辨的本体论体系之中，因为那将导致历史中心论的实体维度到历史形而上学之中去。"历史"也需要被规定和说明。

总而言之，早期的西方马克思主义者通过"历史"，对第二国际的"经济决定"以及其他各种历史实证科学的变体的虚假性本质进行深刻的批判，完成人学范式的马克思主义。

（二）中期：多层次、多角度的"补充"

从20世纪30年代至70年代，这一时期西方马克思主义呈现出百花齐放的局面，范式研究也是多种多样。仅从方法论层面分析，这一时期除了"辩证法大串联"的奇妙景象，还出现了现象学方法、精神分析法、结构主义方法、后结构主义方法等的"补充"历史唯物主义。

1. 辩证法：重构即批判

不同于早期创始人对辩证法进行的真辩证法（历史辩证法）和假辩证法（自然辩证法）的区分，这一时期的辩证法在真辩证法的基础上又有所创新，不仅在前期基础上把辩证法区分为被构成的辩证法与构成的辩证法、教条的辩证法与批判的辩证法等对立的形式，而且使辩证法的研究走向了新的高度。开启辩证法"大串联"。

拉开序幕的无疑是霍克海姆和阿多诺对启蒙辩证法的批判，随后阿多诺抛出了"否定的辩证法"，开启后现代主义的思想源泉；萨特理解的"虚无的辩证法"，使存在主义、现象学与辩证法进行了深度融合；马尔库塞创造了爱欲解放的"文明辩证法"，与精神分析学相结合；哈贝马斯则通过"交往理性辩证法"的论证，使辩证法与现象学相结合于

---

① 卢卡奇：《关于社会存在的本体论》（下），李秋零等译，重庆：重庆出版社1993年版，第68页。

合理性之中。当后现代主义的解构浪潮吞没理性之际，哈贝马斯重新奠基理性，进而通过交往合理性及其载体普遍语用学重建历史唯物主义，可谓力挽狂澜之举。遗憾的是，辩证法的串联高度集中于文化、文明、意识形态、语用学等上层建筑领域，并认为它们是具有原则高度的决定性作用的，完全抛开了马克思的唯物史观的立论基础。因此我们需要对此进行具有原则高度的批判。

2. 现象学：重构即奠基

事实上，马克思的唯物史观中包括了某种现象学的环节，两者有可通约之处。然而，现象学的唯我论使其无法达到唯物史观的高度。西方马克思主义者在结合现象学方法重建唯物史观的过程中，注意到了这一点，使现象学中充斥了社会学和伦理学的要素。早期三贤中卢卡奇涉及现象学，对胡塞尔现象学采取了取其精华的方式，但是在中期，马尔库塞、萨特、梅洛-庞蒂等更多是通过海德格尔的存在主义—现象学对历史唯物主义进行奠基。

马尔库塞晚期写作《海德格尔的马克思主义》把海德格尔对现象学方法与历史唯物主义进行了深度结合。海德格尔现象学的"共此在"、"具体性"与历史辩证法的"共同体"、"具体—抽象—具体"有着异曲同工之妙。此外，还夹杂着尼采的"重估一切价值"和胡塞尔的"终止价值判断"。这些都是怀疑能手和批判大师。

萨特则通过《存在与虚无》把现象学和辩证法抬高到相同地位，论证了意义的发生与意义的有效性原则与场域之间具有同构关系。"把我们称为现象的东西称为存在，并且它具备存在的两维，自在的一维和自为的一维"。[①] 如果说在早期萨特对实践并未给予太多关注，那么在《存在主义是一种人道主义》、《辩证理性批判》等文本中又成功地把现象学及存在主义原理运用于唯物史观之实践原则中，实现了现象学与唯物史

---

① 萨特：《存在与虚无》，陈宣良等译，杜小真校，北京：三联书店2012年版，第753页。

观之间的某种有原则高度的融合:"摆脱了我的共同行动变成了这种表象的实在,也就是实践的综合实体,是控制着其各个部分的整体,是隐德来希,是生命。"① 人道主义与存在主义都被纳入了唯物史观的重建。

梅洛·庞蒂的知觉现象学,通过"历史的身体"整合社会实践,在反对把马克思教条化、机械化的同时,也把现象学的合理要素作为基础为历史唯物主义和辩证法奠基。"没有内在的人,人在世界上存在,人只有在世界中才能认识自己。当我根据常识的独断论重返自我时,我找到的不是内在真理的源头,而是投身于世界的一个主体。"② 通过现象学的"原初经验"的奠基,再结合辩证法的"经验场"才能完成"历史的具身"。

现象学的加盟,也意味着西方马克思主义十分重视从文化和意识形态角度对历史唯物主义进行重新整合。马克思·韦伯的思想有着深刻影响。西马学者向致力于研究意义发生和意义有效性的现象学求助也显得十分正常。遗憾的是,他们都太重视文化、语言、意识形态对经济基础的决定作用,西方马克思主义者也真正在偏离历史唯物主义的导航路线卜迷失方向。

3. 精神分析学:重构即弥合

精神分析学也即弗洛伊德主义,以弗洛伊德主义重建精神分析学的唯物史观。精神分析学出现在西方马克思主义学者的著作中,可以说是一个创造性的重构的结果。这部分西方马克思主义学者认为,马克思的唯物史观集中于宏大叙事,例如政治、经济、社会等的异化,没有涉及到微观层次即人的心理层面的异化。由于马克思主义理论是站立在社会历史角度建立的伟大学说,那么西方马克思主义的这部分学者也必然是通过社会层面的心理的异化来合理弥补马克思的唯物史观,使其更加完

---

① 萨特:《辩证理性批判》(下),林骧华等译,合肥:安徽文艺出版社1998年版,第508页。

② 梅洛-庞蒂:《知觉现象学》,姜志辉译,北京:商务印书馆2001年版,第5—6页。

善。最为有代表性的概念是：单向度（社会）、病态（社会）、异化图景（社会）、健全（社会）、象征交换（社会）等；最著名的代表人物是：马尔库塞、弗洛姆、鲍德里亚。赖希、荣格等精神分析学的传承者也作了很多贡献。至此的三条方法论线索都是以"人学"为总命题，这与第四条方法论线索有着根本性的区别。

马尔库塞以文明与"力比多"的丰富多样性之间的张力重建唯物史观。"人的统治对象再生着其自身的压抑。而且与日俱增的压抑的合理化似乎也反映了与日俱增的权力的合理化。"[1] 值得注意的是，"力比多"的多样性与"进步强制"、"技术危机"相应相生，可见马尔库塞不仅仅是精神分析的，而且也是存在主义的。其思想脉络呈现出一种马克思主义、精神分析学以及存在主义三大流派相结合的态势。

弗洛姆在《健全的社会》中，把社会的精神异化、心理物化对现代人日常生活的无声无息的影响进行了深刻透视。尽管资本主义在经济和政治的表面上赢得了封建主义，但实际上，在人的灵魂深处，这是一个比任何时期都病得更重的社会。自我意识的丧失、整体性的抽象实体的诞生、具体参照系的解体、与社会力量的疏离，无不预示着这个奇迹般的社会。"独立的经济实体的敌对性合作居然会导致繁荣昌盛的社会"[2]。这就是马克思唯物史观所描绘的物化社会。弗洛姆在《逃避自由》中则相对应地指出了几种心理物化的机制："权威主义"（施虐—受虐冲动）、"破坏欲"（与生命欲成反比）、"机械趋同"（保护色）[3]，弥补了以往历史研究在社会心理学层面的不足。

4. 结构主义方法：重构即结构

结构主义学派以人学学派的对立面出现。阿尔都塞以两个马克思进

---

[1] 马尔库塞：《爱欲与文明》，黄勇、薛民译，上海：上海译文出版社2012年版，第78页。

[2] 弗洛姆：《健全的社会》，孙恺祥译，北京：人民文学出版社2018年版，第112—113页。

[3] 参见弗洛姆：《逃避自由》，刘林海译，北京：国际文化出版公司2007年版，第97、121、125页。

行科学的唯物史观重建,对马克思前后思想进行一刀切,并以格式塔的辩证法反对强制时间绵延的辩证法,以整体性的辩证法反对总体性的辩证法。矛盾辩证法不仅体现为必然性、平衡性,更重要的是偶然性和不平衡性,这样才能体现出整体性的结构。

巴里巴尔则在阿尔都塞的基础上,通过对深层结构和表层结构、历史的非连续性与连续性、偶然性与必然性的关系的重新审视,把隐藏在历史的连续现象之下深层次的非连续性的结构挖掘了出来,以便"正确切割"马克思前后时期的不同种问题。"这些结构状态就是各种生产方式,社会的历史可以归结为生产方式的非连续性的更替。"① 总之,历史的多元决定论是结构主义马克思主义重建的结论,但是强行割裂马克思的前后期思想,这本身就违背了马克思思想的出场逻辑。

5. 后结构主义方法:重构即延展

介于结构与解构之间,我们也称为后现代马克思主义。后结构主义不等于结构主义,也不同于解构主义,致力于统摄固定的结构与流动的意义,布尔迪厄、福柯、利科等皆属微观社会学视角对马克思进行多样性补充。因为日常的生活世界本身就是丰富多彩的,宏大叙事无法深入到日常社会生活的细枝末节的每一处,结构主义无法捕捉"溢出"于结构的东西,解构主义则根本无力承担任何事物,因此他们尽管与后现代主义一样反对大写的人与大写的理性,却并不是纯粹的解构主义。

詹姆逊在"元批判"的基础上,以解构"晚期资本主义的文化逻辑"和马克思主义的"东正教"即苏联体系作为实践的历史唯物主义的基本方式。其视域中既体现了后现代的差异性,也对历史与理论、实践进行了正确的规律性表述。他的思想既受到后现代的影响,却并没有走向解构一切的道路。他也同样过度解读文化和意识形态批判的重要性,在他理论中作为"中介"的辩证法也因此而成为摆设。

---

① 阿尔都塞、巴里巴尔:《读〈资本论〉》,李其庆、冯文光译,北京:中央编译出版社2008年版,第247页。

"空间异化批判理论"认为"马克思的'唯物主义'拒绝哲学所有思辨的、体系的和抽象的方面"导向反结构主义,但是对马克思唯物史观并没有进行彻底解构,而是由现代性空间异化批判引导的日常生活的微观社会学视域的历史观,然而空间生产辩证法"以空间换时间"的结论最终不能全面把握唯物史观,以列斐伏尔、大卫·哈维为代表。

"受众商品"的传播政治经济学批判,以数码劳动对西马"盲点"进行补充的重建。斯迈思指出:"马克思主义者的著作显然缺失了对'意识形态产业'机构的复杂功能的唯物主义分析。"[①] 包括卢卡奇在内的马克思主义意识形态家们不断地把意识形态的概念制造出来,完全走向了实体性。尽管他们不断地批判实体,可是自身却是以实体性的、观念性的对象为主要研究内容,这就是"主观性的实体",是一种实体性的社会历史观。"马克思主义者和那些激进的社会批判家经常使用马克思主义的专业术语来定位大众传媒的意义,以便生产出'意识形态'的概念,这是一种隐匿的看不见的对象,但是却可以与资产阶级社会随影随行。这种主观性的实体,与历史的物质性相分离,正如从前的'以太'概念……这样,它成为唯心论者,与其说它是前科学的,不如说它是无科学的。"[②] 斯迈思运用具有创造性的传播政治经济学批判,以批判这种实体性的社会历史观,因为它不过是具有"盲点"的社会历史观,这个"盲点"就是"受众商品"。这个结论是与时代发展潮流密切结合的,现代社会谁能设想某天不上网、不使用各种软件呢?"受众商品"不仅仅为广告商提供免费的数码劳动力,而且自身还生产剩余价值。那些令人上瘾的游戏、购物、综艺节目、影视大片等,无不在麻痹着人们的神经,成为新一代的符号鸦片。

此外,福柯、利科、布尔迪厄等人也在历史场域的世界观和方法论

---

① Smythe: "Communications: Blindspot of Western Marxism", in *Canadian Journal of Political and Social Theory*, Vol.1, No.3, 1977: 1.

② Smythe: "Communications: Blindspot of Western Marxism", in *Canadian Journal of Political and Social Theory*, Vol.1, No.3, 1977: 1.

方面支持结构主义与解构主义的融合，现象学方法与辩证法的融合，从而将唯物主义历史观导向更为开阔的理论方向。

（三）晚期：逐步走向反马克思主义的道路

时间节点是"六八运动"。在"六八运动"失败后，西方马克思主义者们又开始进行了深刻的反思，认为马克思主义及其唯物史观是马克思"当时"的产物，未必适用于"当代"。因为当代较当时而言，发生了翻天覆地的变化。当时的生产局限于工厂之中，而当代的生产则弥漫于社会的每一个肌体细胞之中；当时的生产依附于机器，当代的生产则依附于符号。当时的传播媒介是面对面的演讲、报纸、收音机，当代则出现了电视媒体，取代了以往的并不具有图像景观的报纸、收音机等传媒。因此，当代的符号、象征也替代了当时的相较而言既抽象又遥远的文化和意识形态，成为对经济基础具有"决定"作用的新上层建筑。消费替代生产、符号替代意义、文化剩余价值替代工厂的劳动剩余价值。尤其是在80年代之后互联网的出现，使西马的研究又一次成为时代的弄潮儿。西方马克思主义的重建工作随着社会化活动中的交换方式的变化而变化，尤其是随着传媒（对交换方式的影响）的发展而发展。无论如何，这个时期的西方马克思主义研究总是能够把握社会热点问题，进行深刻的批判。可是根本上来说，他们中有的人逐步走上了反历史唯物主义的道路。解构马克思唯物史观成为此时西马重建工作的重要方向。重要代表人物是鲍德里亚。然而，在解构思潮铺天盖地气势汹汹的同时，"心"与"头"的古老对立又呈现出来。法国解构主义注重"心"，德国理性主义则注重"头"。随着存在主义的本体论解释学加入混战之中，马克思的历史唯物主义在各种各样的"面目全非"中呈现出了新的生命力。

1. 辩证法：以语言中心论重构历史唯物主义

哈贝马斯的交往行为理论，以交往合理性重建社会交往及公共领域的原初"生活世界"的新型唯物史观。交往离不开解释和语言。因而交往理性的辩证法重构的历史唯物主义事实上沦入了唯心主义的语言思辨之中。值得注意的是,哈贝马斯对合理性危机提出了与众不同的解答思路:"合理性的表达由于可以批判,因而也能够得到改进。"① 这是对启蒙理性和黑格尔的合理性的扬弃与发展,与卢卡奇以及其他法兰克福学派成员对合理性的直接否定形成鲜明对比。

霍耐特以"承认—蔑视"的社会发展动力学深化交往行为理论,从经验相关性角度阐述社会规范性,重建马克思历史观的解放性内涵,但是与哈贝马斯一样,都认为只有从心理—语言层面才能解释或厘清历史。在与黑格尔的关系方面,同样传承了哈贝马斯的基本思路,甚至以《法哲学原理》中凸显出来的承认思想作为自己的主要研究方向。可以说,此时的交往合理性辩证法甚至比卢卡奇更接近黑格尔。

维尔默则重新诠释了启蒙辩证法,反对霍克海默尔和阿多诺的对启蒙理性的全面否定,借助于黑格尔的矛盾进展原则,他认为启蒙理性可以实现自我突破。

2. 现象学:德国式的"头脑"的产物

哈贝马斯不仅支持交往理性的辩证法,同样也认可交往理性的现象学。无论是现象学还是辩证法,都是德国式"头脑"即理性的传统产物。现象学提倡的生活世界无疑与马克思的共产主义世界有着异曲同工之妙,例如"生活世界"、"前科学"、"直观基地"、"普全具体"、"原创促、无成见"等现象学术语,都在哈贝马斯的思想中占据重要地位,"通过对本能直觉的合理重构,形式语用学的普遍主义要求虽然不能在先验哲学意义上强迫得到兑现,但已让人信服。"② 无论是辩证法还是现象学,都汇入了交往合理性及其承载此重任的普遍语用学之中,从另一个角度诠释着"每一个人自由而全面的发展"。无论是辩证法还是现象

---

① 哈贝马斯:《交往行为理论》(第一卷),曹卫东译,上海:上海人民出版社2004年版,第69页。

② 哈贝马斯:《交往行为理论》(第一卷),曹卫东译,上海:上海人民出版社2004年版,第137页。

学，都是理性的，它们共同反对非理性、无意识、碎片化的后现代的解构之风。在理性和人被解构之刃消解得灰飞烟灭之时，哈贝马斯挽救了理性与人的地位，也意味着重拾了启蒙理性的思想精髓，这是哈贝马斯的重要贡献。

3. 精神现象学：庖丁解牛中的重获新生

鲍德里亚运用"象征死亡"和"交换"概念驳斥了弗洛伊德的精神分析理论的线性的思维方式，即意识的三层楼，潜意识/意识/前意识以及与之相对应"我"的三阶段——本我/自我/超我。这种线性方式不是可逆的，更不是以完全"统一"为目标的。在任何"象征交换"中，任何界限都是模糊的，对立的两极都是可逆的。无论是生与死之间，还是正常人与非正常人之间，只要共同分享着这条界限，象征交换就可以使它们不再是"二项分离"。在普遍病态的社会里，"象征交换"完成了生死的可逆性和作为新的"物化物"的符号拜物教的"秘传仪式"，象征价值消解了一切传统意义上的使用价值和交换价值。

鲍德里亚随后利用"潜意识"这个概念本身解构了弗洛伊德的意识三阶段论，焦虑的形而上学以及冲动的形而上学，精神分析学走向的依然是现代性形而上学体系下的二元分离。鲍德里亚的超越要素在于：由现代性的"象征交换"带来了"社会地位"的"潜意识"，一切都以符号及其仿像系统为前提，这样的"潜意识"当然是必然存在的，但与弗洛伊德的"潜意识"却大相径庭。"象征交换"中的社会"潜意识""根本不需要'力比多'，不需要欲望、能量学、冲动命运，等等。"① 这与现象学的明见性的被给予相呼应，弗洛伊德并不明白现象学的真实要义，尽管现象学也是现代性形而上学的一种，但是鲍德里亚比弗洛伊德更能贴近历史场域的"袭来"，更好地"面向事实本身"。鲍德里亚的解构之刃如同庖丁解牛般把弗洛伊德的精神分析学肢解为一地碎片，当然，辩证法、现象学、现代性理性、人学、生产力、生产关系等范畴也

---

① 波德里亚：《象征交换与死亡》，车槿山译，南京：译林出版社2006年版，第210页。

是无一幸免。然而拉康、齐泽克却使精神分析学如同凤凰涅槃一般浴火重生。

4. 解构主义方法：法国式"心脏"在新传媒时代的特产

反宏大叙事的差异、碎片、无结构、无理性、远离中心等，都是后现代主义的解构方法的标签。

消费社会理论的符号政治经济学批判，以象征交换的符号消费解构常规生产；象征不再是符号学的东西，"象征不是概念，不是体制或范畴，也不是'结构'，而是一种交换行为和一种社会关系"。① 鲍德里亚则通过批判价值的等价交换体系，走向一种非异化的"持续的交互性交换"，这是破除了最终价值关系的"开放的不定性关系"②的交换。只有通过这种交换，象征性的交换才能冲破以下两个方面的异化：（1）笼罩在其自身之上的资本主义价值体系的异化，包括交换价值和使用价值的异化；（2）现代性价值体系的社会化逻辑导致的符号意义异化，即符号的社会化过程中价值的等价交换原则的异化。这是鲍德里亚对消费社会的时代问题的解答。

此外，德里达的"幽灵"重建，齐泽克在裂隙中的"悖论"重建等，无不涉及传媒符号控制的世界的虚幻表象。越到后期，方法论也就越是复杂和全面，辩证法、现象学、精神分析法、解构法等方法论交错于重建工作之中。

随着各种新的社会运动的兴起，女权主义、生态主义、后殖民主义、民粹主义等理论也纳入了重建活动之中。尽管大多数后现代主义者都对历史唯物史观持有批判态度，但是他们反对的不仅是历史唯物主义，而且是一切有严密的逻辑体系的理性主义。历史唯物主义在如此巨浪的冲击下，并没有退出历史舞台。2008年席卷全球的金融风暴，用事

---

① 波德里亚：《象征交换与死亡》，车槿山译，南京：译林出版社2006版，第206页。
② 鲍德里亚：《符号政治经济学批判》，夏莹译，南京：南京大学出版社2009年版，第214页。

实证明了后现代的理论是如此不堪现实重负,唯有马克思的唯物史观一次又一次地被证明其科学性,在新时代中不断爆发出生命力。

三、出场学对西方马克思主义唯物史观重建工作的批判与超越

(一) 出场学与早期西方马克思主义的重建

历史辩证法。以卢卡奇历史辩证法为代表,它的缺陷我们在上文业已指出,即关注的方向有所偏差,尽管得出了与马克思相似的正确结论,其论证的过程却集中于阶级性的自我意识的觉醒以及社会关系对物化意识的决定作用。出场学秉持唯物史观的历史实践观,认为唯有历史的实践才能呼唤真正的历史出场者,也唯有历史的实践才能超越物化意识。

历史现象学。卢卡奇的现象学与历史的结合事实上并不是处于一种显性的或有意为之的层面。更多的时候,是读者在字里行间里捕捉到的。这与阿尔都塞的症候阅读法类似。因此,历史与现象学的结合此时仅仅处于萌芽状态。但是不能说是成功的萌芽。因为卢卡奇早期是不记得作为基础的历史实践的关键作用的。

历史本体论。卢卡奇晚期的社会存在本体论事实上就是关于历史现实不断发展变化的本体论。或者说,他向着超越传统的形而上学本体论的方向不断努力。此时卢卡奇的论证牢牢围绕马克思的思想核心展开,但是正如斯迈思对西马盲点的批判一样,这种历史本体论只能走向实体性。事实上,无论是唯物史观还是出场学,都注重马克思的方法论与现实世界的结合,因为方法论是革命的、辩证法的,因此本体论如果是走向本质中心主义的,那么依然没有突破黑格尔的历史形而上学。卢卡奇犯了与黑格尔一样的错误,忽略了历史具有不断敞开的本质特征。

(二) 出场学与中期西方马克思主义的重建

第一，辩证法的大串联之根本失败。过于重视心理学以及文化意识形态的决定作用，导致了与马克思唯物史观的辩证法的背离。这一时期的辩证法精彩纷呈，星光熠熠。否定性，这个从黑格尔思辨辩证法中走出来的革命密钥，成为辩证法大串联的中心红线。阿多诺的否定辩证法自不必多说；萨特的虚无辩证法同样以否定及其带来的欠缺为根基；马尔库塞的文明辩证法则以否定那种压抑欲望的虚假文明为根本立论基础，否定压抑才能带来爱欲和文明的统一。在如此强大的否定的力量下，后现代主义闪亮登场也是情理之中的事情了。此时的否定性多与欲望纠缠，游走于个人心理与社会心理之间的张力中，再由心理异化审视文化和意识形态的异化，进而确认这种异化对经济的决定作用，这就是最大的失败所在。出场学依然坚持马克思的经济基础是根本的思想，唯有物质文明才能带来精神文明；也唯有把否定性与现实的历史实践相结合，才能看清这一期辩证法大串联的虚弱无力。

第二，现象学的加盟之根本失败。现象学尽管具有深刻的反思性，也对思辨辩证法进行了奠基与批判，但是无论胡塞尔，还是海德格尔，都无法把握历史、实践之间的同构作用。马尔库塞的"具身的历史"，梅洛-庞蒂的"历史的具身"，以及萨特的"历史隐德来袭的生命"，尽管都把握了现象学中体现出的历史的袭来，但是这种袭来依然是点对点的袭来，还没有形成具有"不断出场"的历史与实践的点、线、面的全方位的结合。出场学在唯物史观的传承下，不断面对新场域解决新问题。

第三，结构主义的目的性向度的缺失。结构主义对历史的连续性和非连续性进行了重新审视。认为连续性的东西不是本质性的，非连续性的才具有稳定的普遍的必然的本质特征。这个结论在唯物史观和出场学看来，无论如何都是十分荒谬的。首先是割裂了马克思本人思想前后之间的发展与联系。所谓的认识论断裂毋宁说是认识论的发展。其次忘却了结构本身是非历史的,又如何去完成历史唯物主义的使命呢?最后,结构主义的结论是历史的多元决定,因为结构主义是没有目的的。忘记历史,忘记隐德来袭,再把马克思强行塞入结构的笼子里,只能令马克思十分不适。

第四,后结构主义在意义的流淌中迷失方向。后结构主义显然把人道主义和结构主义两大流派的优缺点都考虑到了,并且随着时代的发展,后结构主义的思想也愈发显得气势恢宏不可或缺。他们做了很多全新的探讨。但是意义的流淌没有解决资本的根本矛盾,如果没有明确的目标和方向,那么所谓的意义的流淌也只能是对僵硬结构的补充。

出场学的广义认识论原理的价值。对辩证法与现象学的精华的汲取与融合,站在唯物史观的原则高度上把握各种方法论重构。只有通过出场学的广义认识论原理才能真正传承马克思的唯物史观的认识论,也唯有此认识论才能完成与逻辑学、方法论和本体论的统一。

(三) 出场学与晚期西方马克思主义的重建

晚期西方马克思主义的重建批判,笔者主要集中于解构主义方面。

第一,出场语境。解构主义解构了所有的对象,包括人本身。因而无法正确把握出场语境中的现实的人的具体生存状态,导致对语境定位的失败。

第二,出场路径。解构主义致力于差异、多元、碎片、无中心,无法确定真正的历史概念,因此也无法理解出场主体如何选择语境中的出场路径进而实现自身的全面自由发展,走向共产主义。

第三,出场形态。解构方法的苍白无力。解构主义无疑具有高度的怀疑性和反思性,然而这种极具破坏力的研究方法无法建构任何有价值的理论形态。

(四) 出场学对西马重建的超越在于精准把握马克思的唯物史观的精华

第一,出场学并不会像西方马克思主义学者那样各说各话、自说自话,毫无自己的原创性,也丢掉了唯物史观的原则性。出场学具有自己的问题意识和支援意识,问题意识是对时代的重新把握,支援意识是牢牢抓住唯物史观的核心问题,即历史、实践、出场的同构性原则。

第二,出场学既是唯物史观在当代的发展形态,是对唯物史观的继承性发展,也是在与西方马克思主义重建工作的对话中发展和成熟起来的。西方马克思主义对唯物史观的各种歪曲和错误理解的批判,需要有原则高度的批判。这样,出场学与唯物史观和西方马克思主义的关系便可厘清了:它们之间经历了(思与史的)统一、分散、再统一的内在逻辑过程。

最后,让我们用一张简单的图表来总结本文的主要逻辑脉络:

马克思唯物史观	西方马克思主义的重建	出场学
内部逻辑梳理:哲学与政治经济学批判的结合	早期、中期、晚期的各种角度的补充与重建	对重建的重建;焕发唯物史观的新活力
统一	多元、分散、差异	再统一

(作者孙琳系南京农业大学马克思主义学院讲师;研究方向为马克思主义哲学原理、马克思主义出场学、解释学等)

实践哲学旨趣与理论哲学方法：当代中国部门哲学研究范式存在的突出问题

于桂凤

改革开放 40 年来，中国不仅在经济、政治、文化、社会、生态等领域建设取得了巨大成就，而且在推进这些领域建设的实践过程中，不断开辟出一些新的哲学研究领域，并由此形成了经济哲学、文化哲学、社会哲学、政治哲学、价值哲学、发展哲学、生态哲学、管理哲学等诸多部门哲学。当前，部门哲学已经发展成为当代中国马克思主义哲学研究综合创新的一种重要范式。在理论与实践的张力运动中推动哲学综合创新，是部门哲学研究范式的一大显著优势。但是，如果处理不好理论与实践的关系，尤其是颠倒或割裂理论与实践的关系，则会严重影响部门哲学创新功能的发挥，进而制约部门哲学实践旨趣的实现。从当前中国部门哲学已经取得的代表性研究成果来看，实践哲学的研究旨趣与理论哲学的研究方法的矛盾，是当代中国部门哲学研究中存在的突出问题。立足于理论与实践的辩证统一关系，深入分析这一矛盾，对于准确把握当代中国部门哲学研究乃至整个中国马克思主义哲学研究的问题之所在，整体推进当代中国马克思主义理论创新具有重要意义。

一、积极回应理论与实践的"脱节"：
部门哲学研究范式的兴起

实践是理论之源，也是哲学之根。中国部门哲学兴起于 20 世纪 80 年代，既有深刻的社会实践基础，又与我国马克思主义哲学研究发展的现实境遇密切相关。从根本上说，中国部门哲学研究领域的开辟，不仅是马克思主义哲学回应中国改革开放和社会主义现代化建设实践的客观要求，而且是中国马克思主义哲学研究超越传统哲学教科书体系而向生活实践回归的必然结果。正如学者所言，中国的部门哲学兴起于"改革需要哲学"与"哲学需要改革"，"现代化需要哲学"与"哲学需要现代化"的双重语境下。可以说，部门哲学既是中国改革开放与社会主义现代化建设实践的时代产物，又是充当改革开放与社会主义现代化建设的思想先导的哲学自身改革、走向现代化的逻辑产物。

从理论与实践或哲学与现实的关系上看，人类实践是一切哲学理论由以产生和不断创新的动力与源泉。20 世纪 80 年代以来，中国面临着的最大实践就是改革开放和社会主义现代化建设。在这个意义上，改革开放和社会主义现代化建设的创新实践是中国马克思主义哲学创新的根本动力，也是中国部门哲学得以兴起的现实基础。中国的改革开放和社会主义现代化建设及其深入发展，尤其是社会主义市场经济体制的确立和发展，从根本上改变了中国人的生存方式与思想观念，也使中国社会生活中的政治、经济、文化等各个领域或方面发生了根本性的变化，向人们提出了许多艰深而又需要迫切予以解答的新问题。这些新问题是中国在改革开放和社会主义现代化建设过程中无法回避的，也是亟待深入思考和认真探讨的，因为它们不仅直接关系到中国的改革开放和社会主义现代化建设事业的兴衰成败，而且深刻影响整个社会主义事业的发展。可以说，对现代化及相关问题的反思是改革开放以来中国马克思主义哲学所要面对的重大现实课题。中国的社会主义现代化建设是一项非常复杂的系统工程，渗透到社会生活的方方面面：它既包括人与社会的发展问题，又涵盖人与文化世界的关系问题；它既要面对多元价值的冲突问题，又要实现管理模式、管理体制、管理观念的现代转型问题；它既涉及政治活动中的民主与法治问题，又关联着社会主义市场经济发展中的公平与效率问题；它既离不开科学、技术与教育问题，又不能忽视环境与生态问题，等等。由此，人的问题、发展问题、文化问题、价值问题、管理问题、政治问题、经济问题、科技问题、教育问题、生态问题等相互交织构成了中国现代化建设的"问题谱系"。全面把握并有效解决这些实践发展中的重大现实问题，离不开哲学高度的反思与探索，尤其需要马克思主义哲学的积极参与。由此，如何深入社会生活与实践，对这些重大现实问题进行精准而又深刻的哲学阐释，就成为当代中国马克思主义哲学无法回避的理论任务。

但是，在传统的马克思主义哲学教科书体系一统天下的理论格局中，政治、经济、文化、发展等问题，虽然一直贯穿于中国的马克思主义哲学研究中，但却是以世界或社会生活的"整体"形式而被宏观地把握的。由于这些问题在当代中国具有一定程度的复杂性与特殊性，只凭借这种宏观的把握往往抓不住问题的实质，因而也不利于有效推进问题的解决。同时，另有一些问题，如人的问题、价值问题、环境或生态问题，由于种种原因并没有真正进入传统的马克思主义哲学教科书的研究视野。换言之，在中国以往的马克思主义哲学研究中，这些问题往往是"不在场"的。这些关系到社会主义现代化建设成败的政治、经济、文化、价值等问题，或被宏观地把握，或处于"不在场"状态，决定并标志着中国传统的马克思主义哲学教科书体系实践内容的贫困，它根本无力回应中国社会发展提出的客观要求，当然也就很难解释社会生活诸领域出现的新情况、新问题。这是导致马克思主义哲学在现实生活中遭到冷遇的根本原因。面对这一状况，中国的学者们，尤其是研究马克思主义哲学的学者们，开始自觉地反思中国传统的马克思主义哲学教科书体系的问题与出路。在这个反思过程中，学者们清醒地认识到，要改变马克思主义哲学的这种境况，就必须变革传统的哲学教科书体系，换一种思维方式，重新理解和定位马克思主义哲学。部门哲学就是在反思、变革传统哲学教科书体系的过程中兴起的。在以"实践唯物主义"重新理解和定位马克思主义哲学的基础上，以"实践"范畴为核心和逻辑起点重建马克思主义哲学教科书体系，是 20 世纪 80 年代中期以来中国哲学改革的主要目标。但从实际的建构结果来看，一方面，"由于重构马克思主义哲学体系所面对的最重要的'问题'是'理论资源'贮备不足、'理论困境'捕捉不准、'理论思路'深度不够"①；另一方面，由于人们在什么是马克思主义哲学的精神实质、如何建构马克思主义哲学体系、建构一个什么样的马克思主义哲学体系等方面难以达成共识，所以重构马克思主义哲学教科书体系的各种努力并没有取得预期的效果。不过，在这个过程中，学者们发现，"马克思主义哲学要摆脱贫困，走出困境，就必须克服和消除苏联马克思主义哲学研究范式的教条与偏颇，实现哲学理论研究范式的变革和转换，走出思辨的'象牙塔'，主动融入当今世界主流哲学研究的具体化、现实化进程，加强对现实生活世界的关注。"②或者说，"要解决哲学体系陈旧与时代发展新要求之间的矛盾，关键还是要从问题入手，着眼于哲学内容上的更新"。③由此，马克思主义哲学研究的"问题意识"开始凸显，中国在改革开放与社会主义现代化建设实践中出现的政治、经济、文化、发展等诸多现实问题，也因此成为马克思主义哲学理论界关注的重点。正是在对这些现实问题的哲学阐释中，政治哲学、文化哲学、经济哲学、发展哲学等部门哲学应运而生并得到较大发展。可以说，面向改革开放和社会主义现代化建设

---

① 孙正聿等：《当代中国马克思主义哲学专题研究》，长春：吉林人民出版社 2010 年版，第 9 页。

② 曾祥云：《试析部门哲学与马克思主义哲学的关系》，载《学习论坛》，2013 年第 5 期。

③ 杨学功：《超越哲学同质性神话——马克思哲学革命的当代解读》，北京：北京大学出版社 2010 年版，第 267 页。

的伟大实践，运用哲学特别是马克思主义哲学的观点、立场和方法，对这一实践中涌现出来的诸多新问题、新情况进行深度思考，为哲学创新寻求现实的生长点，从而推进当代中国马克思主义哲学的发展，是部门哲学重要的学术诉求。总之，积极回应中国马克思主义哲学理论与中国社会发展实践的"脱节"，重建哲学与现实或理论与实践的关联，是中国部门哲学兴起的主要动因。

二、理论与实践相结合：部门哲学研究范式的特点

按照库恩的理解，研究范式是由价值、信念和技术构成的整体。这意味着每一种哲学研究范式都有其内在的价值立场、基本信念和思维方式，规范着哲学研究的对象、内容、主题及方法等方面的特征。就部门哲学研究范式而言，其以世界特定领域尤其是人类社会特定实践领域为研究对象。同时，如前所述，部门哲学研究在中国兴起的最根本的动因并不是理论性的，而是实践性的。因此，从研究内容上看，相对于一般哲学侧重于纯粹的基础理论的研究，如本体论、认识论、方法论的研究，部门哲学研究虽然也包括基础理论研究，但是还涵盖甚至更加重视社会实践问题的研究。正是这种强烈的实践指向，使部门哲学日益占据当代中国哲学的中心论域位置。如政治哲学，不仅要研究古今中外的政治哲学思想，如马克思恩格斯的政治哲学思想、古希腊的政治哲学思想、近现代西方的政治哲学思想、中国传统的政治哲学思想，而且要研究当代中国政治实践领域中的诸多现实问题，如全球化背景下国家职能的变化问题，社会转型时期的公平正义问题、意识形态建设问题、政治改革问题等。因此，从研究层面上看，相对于侧重概念解析与体系建构的传统马克思主义哲学原理教科书，以"应用哲学"面目出场的部门哲学，并不着眼于世界观与方法论的建构，而是最终指向对生活实践中出现的重大现实问题的反思。不同于具体科学侧重对相关问题的实证研究，部门哲学的研究兼顾理性反思与实证分析。例如，"现代文化哲学

吸收了文化学和人类学关于文化现象的研究成果，同时又把关于人的文化的实证研究同关于人的形而上的理性思考结合起来，从而形成了关于人和文化的总体性理论"①；而"作为以哲学方式展开的政治研究，政治哲学兼顾理性建构与实证考察，因而是贯穿形而上与形而下的思索"②。

从总体上说，部门哲学是一种"上下求索"的哲学，其研究一般从两个层面展开：一是理论层面的形而上研究，一是实践层面的形而下分析。例如，文化哲学既要研究理论理性层面的文化哲学论题，如文化现象的本质与文化转型的机理，又要探索实践理性层面的文化哲学论题，如中国社会转型期的文化冲突与文化重建；人学既要研究"人的全面发展、人的发展阶段、人的存在状态、人的主体性、人的自我、人格、人文精神、人的创造性素质、人的价值观念等"③ 理论问题，又要探讨全球化背景下现代人的生存状况、人的现代化等实践课题；发展哲学既要研究发展的本质、动力、规律、模式等理论问题，又要探讨当代中国的发展观念与经济增长方式、中国发展与世界发展的关系、发展与科技创新、发展与制度选择、发展与社会公平等现实问题；行政哲学既要研究行政价值与行政价值观的基本理论，又要探讨社会主义核心价值体系对行政价值的统领功能、政府绩效管理、行政体制改革与行政价值观的建构等行政实践问题。因而，部门哲学具有明显的理论与实践相结合的特点。这一特点也可以理解为形而上与形而下相统一。

但也要注意到，部门哲学中的形而上研究与一般哲学中的形而上研究不同。它不是直接面向整体的世界本身抽象地谈论本体论、认识论、方法论问题，而是以各个领域的具体对象为中介间接地研究这些问题。例如，技术哲学关于技术认识论、技术本体论、技术价值论、技术方法

---

① 李小娟：《近年来文化哲学研究述评》，载《教学与研究》，2000 年第 6 期。
② 臧峰宇：《政治哲学的"规定"及其当代性》，载《江苏大学学报》（社会科学版），2013 年第 6 期。
③ 衣俊卿：《人学的自觉与哲学研究范式的转换——读〈马克思主义人学与当代中国〉丛书》，载《哲学研究》，2012 年第 3 期。

论、技术伦理学、技术美学的研究;政治哲学关于政治存在论、政治价值论、政治诠释论的研究;经济哲学关于经济本体论、经济认识论、经济方法论的研究;教育哲学关于教育本体论、教育认识论和教育方法论的研究;环境哲学关于环境本体论、环境价值论、环境方法论、环境认识论、环境辩证法、环境历史观的研究;行政哲学关于行政主客体论、行政认识论、行政实践论、行政方法论、行政价值论的研究;社会哲学对社会认识论、社会方法论的研究,管理哲学对管理本质论、管理认识论、管理方法论、管理价值论的研究。这种间接研究不但没有否定或遮蔽哲学的本体论、认识论、方法论、价值论等问题,反而通过对具体对象的形而上追问将其进一步深化,为研究这些问题提供了强有力的内容与方法论支撑,从而推进了对这些问题的深入理解,更为鲜明地体现了部门哲学研究的实践性与现实性。这也正是部门哲学研究范式区别于传统马克思主义哲学教科书范式、马克思主义哲学史范式、文本—文献学研究范式的显著特征。

同时,部门哲学中的形而下研究也与具体科学中的形而下研究存在着明显的区别。对任何特定的、具体的社会实践领域,不仅有特定的部门哲学的研究,还有特定的与之对应的具体科学的研究。从发生学的角度来看,"部门哲学只有通过对具体科学及其实践活动的批判反思,才能提出和形成自己以概念范畴为表现形式的理论体系。因此,以批判反思特定社会实践领域为根本特征的部门哲学,离不开以特定实践领域为研究对象的具体科学的研究,具体科学既是部门哲学批判反思的对象,也是部门哲学产生发展的理论基础和思想根源。"[①] 不过,虽然部门哲学与相关具体科学关注的领域相同,甚至拥有共同的研究对象,但在理论基础与研究方法上却存在着根本性的区别,并且研究的侧重点也不一样,由此形成两种不同的学科体系。从总体上说,部门哲学与具体科学

---

① 曾祥云:《论部门哲学的性质与特征》,载《湘潭大学学报》(哲学社会科学版),2012年第5期。

代表了两种不同的研究方式：哲学的反思的研究方式与科学的实证的研究方式。一方面，具体科学所代表的经验的、科学的研究方式，以"事实"与"价值"的严格划分为前提，对某一特定领域的重大问题进行实证性的研究，具有直接的、具体的、分析的、价值中立的特点。这一研究方式局限于"是什么"的事实判断，而不能提升到"为什么"和"应当怎样"的价值判断①，其研究成果主要是描述性和对策性的。而部门哲学所代表的哲学的反思的研究方式，以"事实"与"价值"的有机统一为基础，对某一领域的重大问题进行超验性的、反思性的研究，具有间接的、宏观的、综合的、非价值中立的特点，这一研究方式所取得的成果是解释性与规范性的统一。例如，领导学与领导哲学，领导学作为一门具体科学，它是对领导活动的实证性研究，如决策、用人、组织、协调、指挥、领导体制和领导素质等，具有可操作性的特征。而领导哲学则属于一门基础学科，它所要解决的是领导学各分支学科中面临的普遍问题，而不是某一具体的领导学分支学科所要解决的特殊问题。②再比如，政治哲学与政治学，二者都以社会政治为研究对象，但侧重点不同。相比于追求事实性、侧重形而下实证研究的政治学，政治哲学更偏重于形而上的学理分析，规范性的特征比较突出。"政治哲学的基本范畴应该体现为与'实然性'命题相区别的'应然性'命题，其价值诉求在于'真理性'，有别于'实然性'所追求的'事实性'，其基本的研究框架体现为对作为政治社会本质的最高层面的价值判断和意义的研究，体现为对现实政治社会正当性的理性批判与价值建构。"③从上述两个例子中，可以看到，部门哲学的研究方法和理论形态是哲学的，无论

---

① 杨信礼等：《当代社会发展的哲学研究与论辩》，南昌：百花洲文艺出版2007年版，第4页

② 于洪生：《领导哲学的学科定位及其基本功能分析》，载《理论探讨》，2004年第4期。

③ 赵景来：《当代政治哲学研究若干问题研究述略》，载《马克思主义研究》，2007年第5期。

是对基础理论问题的系统性分析,还是对具体实践问题的整体性研究,都包含着价值批判与价值引导的维度。因此,具体科学的实证性分析不能代替部门哲学的批判性反思。当然,部门哲学的批判性反思也无法替代具体科学的实证性分析。另一方面,部门哲学与具体科学虽然都以特定的社会实践领域为研究对象,但部门哲学对特定社会实践领域的反思,是一种宏观的总体性把握,不仅要把握特定社会实践活动的本质和规律,更要追问隐藏在特定社会实践活动背后的逻辑前提或理论预设并批判性地反思其合理性,侧重"前提的自明性"的追问。同时,部门哲学关注的是特定社会实践领域中的那些重大的根本性问题,也可以说是对这些领域中的"元问题"的研究,而不是把该领域中的所有现象都纳入自己的研究视野。对这些具体的现象研究属于具体科学的任务,而且具体科学对这些问题的研究一般采取自然态度的思维,虽然它们也要揭示特定领域社会实践活动的本质和规律,但不会像哲学那样自觉地追问、审视其逻辑前提或理论预设及其合理性,而是把这些逻辑前提或理论预设当作不证自明的东西未加批判地予以接受,缺少"前提的自明性"的追问。

由此可见,从其"应然"形态来看,理论与实践相结合的部门哲学,是对思辨与实证的超越。但是,如果考察中国部门哲学发展的"实然"状况,我们会发现,中国部门哲学研究具有典型的理论哲学的方法论特征,因而思辨性突出,实践性不足。

三、实践哲学旨趣与理论哲学方法:当代中国部门哲学研究范式的矛盾

部门哲学是把一般哲学应用于某一特定领域而形成的关于这一领域的哲学理论,它以某一特定部门或领域为研究对象。如人学是以整体的人为研究对象,是关于人的本质与价值的哲学反思;文化哲学以文化为研究对象,是关于人类文化对象和文化实践结果的哲学反思;经济哲学

以经济活动为研究对象，是关于经济活动和经济关系的哲学反思；政治哲学以政治生活为研究对象，是关于政治生活或政治事物的哲学反思；语言哲学以语言为研究对象，是关于语言的本质和规律的哲学反思；领导哲学以领导活动为研究对象，是关于各种领导实践的一般本质和规律的哲学反思；技术哲学以技术为研究对象，是关于技术的本质和发展规律的哲学反思；行政哲学以行政活动为研究对象，是关于行政活动过程的本质与规律的哲学反思；管理哲学以管理活动为研究对象，是关于管理活动的本质与规律的哲学反思，教育哲学是教育活动为研究对象，是关于教育活动本质与规律的哲学反思，等等。同时，同一部门哲学内部又可以进一步分化出若干研究方向，如经济哲学领域中的资本哲学、货币哲学、财富哲学，价值哲学领域的艺术价值、科学价值、社会价值、审美价值；政治哲学领域中的分配正义、性别正义、种族正义、知识正义等。研究对象以实践领域的划分呈现出现实化、专门化特征。以特定领域为研究对象的部门哲学，不仅要深刻揭示特定领域的特殊本质与特殊规律，而且要在此基础上，进一步深入反思、探讨这些特定领域中重大的、具体的、现实的实践课题。这反映了部门哲学的实践诉求。如经济哲学对财富、资本与和谐社会问题的研究，文化哲学对全球化与中国文化发展的关系问题的探讨，发展哲学对当代中国以经济变革为基础的社会整体运动问题的研究，政治哲学对中国政治发展模式问题的思考，价值哲学对社会转型时期的价值冲突问题的研究，技术哲学对现代社会技术异化问题的反思，生态哲学对中国生态文明建设问题的探讨；行政哲学对行政生活中个人利益与公共利益、政府利益与公共利益的冲突问题的讨论，等等。由此可见，与其他马克思主义哲学研究范式的"宏大叙事"相比，部门哲学使哲学研究的对象更加明确化，哲学研究的主题更加具体化，研究的旨趣更加实践化。这也在一定层面反映了当代中国哲学研究日益从宏观走向微观、从抽象走向具体的发展趋势。这种发展趋势蕴含着中国哲学精神的发展，体现了中国哲学理性的进步。

虽然中国部门哲学的兴起是为了积极回应中国马克思主义哲学理论

与中国改革开放和社会主义现代化建设实践的严重"脱节",体现出强烈的实践旨趣,但是,中国部门哲学的研究理路具有明显的理论哲学的思辨化倾向。这一点,可以从上面我们对部门哲学形而上研究特征的分析得到证明。此外,近些年中国部门哲学已经取得的诸多研究成果也充分体现了部门哲学研究的这种倾向。以最近两年蓬勃发展的政治哲学为例,政治哲学研究的主题或内容可以概括为两个方面,一是对政治哲学理论的阐释,一是对政治哲学理论的建构。在政治哲学理论的阐释上,包括对政治哲学基础理论问题的研究,如对政治哲学基本概念、学科属性、研究对象、研究方法等问题的阐释;对马克思主义政治哲学的阐释,如历史唯物主义与政治哲学的关系、马克思主义哲学的正义观、自由观、马克思主义政治哲学传统、研究方法等问题的研究;对中国传统政治哲学思想的阐释,如对中国古代儒家、道家及其重要代表人物的政治哲学的挖掘;对西方政治哲学思想的阐释,如对西方政治哲学传统、重要流派及代表人物思想的介绍、研究。在政治哲学理论的建构上,主要集中于对当代中国马克思主义政治哲学建构的探索,包括对建构具有中国特色、中国气派和中国风格的马克思主义政治哲学的思想资源、基本原则、话语体系等问题的研究。无论是"中西马"政治哲学理论的阐释,还是中国马克思主义政治哲学的建构,基本上都是沿着理论哲学的进路或方法展开的。

以理论哲学的进路与方法进行部门哲学研究,对于克服以往中国哲学研究的政治化与庸俗化,提高中国哲学理论研究的规范性与独立性具有重要意义。但是,如果完全局限于理论哲学的视野,割裂理论与实践的关系,则会严重制约部门哲学的创新功能与实践效力。对"中西马"部门哲学理论的阐释,即使是创造性的阐释,更多依托的是"死"的文本,而非"活"的实践。就一般部门哲学而言,离开"活"的实践的理论创新,即使文本再新,至多是一种创新性的解读。这种没有实践基础的解读,使部门哲学研究呈现出鲜明的平面化与文本化的特征。平面化特征主要表现在诸多部门哲学的研究成果,往往是介绍性、归纳性、评价性的内容居多，思想性、原创性的东西极少；概念梳理、观点罗列的现象多，真正的思想碰撞、交锋、创新少。这种平面化特征是部门哲学创新不足的表现，并会进一步制约其理论创新。同时，部门哲学研究的平面化必然会带来部门哲学研究的文本化。因为无论是对概念的梳理还是对观点的罗列，无论是对思想的介绍还是评价，都需要大量的文本支撑，而且各个部门哲学实际上也比较注重古今中西相关哲学文本的研究。没有实践基础支撑的理论阐释，其创新性、合理性是有限的，其实践意义也是有限的，甚至有时对实践是无意义的。这也决定了离开"活"的实践的理论创新，是无根的，具有不可持续性。

就中国部门哲学研究来说，一是脱离中国特色社会主义建设、改革与发展实践，不仅背离了马克思主义哲学的实践精神，而且忘记了中国部门哲学兴起时期的"初心"。二是事实证明，不立足于中国实践的部门哲学研究，即使是借鉴、吸收了中国传统文化中丰富的部门哲学思想，最终也难以摆脱"西化"的诱惑，由此不能充分地体现其哲学研究的中国立场或中国主体意识。在西方哲学的概念框架下探讨相关理论与实践问题，是当前中国部门哲学研究存在的一大突出问题。三是离开中国实践，在一定意义上也就阻断了部门哲学与其他科学的深度融合。部门哲学是一般哲学理论与各种具体学科相联系的桥梁，带有明显的中介性、跨学科特征。从实践出发，把哲学研究与经济学、社会学、人类学、历史学、文化学、法学等具体科学研究结合起来，在哲学与具体科学的有机联系中切入社会现实，也是马克思主义哲学极其重要的哲学传统。这种把哲学与具体科学研究结合起来的传统对于哲学本身具有重要意义：不仅丰富了哲学研究的思想资源，带来了哲学研究方法的多元开启与创新，而且有助于更好地发挥哲学的理论功能。但是，离开实践，就无法为哲学与其他具体科学相融合提供现实的平台。这也是中国部门哲学研究不能有效利用其他社会科学思想资源的重要原因。

当前，中国部门哲学研究中存在的学术性与现实性的失衡现象，究其根源，就在于理论与实践的分离。从一般意义上说，任何真正有价值、有影响的哲学研究都应该是学术性与现实性的辩证统一：真正具有学术性的思想必然具有现实性，反之，真正具有现实性的思想也必然具有学术性。但在中国特定的历史语境与哲学研究的具体实践中，以"应用哲学"面目出场的部门哲学虽然具有强烈的现实指向性，而且随着新领域的不断开辟，越来越多的现实问题已被自觉纳入到部门哲学的研究视野，但却始终存在着学术性与现实性失衡的现象。这并不是说中国的部门哲学不关注现实，而是其关注现实的理论哲学方式，恰恰使其远离了真正的现实。这导致中国部门哲学不仅无法正确解释现实，更无力改变现实。当代中国部门哲学研究范式存在的这一问题，也是当前中国马克思主义哲学研究的共性问题。

要解决当代中国部门哲学研究的实践哲学旨趣与理论哲学方法的矛盾，必须自觉转换哲学研究的进路，即从理论哲学转向实践哲学。为此，一是需要深入研究马克思主义哲学在这方面的革命与贡献，努力做到真正以马克思主义哲学的方式对待其他具体科学与具体实践；二是需要真正走入并深入研究中国当下的重大实践，但是这种研究决不能按照西方哲学的概念框架展开。

（作者于桂凤系湖北大学马克思主义学院副教授，哲学博士；研究方向为马克思主义哲学）

二
专家评论

国外学界《共产党宣言》百年评价史述要

杨金海

[摘　要] 2018年是《共产党宣言》发表170周年,也是马克思诞辰200周年。梳理对《共产党宣言》的百年评价史应当是纪念这部人类不朽著作和伟大导师马克思的最好方式之一。170年来,人们评价《共产党宣言》的文献很多,梳理国外学界的主要观点,包括恩格斯辞世后第二国际后期思想家们的评价、十月革命后社会主义国家学术界的评价以及资本主义国家学术界的评价,得出几点结论:《共产党宣言》的思想代表着人类发展的方向;要把《共产党宣言》置于社会主义思想史、人类思想史和人类文明史的高度来看待;评价《共产党宣言》要坚持科学标准即历史标准和道德标准的统一;要坚持《共产党宣言》的科学思想,又要避免教条主义,善于实践新马克思主义。

[关键词] 共产党宣言经典文本　马克思主义评价史

2018年是《共产党宣言》发表170周年,也是马克思诞辰200周年。为纪念这部光辉著作和伟大导师马克思,特撰此文。

170年来,研究和评价《共产党宣言》(以下简称《宣言》)的文

---

* 本文原载于《广西师范大学学报》(哲学社会科学版),2018年第4期。

献浩如烟海。马克思和恩格斯在世时人们就对它作过很多论述,后人对它的论述和评价就更多。关于经典作家的评价学术界研究较多,这里不再赘述,而主要谈后人对它的评价,且主要是国外学术界有代表性的观点。当然,由于人们所处的社会地位不同,对《宣言》的评价很不相同。总的来讲,有左、中、右三大派。所谓"左"派,主要是指马克思主义者,特别是社会主义国家的理论家们;所谓"右"派,主要是指非马克思主义者或反马克思主义者,特别是资产阶级的思想家们;所谓"中"派,是指那些调和主义的马克思主义者或"半马克思主义者"。一百多年来,人们围绕《宣言》的历史地位展开多方面研究,其中有很多争论,大致可归为两类,即对《宣言》思想的历史贡献和历史局限的研究。

一、第二国际后期对《宣言》历史地位的分析与评价

恩格斯于1889年领导建立了第二国际,这对马克思主义理论包括对《宣言》思想的传播和运用发挥了重要作用。1895年恩格斯逝世后,第二国际的情况发生了变化,特别是随着1899年伯恩施坦修正主义的出现,第二国际逐渐分化为左右两派(早期也有中派)。各派对马克思主义包括对《宣言》的评价有很大差别,这对后世影响颇大。

19世纪后期,一些马克思主义者开始有意识地研究《宣言》。A.拉布里奥拉(Antonio Labriola,1843—1904)作为19世纪晚期意大利的马克思主义学者,可以说是较早专门研究《宣言》的思想家。拉布里奥拉专门撰写了《纪念〈共产党宣言〉》一书。他说,《宣言》完成了两项任务,既赋予共产主义以新学说因素,又赋予共产主义者在繁茂芜杂的政治生活中揭示展现于政治生活中经济发展规律的线索。他赞扬《宣言》具有强大生命力,展示了新的历史观,"标志着新时代的开端"①。拉布

---

① 拉布里奥拉:《关于历史唯物主义》,北京:人民出版社1984年版,第1页。

里奥拉曾经把《纪念〈共产党宣言〉》手稿寄给恩格斯，恩格斯读后评价说"全部都很好"①，并在给左格尔的信中称赞"他是一个严肃的马克思主义者"②。梅林给该书的出版写了序言，并评价拉布里奥拉的这一著作说：该书通俗易懂而又透彻明了地介绍了《宣言》的丰富思想，可以同恩格斯那本关于《社会主义从空想到科学的发展》小册子相媲美。

梅林（Franz Mehring，1846—1919）作为第二国际时期德国社会民主党的左翼理论家，对《宣言》有更深入的研究和论述。这反映在他所撰写的《马克思传》《马克思和恩格斯是科学共产主义的创始人》等著作中。他深入研究了《宣言》产生的历史背景、主要思想等，明确指出："《共产党宣言》以精辟的叙述总结了马克思和恩格斯根据他们的理论探讨和实际斗争所达到的成果"，"《宣言》是具有完整意义的历史文件，是名符其实的历史性文件；……它经受了五十多年的考验，经受了那么多自己打算永久长存的纲领和体系的考验，并在不断发生巨大变革的时代里能够日益成为全世界无产阶级的共同旗帜"，取得了"全世界历史性成就"。③ 这是梅林在 19 世纪末的评价。1818 年，他在写作《马克思传》时，进一步写道："自《宣言》发表以来，已经过了一世纪的三分之二（1848 至 1918 年间），而在这已经展开的六七十年间所有的重大的政治和经济的变革，没有一件是那《宣言》所不曾提示过的。"④ 这有力说明，《宣言》作为科学共产主义的理论纲领经受住了历史和实践的检验。

梅林的可贵之处还在于，他在肯定《宣言》历史功绩的同时，指出了其历史局限性。他说：马克思恩格斯错误估计了资本主义的发展，在他们写《宣言》的时候，"他们以为资本主义已经达到在我们今日都还

---

① 《马克思恩格斯全集》第 39 卷，北京：人民出版社 1974 年版，第 472 页。
② 《马克思恩格斯全集》第 39 卷，北京：人民出版社 1974 年版，第 183 页。
③ 梅林：《马克思和恩格斯是科学共产主义的创始人》，何清新译，上海：三联书店 1962 年版，第 167—168 页。
④ 梅林：《马克思传》，罗稷南译，上海：三联书店 1956 年版，第 166 页。

难于达到的高度";恩格斯在草稿中讲得更明显,"他说在一切文明国家之中,差不多一切生产部门都已进行于工厂之中,手工业几乎全都被大规模的工业挤出一切生产部门之外";"《宣言》中关于工人阶级各政党兴起的概略叙述尤其显现他们的这种误算。甚至当日最重要的工人阶级运动,大宪章运动,也还强烈地受着小资产阶级分子的影响,且不说法国社会民主党吧"。① 可见,梅林对《宣言》历史局限性的分析比马克思恩格斯还要深刻。大家知道,恩格斯晚年对《宣言》的局限性作了分析,特别是指出了对资本主义发展潜力估计不足。到 1918 年梅林写作《马克思传》时,《宣言》发表已经 70 周年,对很多问题可以看得更清楚。梅林认为,资本主义还不会马上退出历史舞台,欧洲工人运动中还有很多小资产阶级思想在起作用,至于俄国、美国等国家,情况就更加复杂,所以要完成《宣言》所规定的任务还需要"比《宣言》的作者们所预期的更长久的时间"。但是,梅林认为,《宣言》的基本原理没有也不可能被资产阶级的批评家们"驳倒",马克思恩格斯讲的"《宣言》中所阐述的一般原理整个说来直到现在还是完全正确的","这句话的确实性可以保持到资产阶级与无产阶级之间的世界历史的斗争完结的时候"。②《宣言》中关于阶级斗争的基本原理、关于科学共产主义的主要观念等,都将在未来的革命斗争中长久发挥作用。100 年后的今天,我们可以说梅林对《宣言》的评价是完全正确的。

以伯恩施坦为代表的第二国际右派理论家、修正主义者则对《宣言》猛烈批评。他们赞成《宣言》对资本主义历史命运的总体分析,赞成《宣言》关于未来新社会是自由人联合体的思想以及有关社会改造的某些具体措施,主张把资本主义推进到社会主义,但不赞成阶级斗争,更反对革命和无产阶级专政。伯恩施坦的代表作是 1899 年发表的《社会主义的前提和社会民主党的任务》。他在该书中说道:"《共产党宣

---

① 梅林:《马克思传》,罗稷南译,上海:三联书店 1956 年版,第 166—167 页。
② 梅林:《马克思传》,罗稷南译,上海:三联书店 1956 年版,第 167—169 页。

言》关于现代社会进化所述的预见,表述了这个进化的一般倾向,就这一意义上说是正确的。不过,它在许多特殊的推论上,特别是在这个进化所必需要的时间的推测上,却犯了错误。《宣言》的共同作者恩格斯在他写的《法兰西阶级斗争》序言中已经坦率地承认了。既然经济的进化所需要的期间比预想的要长远得多,那么进化或许会采取《共产党宣言》中所没有预想到、亦不能预想到的形式也未可知,或许会达到《宣言》中所没有预想到、亦不能预想到的状况也未可知。"① 他分析了现代资本主义的特征,认为现代各国的政治组织越来越民主化,政治大灾变的必要和机会越来越少;在这种情况下,就不应当寄希望于资本主义大灾变和原来所设想的暴力革命,而应当组织工人开展合法斗争,促进国内改革,使得国家组织变得更加民主。考茨基对伯恩施坦的修正主义起初是持批判态度的,但其批判很不彻底,常常流露出抹杀阶级斗争、否认人民群众历史作用等错误倾向,所以,在1914年第一次世界大战爆发后,就逐渐与伯恩施坦同流合污。

在第二国际修正主义的影响下,资本主义国家的社会民主党人后来多转向改良主义,主张民主社会主义。所以,他们的理论成了各种思想的大杂烩。其中有马克思主义的价值理念,也有资产阶级的人权思想;有康德、黑格尔的哲学理论,也有基督教的社会主义。1951年社会党国际第一次代表大会通过的宣言讲道:"无论社会党人信仰的基础是否为马克思主义或其他社会分析方法,也无论他们是为宗教原则还是人道原则所鼓舞,他们全都奔向一个目标,即社会公正制度、美满生活以及全世界的自由与和平。"② 第二国际的左翼理论家们批判了伯恩施坦的修正主义观点,如上所述,梅林的批判具有代表性。

俄国著名马克思主义理论家普列汉诺夫也参与了这一论战。他于

---

① 伯恩施坦:《社会主义的前提和社会民主党的任务》,上海:三联书店1958年版,第2页。

② 郑天喆:《〈共产党宣言〉研究》,见杨金海主编:《马克思主义研究资料》(第2卷),北京:中央编译出版社2013年版,第224页。

1900 年为《宣言》的俄文版写了序言。他在深入考察马克思恩格斯晚年关于无产阶级革命观点发展情况的基础上，对伯恩施坦修正主义给予尖锐批判，肯定了《宣言》中阶级斗争、无产阶级革命理论的正确性和重要性。① 1907 年，俄国思想家沃洛夫斯基在其《〈共产主义宣言〉论资产阶级革命》等文章中阐释了马克思恩格斯革命策略的实质，并阐述了布尔什维克的革命策略对前人思想的发展，回击了孟什维克对无产阶级在俄国资产阶级民主革命中的任务所作的教条主义解释。②

二、社会主义国家学者对《宣言》历史地位的研究与评价

1917 年十月革命的胜利开创了人类历史的新纪元。此后，以苏俄社会主义国家的理论家们为代表，对《宣言》作了更加系统的研究，评价也更加科学。

梁赞诺夫是这方面的代表人物。他曾任苏共中央马克思列宁主义研究院负责人。1922 年在他的主持下，俄国马克思恩格斯学院出版了《宣言》科学版。这个版本以普列汉诺夫的译文为基础，按照德文原文校订；同时，收入不少新文献，如第一次以俄文发表了共产主义者同盟伦敦中央委员会 1848 年 1 月 26 日发往布鲁塞尔的信等。③

在 1922 年《宣言》科学版的基础上，1923 年，梁赞诺夫又补充了新的资料和注释，出版了苏联（即 1922 年底成立的苏维埃联邦）历史上第一个俄文版的《宣言》注释读本。该书的前半部分是《宣言》正文，后半部分是注解。这是作者在 1921—1922 年社会主义科学院附设的

---

① 苏共中央马列研究院：《马克思主义史的研究》，北京：人民出版社 1978 年版，第 21 页。

② 苏共中央马列研究院：《马克思主义史的研究》，北京：人民出版社 1978 年版，第 35 页。

③ 苏共中央马列研究院：《马克思主义史的研究》，北京：人民出版社 1978 年版，第 67 页。

马克思主义训练班主持《宣言》讨论课期间写作和讲授的材料，其目的是"对社会主义和工人运动的历史作很多讲解和说明"，以帮助党校的学员"很好地理解《宣言》的丰富内容"。这个读本在《宣言》研究和传播史上具有开创性意义，曾经一度在苏联和其他国家流传，影响很大。它使得读者在解读《宣言》时，不再局限于文本，而是扩展到更深广的历史背景，并与当下的人类社会发展相联系。在此之前，意大利的拉布里奥拉对《宣言》已经作过一些注释，但很有限而且难懂；资产阶级社会主义者安德烈教授也写了注释本，但内容肤浅。① 该注释读本大大超越了前人。

梁赞诺夫在对《宣言》深入研究的基础上，对其历史地位作出了史无前例的高度评价。他说："《宣言》不但是整个国际工人运动的纲领，而且它本身也是社会主义历史上的第一部最国际化的作品。""《宣言》不仅是社会主义思想史上的一个里程碑，而且也是人类思想史上的一个里程碑，同时也是人类文明史上新纪元的一个新起点"。② 这样，他就把《宣言》的历史地位和贡献提到很高的程度，强调了它的"国际性"，同时把它放在"社会主义思想史"、"人类思想史"、"人类文明史"的高度来看待，认为它具有多层面的开创历史新纪元的伟大意义。

1923年是《宣言》研究史上一个十分重要的年份。这一年苏联为纪念《宣言》问世75周年发表、出版了一系列文章和书刊，按照俄国权威学者的说法，"所有的纪念性书刊标志了从普及马克思主义到对它进行科学研究的过渡"③。

1923年，苏联红色处女地出版社出版的文集中发表了另一位俄国著

---

① 人民出版社资料组：《〈共产党宣言〉俄文版注释》，北京：人民出版社1977年版，第1—3页。

② 人民出版社资料组：《〈共产党宣言〉俄文版注释》，北京：人民出版社1977年版，第3—4页。

③ 苏共中央马列研究院：《马克思主义史的研究》，北京：人民出版社1978年版，第65页。

名马克思主义研究专家阿多拉茨基的两篇文章《关于共产主义宣言产生的问题》(该文第一次发表于俄国《青年近卫军》杂志 1922 年第 1—3 期)、《近十年内马克思主义在俄国的命运》,比较深入地研究了《宣言》基本思想的准备和发展以及共产党的起因等。1923 年苏共中央理论刊物《在马克思主义旗帜下》出版了纪念《宣言》的专刊即《关于卡尔·马克思逝世四十周年及〈共产党宣言〉发表七十五周年纪念的期刊》,苏联还召开了纪念《宣言》的各种会议,形成了《宣言》研究的历史性高潮。①

20 世纪 20 年代末到 40 年代,苏联理论界开展了理论大辩论和马克思主义史的研究。其中包括围绕《宣言》1882 年俄文版序言中关于俄国社会发展道路问题展开的大讨论。讨论这一问题的目的有两个:一是要反对托洛茨基分子所谓在一个特别落后的农业国不可能建成社会主义、小农经济不可能过渡到社会主义的教条主义;二是要反对新民粹派把农村公社理想化的构想,这些人企图依据马克思的一些被歪曲了的意见(特别是发表了 1881 年 3 月 18 日马克思致 B. 查苏里奇的信件草稿之后),把马克思描绘成俄国民粹党人的无条件拥护者。讨论的结论是:"马克思和恩格斯的观点同在俄国社会民主党出现之前存在的各种空想社会主义流派的观点,不可能有也不会有任何相符之处。"②

1948 年,为纪念《宣言》发表一百周年,苏联兴起了《宣言》研究的第二次高潮。除发表大量论文外,苏共中央直属的社会科学院和国家政治书籍出版社还分别编辑出版两部文集,即《〈共产党宣言〉一百周年》和《马克思恩格斯的〈共产党宣言〉一百年》。这些文献对《宣言》的研究深入到了各个方面。比如,E. 坎杰利的文章《论〈共产党宣言〉的创作史》(载《布尔什维克》1948 年第 3 期)论述了《宣言》

---

① 苏共中央马列研究院:《马克思主义史的研究》,北京:人民出版社 1978 年版,第 64—68 页。
② 苏共中央马列研究院:《马克思主义史的研究》,北京:人民出版社 1978 年版,第 108—109 页。

产生的历史；戈尔曼、察金的文章对《宣言》的思想内容及其产生的历史作了说明；费多谢耶夫、加克、卡拉斯、列昂节夫等人的文章对《宣言》的研究范围更加广阔，包括总体的唯物史观问题，也包括具体的所有制、国家与法、无产阶级专政、农民、民族问题，以及《宣言》中所涉及的马克思经济学说、共产主义阶段、资产阶级政治经济学、资产阶级社会党人、俄国革命、俄国民粹派等，还包括《宣言》的俄文本翻译史等问题。①

1952年，列昂节夫发表了《论〈共产党宣言〉》一书，进一步从历史的、理论的和实践发展的高度研究了《宣言》，充分肯定了《宣言》对无产阶级革命所发挥的巨大指导意义，同时指出了《宣言》的历史局限性以及《宣言》所包含的科学对待马克思主义的方法论。他写道：《宣言》"是共产主义的第一个纲领文件"，"是为了人类所曾具有的一切目标中最纯洁高尚的目标——争取劳动人民从资本主义奴役制度下解放，争取创建没有人压迫人和人剥削人的新社会制度——而斗争的伟大纲领。在这一著作中，在历史上第一次对资本主义制度作了死刑的定案"。《宣言》所包含的新的世界观，"教导人理解真正的社会发展规律，从而以不可战胜的武器武装起社会先进的阶级，而这种武器的卓越特点就是：不仅不逐渐生锈，反而会日益锋利起来"。② 这就把《宣言》的人类性、人民性、阶级性和实践指导性意义讲清楚了。

列昂节夫在该书的第三章专门讲了科学对待马克思主义的问题，强调需要根据新的实践来发展其思想。他指出，马克思恩格斯并没有停留于《宣言》已有的思想，后来一直在研究《宣言》，并总结无产阶级革命斗争的实践经验以使这些思想全面发扬光大。"《共产党宣言》的著者们再三强调说：他们的学说并不是教条，而是行动的指南。""马克思主

---

① 苏共中央马列研究院：《马克思主义史的研究》，北京：人民出版社1978年版，第152—157页。

② 列昂节夫：《论〈共产党宣言〉》，向珣译，北京：五十年代出版社1953年版，第1—2页。

义这一科学,如果不加以发展,不加以改进,不以新的经验新的知识而丰富起来,那就不可能存在。"① 他举例说,马克思恩格斯在写作《宣言》时认为,社会主义只能够在一切或大多数文明国家内同时胜利,它不可能在单独某一国家里胜利。"这个结论是适合于垄断资本主义以前的条件的",但是,到 20 世纪初,自由竞争的资本主义发展到了垄断资本主义,列宁根据新的时代特点,提出了社会主义革命可以在单独一个国家胜利的结论。这就创造性地发展了马克思主义。列昂节夫还指出,"伟大的十月社会主义革命是《共产党宣言》的思想、科学共产主义的思想、不朽的马克思列宁主义学说的最伟大的胜利。"② 十分清楚,列昂节夫对《宣言》历史贡献的分析和评价大大超越了前人,与我们今天的认识基本接近。

当然,后来的社会主义国家的学者们对《宣言》的研究和评价也在不断发展。因为时代在变化,社会主义发展所面临的问题也在不断更新,这就需要理论家们作出新的回答。比如,20 世纪 80 年代后期随着国际意识形态斗争的激烈化,社会主义国家如何应对西方民主社会主义思想的冲击就成为重要课题之一。于是苏联学者基里柳克写了《〈共产党宣言〉对非科学社会主义理论批判的方法论和当代》一文。他说:"近 140 年前马克思恩格斯在《共产党宣言》中制定的批判各种非科学、非无产阶级的社会主义和共产主义构想的方法论原则至今仍具有并非转瞬即逝的意义。"③ 他认为,《宣言》所批判的资产阶级的社会主义,在今天已经发生很大的变种,包括西欧"民主社会主义",也包括"工党",但不论如何变化,它们的改良主义性质不会变,它们"妄图从理

---

① 列昂节夫:《论〈共产党宣言〉》,向珣译,北京:五十年代出版社 1953 年版,第 49 页。

② 列昂节夫:《论〈共产党宣言〉》,向珣译,北京:五十年代出版社 1953 年版,第 58 页。

③ 郑天喆:《〈共产党宣言〉研究》,见杨金海主编:《马克思主义研究资料》(第 2 卷),北京:中央编译出版社 2013 年版,第 218—219 页。

论上和实践上来'医治社会顽症',以便延长资产阶级社会的生命"也只能是新的乌托邦。①

又如,苏联学者施捷克利还针对社会主义国家反对平均主义问题发表了《谈谈〈共产党宣言〉对粗陋的平均主义的评价》一文。他提醒人们不能忘记,"正是《宣言》的作者以并非十分久远的过去为背景,主要面向自己的同时代人,包括共产主义者在内,大声疾呼地宣布:呼吁实现粗陋的平均主义的革命要求,按其内容来说是发动的"②。应当说,这对于反对当时严重存在的平均主义的社会主义体制有一定警醒作用。

这方面的研究文献还有很多,如苏联著名的马克思主义文献学家阿多拉茨基的《马克思主义最伟大的纲领性文献(纪念〈共产党宣言〉问世90周年)》(1938)、戈尔曼的《〈共产党宣言〉是科学共产主义最伟大的纲领性文献》(1948),以及奥伊泽尔曼的《马克思主义哲学的形成》(1986)等,都从不同方面对《宣言》的思想作了研究,并给予高度评价。③

三、资本主义国家学者对《宣言》历史地位的研究和评价

如果说社会主义国家的学者主要是从积极方面研究和评价《宣言》,那么,资本主义国家的学者则很不相同,其中有各种各样的对待马克思主义的学者,他们对待《宣言》的态度也大相径庭。其中也有左、中、右之分。

其一,左派包括各国共产党人及其理论家,也包括西方马克思主义

---

① 郑天喆:《〈共产党宣言〉研究》,见杨金海主编:《马克思主义研究资料》(第2卷),北京:中央编译出版社2013年版,第222、225页。

② 郑天喆:《〈共产党宣言〉研究》,见杨金海主编:《马克思主义研究资料》(第2卷),北京:中央编译出版社2013年版,第268页。

③ 郑天喆:《〈共产党宣言〉研究》,见杨金海主编:《马克思主义研究资料》(第2卷),北京:中央编译出版社2013年版,第275页。

者或新马克思主义者等；他们坚持马克思主义基本观点，对《宣言》的研究和评价基本上是积极的。

西方马克思主义的鼻祖卢卡奇于1923年出版了《历史与阶级意识》一书。他在该书中谈到，《宣言》不仅预见到资产阶级在经济方面必然灭亡，而且在意识形态方面也将退出历史舞台，因为资产阶级社会中的"物化意识"（即金钱至上意识）是一种异化的思想观念，不能代表人类的未来；《宣言》提出了共产党人的先进性正在于能够把眼前利益与最终目标统一起来，并能够防止出现特殊利益集团等。应当说，卢卡奇关于《宣言》思想的理解是中肯的。正是基于这样的理解，卢卡奇提出了一系列既不同于修正主义者，也不同于苏联马克思主义者的新观点。他认为，在西方发达资本主义国家，马克思主义者不能领导工人进行暴力革命，但也不能做资产阶级的应声虫，而应当在思想文化领域启发工人的阶级意识，推进文化革命，克服人们在资产阶级社会中长期形成的"物化意识"，通过文化革命而完成政治革命和社会革命的任务。另一位西方马克思主义的奠基人葛兰西进一步指出，在发达资本主义国家，无产阶级要想取得意识形态领域的领导权，必须重视知识分子的作用；因为知识分子是新世界观的创造者和推广者，无产阶级政党要通过知识分子占领思想文化领域的各个阵地，然后夺取政治上的领导权。应当说，卢卡奇、葛兰西的思想不失为一种发达资本主义国家无产阶级革命道路的新思考，但具有一定的乌托邦性质。

当代最著名的西方马克思主义者哈贝马斯于1990年在《新左派评论》撰文《社会主义在今天意味着什么》，他针对东欧剧变，对照《宣言》思想，发表了令人深思的观点。该文有一部分专门讲了马克思的"文明"逻辑。他说，面对东欧社会主义解体，一些西方凯旋主义的思想家们几乎都援引了《宣言》中赞美资产阶级革命的话，即"资产阶级，由于一切生产工具的迅速改进，由于交通的极其便利，把一切民族甚至最野蛮的民族都卷到文明中来了……它迫使它们在自己那里推行所谓的文明，即变成资产者。一句话，它按照自己的面貌为自己创造出一个世界","物质的生产是如此,精神的生产也是如此"。可是,从马克思"所谓的文明"可以看出,马克思对资产阶级"文明"是持"基本的怀疑"态度的。实际上,马克思认为"任何臣服于资本积累需要的文明都蕴藏着自我毁灭的种子",因为这种文明忽视不能用金钱关系表现的东西,而"无论这些东西是多么重要"。尽管今天的资产阶级已经远非马克思和恩格斯时代的那样,甚至出现了"福利国家的和谐状态",然而,马克思的上述引文仍然"最为贴切地描述了资本为了寻找投资机会而争夺国家社会主义侵蚀过的市场的情形","这种具有反讽意味的景象是发人深省的;同样令人深思的是,马克思的怀疑已经具体地表现在最先进的资本主义社会的结构之中"。很清楚,哈贝马斯充分肯定了《宣言》对资本逻辑的分析,跟马克思一样,既肯定了资本主义的进步作用,又批判了资本主义"文明"所包含的"自我毁灭"的东西,即把一切关系都变成"赤裸裸的金钱关系",尽管在与社会主义国家的较量中资本主义暂时取得了胜利,但马克思主义没有走到穷途末路,社会主义的价值源泉也不会枯竭。[①] 哈贝马斯对《宣言》的理解和评价是深刻而中肯的,他对东欧剧变的分析也是发人深思的。

另一位西方著名的马克思主义理论家杰姆逊对《宣言》关于资本主义文明扩张的上述引文表示赞同,并由此提出资本主义是一种"最富有弹性和适应能力的生产方式"的观点。他认为,资本主义可以不断更新自己的形态;由此看来,资本主义从产生到今天,经历了三种形态,即市场资本主义、垄断资本主义和当前的晚期资本主义。但他认为,不管资本主义怎样变化,其固有的资本逻辑不会变化,因为资本的逐利本性始终存在,由此导致了晚期资本主义发展中资本对文化领域的侵蚀,使得消费文化无休止地泛滥,由此必然产生更深的社会危机和文化危机。所以,他认为,分析当今的社会文化现象,离开经济根源和资本的逻辑

---

① 哈贝马斯:《东欧剧变与〈共产党宣言〉》,载《马克思主义与现实》,1997年第3期。

就必然走入误区。只要资本主义的固有矛盾存在，马克思主义的分析方法就永远有效。①

20世纪80年代以来，资本主义国家出现了一大批新马克思主义者。他们从不同角度，特别是结合当代人类社会发展面临的问题，进一步研究和评价《宣言》思想。美国学者F. L. 本德（Frederic L. Bender）在其长篇文章《〈共产党宣言〉的历史和理论》中，仔细分析了《宣言》的思想及其与各种有关思想的关系，得出结论说，《宣言》"最重要的意义就在于，这本小册子根据对政治、经济、历史和哲学的研究，真正全面地阐释了资本主义的崛起和注定要衰落的巨大历史意义"；"《宣言》这篇在篇幅上并不大的文章，比马克思写过的任何著作都成功。《宣言》具有丰富的想象力，隐含着无产阶级为拯救人类而斗争这一象征性的意义，所以它直到今天仍有感召力"。②

近年，英国著名马克思主义理论家特里·伊格尔顿出版了一本轰动全球的通俗理论著作《马克思为什么是对的》。他在该书的英文版前言中说："与政治家、科学家、军人和宗教人士不同，很少有思想家能真正改变历史的进程，而《共产党宣言》的作者恰恰在人类历史的发展进程中发挥了决定性的作用。历史上从未出现过建立在笛卡尔思想之上的政府，用柏拉图思想武装起来的游击队，或者以黑格尔的理论为指导的工会组织。"而马克思做到了，马克思彻底改变了我们对人类历史的理解，这是连马克思主义最激烈的批评者也无法否认的事实。"就连反社会主义的路德维希·冯·米塞斯也认为，社会主义是'有史以来影响最深远的社会改革运动；也是第一个不限于某个特定群体，而受到不分种族、国别、宗教和文明的所有人支持的思想潮流'"。③

---

① 杰姆逊：《论现实存在的马克思主义》，载《马克思主义与现实》，1997年第1期。
② 郑天喆：《〈共产党宣言〉研究》，见杨金海主编：《马克思主义研究资料》（第2卷），北京：中央编译出版社2013年版，第82、83页。
③ 伊格尔顿：《马克思为什么是对的》，李杨、任文科、郑义译，北京：新星出版社2011年版，第2页。

其二，中派则是折衷主义或调和主义者，既接受马克思主义的一些观点或价值理念，又主张修正马克思主义，并接受其他思想理念，如社会民主党人、工党理论家等；他们对《宣言》的研究和评价是折衷主义的，有时代表人民利益，有时又代表资产阶级利益，主张所谓的"中间路线"。

英国工党原领导人之一，H.J.拉斯基（Harold J. Laski，1893—1950）是这方面的代表。他于1948年发表的《〈共产党宣言〉是社会主义的里程碑》充分展示了这种折衷主义的马克思主义者对《宣言》的研究和评价。这本书是英国工党为纪念《宣言》发表一百周年而出版的，全书共分三个部分：一是工党前言；二是拉斯基所写的序言和长篇导论；三是《宣言》原文。我国商务印书馆于1964年出版了该书中文译本，由黄子祥根据该书的1954年伦敦版本译出。但这个中文版只收入了前两个部分，可能是考虑到《宣言》的中文译本已经有了，便没有收入第三部分。

从拉斯基这本书的第一部分"工党前言"可以清楚地看出，他们是典型的半马克思主义者。"工党前言"写道：之所以要出版这本书，是工党为了"向马克思和恩格斯表示感激的心意，他们两位是属于那些启发和鼓舞了整个工人运动的人们之列的"[①]。这就是说，他们只把马克思主义作为自己理论基础的一个方面。那么，他们的理论中还有哪些思想呢？下文讲得很清楚，还有"平均派、宪章派、基督教社会主义者、费边社社员和其他许多团体"的思想。而且，他们认为，马克思和恩格斯长期生活在英国，所以，他们在写文章的时候，主要运用了英国的经验。工党也明确讲道，他们与《宣言》有着共同的理想，并且通过工党这些年的努力，这些理想在英国正在逐步变为现实。比如："废除土地私有制很早以来就一直是工党运动的一个要求。当前的工党政府正在推

[①] 拉斯基：《〈共产党宣言〉是社会主义的里程碑》，黄子祥译，上海：商务印书馆1964年版，第3页。

行一种很重的累进所得税制，作为达到社会公道的一个手段。由于征收很重的遗产税，我们已经向废除继承权的方向取得了很大的进展。通过英格兰银行法案和其他的手段，我们部分地达到了把信贷集中在国家手里的目的。我们已经把大部分交通工具国有化，同时扩大了工厂和生产工具的公有制。我们已经宣布一切人都有劳动的平等义务。我们正在从事于平衡城乡之间以及工农业之间的关系。最后，我们已经大量兴办共有的学校，使大部分儿童都能受到免费的教育。只要记得这些都是《共产党宣言》里提出的要求，谁能怀疑我们和《宣言》的作者有着共同的理想呢？"①

拉斯基在这本书中对马克思和恩格斯写作《宣言》的过程作了分析，并给予《宣言》高度的历史性评价，他说："每一个研究社会的严肃的学者都承认它是有史以来许多杰出的政治文件之一。""时间已经增添了《共产党宣言》的光辉；它取得了卓越的地位，不仅仅成为一部经典著作，而且成为一部同它写成后一百年来一直在热烈进行着的争论直接有关的经典著作。"这里实际上是在讲《宣言》具有超越时空的现代意义。虽然今天的我们离拉斯基讲此话又过了70年，但《宣言》所涉及的问题仍然引发着人们激烈的思想交锋。

不过，拉斯基对《宣言》的肯定是有限度的，他认为，《宣言》的核心思想早已由前人明白有力地提出了，它的创造性主要在于"把那些学说组织起来成为一个逻辑整体的那种技巧"，还在于根据革命的最终目标，提出了当前的行动纲领的概要；这个纲领直接关系到欧洲各个国家工人们的要求。② 这实际上是要否定《宣言》思想的科学性。

不仅如此，拉斯基还从多个方面对《宣言》作了批评。他认为，马克思和恩格斯过高地估计了革命的社会主义思想深入德国工人阶级人心

---

① 拉斯基：《〈共产党宣言〉是社会主义的里程碑》，黄子祥译，上海：商务印书馆1964年版，第4页。

② 拉斯基：《〈共产党宣言〉是社会主义的里程碑》，黄子祥译，上海：商务印书馆1964年版，第25、53、26页。

的程度，而过低地估计了英国欧文主义和宪章运动在学说和行动方面的意义。他还批评马克思和恩格斯对各种社会主义流派的批判是"不公平的"，因为在他看来，这些流派都对社会主义运动作出了贡献。① 拉斯基的这些批评很多是不正确的。他否定了《宣言》思想的深刻性及其伟大历史意义；说马克思恩格斯受空想社会主义者影响很大而又过分批判了他们，有明显的逻辑矛盾，也不符合事实。不过，这些批评也有一些启发作用，可以防止我们对《宣言》的教条式接受和理解，至少可以引发我们对有关问题的研究和思考。至于工党对《宣言》的正面评价特别是实践意义的评价，更能说明马克思主义对西方社会改革进步的推动作用。

其三，右派则完全站在资产阶级立场上，反对马克思主义的基本理论，包括原资本主义国家的资产阶级理论家，也包括苏东剧变后转向资产阶级立场的原社会主义国家的理论家，他们尽管也不得不承认《宣言》中的一些科学观点，但又从总体上否定其基本观点。

《宣言》在它问世并初步传播的19世纪被资产阶级视为洪水猛兽，当作诽谤、压制、打击和封杀的对象，但是到了20世纪，特别是随着社会主义国家的建立，资本主义国家的一些社会民主党上台执政，马克思主义对整个人类历史进程的影响日益深入，资产阶级思想家们也不得不研究并部分肯定《宣言》的思想。

美国著名的资产阶级经济学家熊彼特（Schumpeter, Joseph A., 1883—1950）当属这方面的代表。他于1942年在纽约和伦敦出版了其代表作《资本主义、社会主义和民主主义》一书，其中对《宣言》有多方面的研究和评价。1949年6月，他发表了《〈共产党宣言〉在社会学和经济学中的地位》一文，对《宣言》作了专门研究。熊彼特不得不承认马克思学说的"伟大"，他说："大多数智力或想象的创作，经过一段

---

① 拉斯基：《〈共产党宣言〉是社会主义的里程碑》，黄子祥译，上海：商务印书馆1964年版，第31、41、47页。

时间，短的不过饭后一小时，长的达到一个世代，就完全湮没无闻了。有些却不。它们遭受了晦蚀，但是又复活了，不是作为文化遗产中不可辨认的成分而复活，而是穿着自己的服装，带着人们看得见摸得着的自己的瘢痕而复活了。这些创作，很可以称之为伟大的创作——我们的定义把伟大和生命力联结在一起，是没有弊病的。按这个意义来说，伟大这个词无疑适用于马克思的道理。"① 熊彼特非常赞赏马克思在《宣言》中对资产阶级成就的赞颂（即上述哈贝马斯引用的那段话以及其他引文）。他认为，这表明马克思是一位严肃的科学家，"从来没有人，特别是现代资产阶级文明的捍卫者曾写过这样的东西，也从来没有人曾为工商阶级作过一番概述，表明他如此深刻、广泛地理解它的成就以及它对人类的意义"②。正因为马克思揭示了资本主义的"历史必然性"，他所主张的"社会主义"才"不是抹煞生命中一切其他色彩，并创造出一种对其他文化的不健康而又愚蠢的曾恨或蔑视的先入为主的成见"，因而被称为"科学的社会主义"。③

但是，熊彼特对《宣言》的批判是颠覆性的。他说，马克思学说中有很多非科学的东西，甚至可以说，"马克思主义是一种宗教"。他认为，马克思在赞扬资产阶级的功绩之后，对资产阶级社会作了无情的批判，包括批判资产阶级社会"把人的尊严变成了交换价值"、"创造了邪恶的、功利主义的生活态度"等，这些都是非"严格意义上的经济学"；至于《宣言》中的经济危机理论、阶级斗争理论以及国家理论等，都大成问题，要么在逻辑上讲不通，要么不符合实际。他还说，马克思的资本主义"崩溃"理论，"难以自圆其说，最终还是被他的追随者抛弃

---

① 约瑟夫·熊彼特：《资本主义、社会主义和民主主义》，吴良健译，上海：商务印书馆1979年版，第9页。

② J.A.熊彼特：《共产党宣言在社会学和经济学中的地位》，载《马克思主义与现实》，1997年第3期。

③ 约瑟夫·熊彼特：《资本主义、社会主义和民主主义》，吴良健译，上海：商务印书馆1979年版，第14—15页。

了"。很明显，熊彼特是站在资产阶级辩护士的立场上来研究和评价《宣言》的，符合自己口味的就大加肯定，反之则大加批评。

苏联解体前后，有的苏联学者转到了资产阶级立场上，对《宣言》大加批评。罗基强斯基就是这方面的代表。他在俄罗斯《近代和现代史》杂志1991年第4期发表《〈共产党宣言〉研究中的历史主义》一文，站在所谓"科学的"立场上，对《宣言》猛烈抨击。他说："我们一直用马克思主义的观点看待科学，现在该用科学的观点来看待马克思主义了。"他通过所谓的历史考证，证明马克思主义发展有三个阶段：马克思主义以前阶段（1845年以前），早期马克思主义阶段（1845—1857年），成熟的马克思主义阶段。他认为，《宣言》是1848年初问世的，属于早期马克思主义，书中所阐述的马克思主义原理、绝对革命的共产主义观点所依据的都是19世纪40年代在对实际事件认识基础上产生的"幻想"；"年轻的马克思和恩格斯当时在研究人类社会历史方面尚没有足够的经验，科学洞察力不够，而他们的理论还不具备所应有的学术深度"，因而《宣言》有很多非科学的、意识形态化的东西。例如，从工人阶级的立场研究历史，"同科学的本质背道而驰"；马克思恩格斯对暴力革命和专政大加赞赏，显然是受了巴贝夫、魏特林等空想主义者的影响，甚至有抄袭前人之嫌；《宣言》之所以能够影响世界，不在于其思想深刻，而在于它是"工人运动的纲领性文件"，"对工人运动当时面临的许多问题都作了回答"，"唤醒了工人对未来美好生活的憧憬"。[①]

"两极相通"。从罗基强斯基身上，我们似乎可以感受到对马克思主义的迷信教条与颠覆批判之间存在的必然联系。由于苏联模式的马克思主义对待马克思主义太过僵化，只许讲赞美之词，不许作任何批评，所以当苏联解体之后，一些人如释重负，便一下子从"左"的一端跳到右的一端，大肆攻击马克思主义，以"科学"的名义干着很不科学的勾

[①] 郑天喆：《〈共产党宣言〉研究》，见杨金海主编：《马克思主义研究资料》（第2卷），北京：中央编译出版社2013年版，第269—295页。

当。但是，真理是骂不垮的。而且，人们透过罗氏的攻击和诽谤，可以认识他的真面目，进而认识《宣言》的伟大所在。比如，罗氏最初确定的马克思主义"三阶段论"就十分武断。按照他的说法，早年和中年的马克思都不成熟，只有晚年的马克思才是成熟的。这不仅与马克思恩格斯自己的说法相矛盾，也与国际学界大多数学者的认识不相符合，还与马克思主义在实践领域的巨大影响有矛盾。至于说《宣言》的作者是两个没有思想深度的小伙子，却搅动得世界不得安宁，无异于否定人类的智慧，更不值得一驳。

四、从《宣言》百年评价史得出的几点结论研究

《宣言》一百多年的评价史，可以帮助我们总结历史经验，进一步弄清什么是马克思主义、怎样正确对待马克思主义等大问题。

从《宣言》百年评价史可以看出，马克思主义的生命力何等强大！最初只有少数工人阶级的理论家在研究和传播《宣言》，后来它却成为所有社会主义国家的指导思想的基本来源，并由此被深入研究、传播和高度评价，最后它也成为资产阶级思想家不得不研究和评价的对象。《宣言》所提出的问题直到今天都还是全世界每一个有作为的思想家不得不面对的重大课题。

对《宣言》的评价本质上是对整个马克思主义的评价，因为《宣言》的思想是整个马克思主义理论体系的浓缩版。马克思恩格斯对它所涉及的问题的回答构成了整个马克思主义理论大厦。对这些问题的回答不是封闭的，而是开放的，不仅马克思恩格斯在回答，而且随着时代的发展，还需要后人不断来回答。因此，《宣言》是常读常新的伟大经典——真正的经天纬地之典籍。170年的人类发展史都是按照《宣言》所规划的道路在前进的。谁不愿回答它的问题，谁就别想进入人类现代思想大厦之门。

对《宣言》的评价，不应当仅仅从无产阶级革命事业的角度来进

行，还应当像梁赞诺夫那样把它放到"三个高度"来看待，即把它放在"社会主义思想史"、"人类思想史"、"人类文明史"的高度来看待。这也就是说，《宣言》在这三个层面都开创了人类历史的新纪元。而且，《宣言》的历史贡献决不只是在思想理论方面，更重要的是在实践方面，正是在它的思想指导下，社会主义从空想变成了科学，又进一步从理论变成了现实，促成了20世纪一大批社会主义国家的出现，形成与资本主义世界的鼎立之势，彻底改变了世界格局。与《宣言》的这种伟力相比，其他思想家的著作只能相形见绌。

对《宣言》的评价，不能以资产阶级的所谓"科学"标准来判断，而应当用真正科学的标准来评判。如上所述，资产阶级的所谓"科学"标准，看似不偏不倚，不以某一个阶级、党派的立场为标准，而实质上是站在维护资本主义制度的立场上说话。由于每一个人都生活在一定的社会关系之中，对同一问题之所以有不同看法，就是因为站位不同。那么，这是否意味着在社会历史领域不存在真正的科学标准呢？不是的。真正的科学标准是存在的，这就是历史的标准和道德的标准，即人们通常所说的"合理合情"。所谓"合理"，就是某一思想要符合历史发展的规律和趋势，这就是"历史的标准"；所谓"合情"，就是这一思想要符合历史主体——广大人民群众的意愿和要求，这就是"道德的标准"。《宣言》既揭示了人类历史发展的规律和趋势，又对社会的阶级、阶层作了认真分析，理清了广大人民群众的意愿和要求，还主动适应历史的发展、代表人民的利益，所以说它是"合理合情"的智慧之作。实践是检验真理的最高的唯一标准。一百多年来人类历史发展的实践已经证明了《宣言》思想的正确性和生命力，就连英国工党领袖以及熊彼特等人也承认《宣言》的要求正在资本主义国家逐步变为现实。那还有什么理由怀疑《宣言》思想之伟大呢？

最后，要避免对《宣言》作教条式理解。我们曾经长期受苏联模式马克思主义的影响，对马克思主义理论特别是对《宣言》抱着教条主义的态度来理解和接受，只讲其积极方面，不讲其历史局限，甚至根本没有意识到后者。所以，在理论上不敢创新，在实践上照搬照抄，犯了不少错误；特别是在阶级斗争、无产阶级革命、无产阶级专政问题上，长期不敢有所突破，甚至在"文革"时期极力推行"以阶级斗争为纲"，大抓"无产阶级专政条件下的继续革命"，使我们的理论严重脱离实际。改革开放后，我们才逐步从教条主义的束缚下解放出来，由此取得了中国特色社会主义现代化建设的巨大成就。今天看来，在对《宣言》思想的理解上，还应当进一步解放思想，包括要更加全面地理解和实践《宣言》的主张，如追求人的自由全面发展、大力发展生产力、大力发扬民主、大力加强社会建设和民生建设等，也包括在国际上要正确认识资本主义，正确处理社会主义与资本主义的关系，正确对待国际上各种流派的马克思主义和社会主义，建立巩固国际统一战线，更好地营造我国现代化建设的国际环境，促进人类命运共同体的构建。这些问题研究清楚了，才能更好地坚持和弘扬《宣言》的基本思想，建设好21世纪的马克思主义。

（作者杨金海系原中央编译局秘书长；主要研究方向为马克思主义哲学、马克思主义发展史）

晚年马克思与唯物史观再推进

李惠斌

[摘　要]《共产党宣言》发表两年之后,马克思恩格斯在"消灭私有制"和"暴力推翻资本主义制度"问题上的观点发生了重大转变,宣称"永远抛弃了"暴力革命的"幻想",代之以"现代资产阶级所有制必然灭亡"的提法,后来更提出"两个绝不会",其唯物史观趋于完成;在东方发展道路问题上,马克思不仅提出"跨越资本主义卡夫丁峡谷"的问题,而且提出"消灭公有制"的理论,这一点值得理论界进行深入研究;马克思晚年更重视世界历史理论,其唯物史观更趋成熟。

[关键词]消灭私有制　消灭公有制　唯物史观　东方发展道路生产力的普遍发展和世界交往

马克思文本文献研究的开展,正是把中国马克思主义理论研究推向深入。中央编译出版社2013年推出的40卷本《马克思主义经典著作研究读本》,把这个工作大大地推进了。曹典顺教授参与了这个系列读本的研究工作,《马克思〈人类学笔记〉研究读本》就是他的研究成果。可能正是这个研究,引发了曹典顺教授对于马克思人类学研究的价值的思考,进而发展到对唯物史观理论演进的研究范式的探讨,这种学术思路的发展可谓顺理成章。在《唯物史观理论演进的研究范式》一文中,曹典顺教授以自身深厚的学术素养、敏锐的学术洞察,提出了"三大研究范式"理论来考察唯物史观理论演进中的阶段性逻辑结构,这不仅是作者的学术情怀,也是作者宏大的学术格局的展现。曹典顺教授的《唯物史观理论演进的研究范式》一文对于马克思的唯物史观研究,向前推进了一步。其特点是在前人研究的基础上,他更进一步从马克思晚年撰写的《历史学笔记》和《人类学笔记》中看到了马克思的晚年研究工作对唯物史观的重大意义。这是他文章的一个特点,并因此而受到学术界的肯定。笔者想在这里就该篇文章涉及的问题作一点展开论述。

一、《共产党宣言》之后马克思恩格斯在唯物史观方面的重大转变

如果说《德意志意识形态》是"唯物史观的经典表述"①,那么,《共产党宣言》则被公认为是唯物史观的成熟之作。在《共产党宣言》写作时,马克思已经完成了《雇佣劳动与资本》的文稿,他的新经济学理论的方法论已经基本形成。可能正是唯物史观已经成熟的缘故,马克思恩格斯在写完这个受托之作之后,陷入了矛盾,以至于遭到催稿甚至最后通牒后才交了稿子,而文稿最初使用和发表都没有署作者的名字。这就是一种态度。根据恩格斯晚年为《1848—1850年法兰西阶级斗争》一书写的序言,我们可以看出,正是由于唯物史观已经完成,马克思恩格斯对于《共产党宣言》中的一些重要提法有了比较大的改变。

首先是暴力推翻资本主义制度的提法。《共产党宣言》的最后一句话是:"共产党人不屑于隐瞒自己的观点和意图。他们公开宣布:他们的目的只有用暴力推翻全部现存的社会制度才能达到。让统治阶级在共产主义革命面前发抖吧。无产者在这个革命中失去的只是锁链。他们获

---

① 曹典顺:《唯物史观理论演进的研究范式》,载《中国社会科学》,2019年第8期。

得的将是整个世界。"① 这个提法是何等的豪迈,多么让人心潮澎湃。作为一个革命组织的纲领性文件,它的确很提气。但是,马克思的唯物史观指引他们作出了另一种选择。马克思在写完《共产党宣言》后于1850年写道:"在这种普遍繁荣的情况下,即在资产阶级社会的生产力正以在整个资产阶级范围内所能达到的速度蓬勃发展的时候,也就谈不到什么真正的革命。只有在现代生产力和资产阶级生产方式这两个要素互相矛盾的时候,这种革命才有可能。"② 恩格斯在总结这句话时写道:"由马克思和我1850年秋季出版的最后一期合刊号(5—10月)所写的那篇《时评》就已经永远抛弃了这种幻想,那里指出:'新的革命,只有在新的危机之后才可能发生。但新的革命正如新的危机一样肯定会来临。'然而这是我们所必须作的唯一重大修改。"③ 恩格斯接着写道:"我们却早在1850年秋季就已经宣布,至少革命时期的第一阶段已告结束,而在新的世界经济危机爆发之前什么也等待不到。因为这个缘故,我们当时曾被某些人当作革命叛徒革出教门。可是这些人后来只要受到俾斯麦的拉拢,就几乎毫无例外地跟俾斯麦和解了。"④ 恩格斯明确指出,"历史表明我们也曾经错了,暴露出我们当时的看法只是一个幻想。历史走得更远:它不仅打破了我们当时的错误看法,而且还完全改变了无产阶级进行斗争的条件。1848年的斗争方法,今天在一切方面都已经过时了,这一点值得在这里比较仔细地加以探讨。"⑤

恩格斯用了很长的篇幅探讨了"消灭私有制"和"暴力革命"这一问题。恩格斯认为:"历史表明,我们以及所有和我们有同样想法的人,都是不对的。历史清楚地表明,当时欧洲大陆经济发展的状况还远没有成熟到可以铲除资本主义生产的程度;历史用经济革命证明了这一点,

---

① 《马克思恩格斯文集》第2卷,北京:人民出版社2009年版,第66页。
② 《马克思恩格斯文集》第2卷,北京:人民出版社2009年版,第176页。
③ 《马克思恩格斯文集》第3卷,北京:人民出版社2009年版,第535—536页。
④ 《马克思恩格斯文集》第3卷,北京:人民出版社2009年版,第538页。
⑤ 《马克思恩格斯文集》第3卷,北京:人民出版社2009年版,第540页。

从 1848 年起经济革命席卷了整个欧洲大陆……"① 恩格斯在这里还特别论述了巴黎公社之后工人运动的发展变化情况,他写道:"正如马克思所预言的,1870—1871 年的战争和公社的失败,暂时使欧洲工人运动的重心从法国移到了德国。""德国工人仅仅以自己作为最强有力、最守纪律并且增长最快的社会主义政党的存在,就已经对工人阶级事业作出了头一个重大贡献,而除此以外,他们还对这个事业作出了第二个重大贡献。他们给了世界各国的同志们一件新的武器——最锐利的武器中的一件武器,向他们表明了应该怎样使用普选权。"② 恩格斯紧接着明确指出:"这里斗争的条件毕竟已经发生了根本的变化。旧式的起义,在 1848 年以前到处都起过决定作用的筑垒巷战,现在大大过时了。""我们对此不应抱什么幻想,因为在巷战中起义者对军队的真正胜利,像两支军队之间的那种胜利,是极其罕见的。而起义者指望获得这样的胜利,也是同样罕见的。"③

恩格斯的这些话再清楚不过地告诉我们,马克思和恩格斯从 1850 年开始就"已经永远抛弃了"暴力推翻资产阶级私有制的幻想。我们从这个意义上可以看到马克思和恩格斯在后来的一些提法上的重大改变的真实意义。如关于《共产党宣言》的 7 个序言中的一些提法的转变。1872 年的序言写道:"这个纲领现在在有些地方已经过时了","在许多方面都会有不同的写法了"。1882 年的序言指出:"《共产主义宣言》的任务,是宣告现代资产阶级所有制必然灭亡",而不再是用"暴力推翻资本主义私有制"或"消灭私有制"的提法。不仅如此,马克思还在《政治经济学批判序言》中提出了"两个绝不会"理论,即"无论哪一个社会形态,在它所能容纳的全部生产力发挥出来之前,是绝不会灭亡的,而新的更高的生产关系,在它的物质存在条件在旧社会的胎胞里成熟以前,是绝不会出现的。"这就是人们常说的"两个绝不会"。可见马

---

① 《马克思恩格斯文集》第 3 卷,北京:人民出版社 2009 年版,第 540 页。
② 《马克思恩格斯文集》第 3 卷,北京:人民出版社 2009 年版,第 543—544 页。
③ 《马克思恩格斯文集》第 3 卷,北京:人民出版社 2009 年版,第 544—545 页。

克思和恩格斯在"消灭私有制"和"暴力革命"问题上发生了多么大的思想转变。

马克思关于私有制的理论并不简单,他明确地区分了两个性质完全不同的私有制概念,并且对于资产阶级政治经济学家混淆不同性质的私有制概念进行过批判。马克思在《资本论》第3卷中写道:"政治经济学在原则上把两种极不相同的私有制混同起来了。其中一种以生产者自己的劳动为基础,另一种以剥削他人的劳动为基础。它忘记了,后者不仅与前者直接对立,而且只是在前者的坟墓上成长起来的。"① 马克思早在起草《共产党宣言》时就已经区分了两种不同性质的私有制。他写道:"共产主义的特征并不是要废除一般的所有制,而是要废除资产阶级的所有制。"在作了上面有关私有制问题的辨析之后,我们再来理解这句话,就比较容易了。以个人劳动为基础的私有制在资本的积累过程中在西方发达国家当时已经被瓦解了。所以《共产党宣言》中说资本主义制度是私有制的"最后而又完备的表现"。《共产党宣言》接着写道:"从这个意义上说,共产党人可以把自己的理论概括为一句话:消灭私有制。"因此,"消灭私有制"是从消灭资本主义私有制这个意义上说的,《共产党宣言》并不简单地否定以个人劳动为前提的私有制。《共产党宣言》紧接着回击了关于共产党人"要消灭个人挣得的、自己劳动得来的财产,要消灭构成个人的一切自由、活动和独立的基础的财产"的责难:"那种财产用不着我们去消灭,工业的发展已经把它消灭了,而且每天都在消灭它。"② 这就是说,马克思恩格斯提出"消灭私有制"的结论时,从一开始就是埋下了伏笔。在后来的序言中,马克思和恩格斯则从根本上改变了提法。如前所述,1882年序言中讲的是:"《共产主义宣言》的任务,是宣告现代资产阶级所有制必然灭亡"。这个提法与原来的"消灭私有制"和"废除资产阶级的所有制"的提法有很大不

---

① 《马克思恩格斯文集》第5卷,北京:人民出版社2009年版,第876页。
② 《马克思恩格斯文集》第2卷,北京:人民出版社2009年版,第45页。

同，与"暴力消灭"更不一样。

这实际上与曹典顺教授关于"政治经济学批判范式"的思想是相通的。曹典顺教授在文中指出，"'两个必然理论'和'两个绝不会理论'的分析，是离不开从政治经济学批判意蕴上对资本主义发展规律的总结。"① 这即是说，一方面，"资本主义必然灭亡的内在逻辑需要政治经济学理论支撑"②；另一方面，社会主义必然胜利以及社会主义的未来建设也需要政治经济学的理论支撑。就后者而言，马克思在后来的政治经济学研究中提出了未来社会的"个人所有制"理论。他的原话是"重新建立个人所有制"。马克思不论在《资本论》、《法兰西内战》，还是其他著作中，都把他们所设想的未来社会经济制度称之为"个人所有制"或"社会所有制"，并通过当时出现的"劳动者联合体"和"工人的合作工厂"，表述了这种经济制度的具体形式。我们可以看到，马克思的理想在今天正在一定程度地成为现实。

二、在俄国村社和俄国革命问题上看马克思恩格斯的唯物史观

正如曹典顺教授文中所说，唯物史观的"人类学研究范式的问题意识是，如果不能解决'社会建设问题'（即回答共产主义如何建设的问题）和'世界历史发展逻辑问题'（即人类社会如何走向共产主义社会的问题），唯物史观的理论生命就会被误解，甚至扼杀"③。马克思和恩格斯对于东方社会和东方社会发展道路问题有着多年的研究经历，尤其是马克思晚年几乎是专门研究这个问题，他的《人类学笔记》和《历史学笔记》几乎都重点关注了这个问题。关于这个问题，值得说明的是，就是在马克思逝世的两年前，他碰到了令他兴奋但又不好回答的问题，

---

① 曹典顺：《唯物史观理论演进的研究范式》，载《中国社会科学》，2019 年第 8 期。
② 曹典顺：《唯物史观理论演进的研究范式》，载《中国社会科学》，2019 年第 8 期。
③ 曹典顺：《唯物史观理论演进的研究范式》，载《中国社会科学》，2019 年第 8 期。

这就是俄国革命问题和东方社会发展道路问题。

俄国革命家查苏利奇于1881年2月16日写信给马克思,告诉他俄国有人自称是马克思主义和马克思的"真正的学生",他们根据马克思的理论得出了俄国"农村公社注定要灭亡"的结论。查苏利奇在信中表示:"如果你能说明你对我国农村公社的命运以及关于世界各国由于历史的必然性都应经过资本主义生产各阶段的理论的看法,那么,这将使我们获得极大的帮助。"① 收到这封信之后,马克思对这个问题进行了非常认真且谨慎的思考,他得出的主要结论是:(1)《资本论》中关于农村公社必然灭亡的历史必然性的论述只是"限制在欧洲各国的范围内",而俄国的情况完全不同,因此,不能教条主义地照抄《资本论》中的某些结论。(2)由于俄国公社是和资本主义生产同时存在的,而且,它已经具备了集体劳动的一切条件,因此,"它有可能不通过资本主义制度的卡夫丁峡谷,而占有资本主义制度所创造的一切成果。"② (3)只是由于经济上的事实和规律,"公社的现状不能继续维持下去了,并且纯粹由于事物的必然性,现在的剥削人民的方式已经过时了。因此,必须有点新东西,而这种新东西,虽然表现为各种不同的形式,但总不外是:消灭公有制,创造一个由比较富裕的少数农民组成的农村中等阶级,并把大多数农民干脆都变为无产者"。

马克思在这里不仅明确地指出了农村公社必然要解体和灭亡的历史必然性,而且给出了解决问题的方案。对此,马克思甚至指出:"不能再浪费时间。必须结束这一切。必须创造一个由比较富裕的少数农民组成的农村中等阶级,并把大多数农民干脆都变成无产者。"③ 马克思的回信写了四稿,在正式回信中他只是强调了这里说的第一点,其他两项内容只是归结为一句话:"在《资本论》中所作的分析,既没有提供肯定俄国农村公社有生命力的论据,也没有提供否定农村公社有生命力的论

---

① 《马克思恩格斯文集》第2卷,北京:人民出版社2009年版,703页。
② 《马克思恩格斯文集》第2卷,北京:人民出版社2009年版,第578页。
③ 《马克思恩格斯文集》第2卷,北京:人民出版社2009年版,第578页。

据,但是,我根据自己找到的原始材料对此进行的专门研究使我深信:这种农村公社是俄国社会新生的支点"。这就是说,马克思的整个回信只给出了一句肯定的话,即"这种农村公社是俄国社会新生的支点"。用曹典顺教授的话来表述,就是"俄国传统的'村社制度'决定着俄国可以走出一条不同于西欧国家的共产主义道路"①。不过,马克思给这句话加了两个限定条件,"首先必须排除从各方面向它袭来的破坏性影响,然后保证它具备自然发展的正常条件"②。而这两个条件在马克思看来,肯定是不可能具备的。

正如译者所说,马克思的这些没有发出的回信草稿也都是有意义的。马克思这里表述的内容有这样三个方面:(1)"俄国公社是和资本主义生产同时存在的,而且,它已经具备了集体劳动的一切条件";(2)公社制度是一种过时了的剥削人民的方式,违反了历史发展的必然性,不能再继续下去了;(3)因此,必须消灭公社体制中的公有制生产方式,即"消灭公有制,创造一个由比较富裕的少数农民组成的农村中等阶级,并把大多数农民干脆都变为无产者"。马克思在正式的回信中,没有直接这样表述,而是在转述《资本论》中关于两种私有制的区分后指出:"在这种西方的运动中,问题是把一种私有制形式变为另一种私有制形式。相反,在俄国农民中,则是要把他们的公有制变为私有制。"③ 这就是说,在西方发达国家,历史已经进入了资本主义私有制代替以自己劳动为基础的小私有制阶段,而在生产落后的俄国,则是要解决从原始公有制向小私有制过渡的问题。在马克思看来,俄国公社与资本主义生产方式并存,它也是一种剥削人民的方式,而且比资本主义的剥削方式还要落后,如果说资本主义制度已经存在着政治解放的话,那么在传统的公社体制下,人民不仅受到经济上的剥削,而且同时要忍受政治上的压迫。因此,它必须过度到私有制的历史阶段,从而使人民首

---

① 曹典顺:《唯物史观理论演进的研究范式》,载《中国社会科学》2019年第8期。
② 《马克思恩格斯文集》第2卷,北京:人民出版社2009年版,第590页。
③ 《马克思恩格斯文集》第2卷,北京:人民出版社2009年版,第590页。

先有可能得到政治上的解放。

关于这个问题，笔者已经在《企业组织中的产权陷阱及其出路——关于'个人所有制'问题答韩立新先生》一文中作了论述。我在那里从八个方面比较全面地梳理了马克思关于原始公社所有制方式局限性的论述，我称之为马克思的"产权陷阱"理论。这里需要说明的是，在马克思看来，从村社制度向私有制的过渡，是一种历史的进步。因为历史是世界的历史，任何国家都不可能离开世界历史的发展规律而独善其身。这是因为，马克思提出的生产力的高度发展和交往的普遍化，都离不开市场经济和世界市场的推动，100多年来，不论是列宁的新经济政策理论及其实践，两德统一，还是中国的改革开放，以及共产国际在今天的命运，都在诠释着马克思的这个唯物史观的正确性。不仅如此，中国的改革开放，特别是中国从小岗村起步的农村土地所有制改革，几乎是在执行马克思的这个有关东方社会发展道路的建议。所不同的是，中国的农村改革没有简单地实行土地私有制，而是在保证土地集体所有制的基础上把土地使用权转给了农民家庭，实行农村家庭联产承包责任制，并鼓励农村土地使用权流转制度，以鼓励城乡劳动力的合理流动。这是一种从农村到城市的劳动力的巨大解放，中国的农村土地制度改革为城乡工业发展提供了充足的劳动力。首先是乡镇企业"异军突起"，其次是各种所有制企业的出现。从"个体户"到家族企业，出现了各种形式的劳动力自由组合。民营经济，不论其在结构比例还是吸纳劳动力方面，都成为中国最强有力的经济组织方式。更重要的是，中国的国有企业，也开始走向"混合所有制"改革的道路。马克思恩格斯讲的"个人所有制"和社会所有制，这种表征新社会的未来所有制方式，正在随着中国生产力的巨大发展和新技术的进步而自然而然地产生出来。

关于历史是世界历史的唯物史观，我们还可以在恩格斯1885年4月23日就俄国革命问题给查苏理奇的信中得到诠释。马克思去世后，查苏理奇再次就俄国革命问题向恩格斯请求答复。恩格斯的复信表现出他与马克思在历史观问题上的高度的一致性。恩格斯对于当时俄国革命的基本判断是：从俄国的经济条件与政治条件来看，"这个国家正接近它的1789年"，"据我看来，最重要的是：在俄国能有一种推动力，能爆发革命。至于是这一派还是那一派发出信号，是在这面旗帜下还是那面旗帜下发生，我认为是无关紧要的。如果这是一场宫廷革命，那它在第二天就会被一扫而光。在这个国家里，形势这样紧张，革命的因素积累到这样的程度，广大人民群众的经济状况日益变得无法忍受，社会发展的各个阶段——从原始公社到现代大工业和金融巨头——都有其代表，所有这一切矛盾都被举世无双的专制制度用强力禁锢着，这种专制制度日益使那些体现了民族智慧和民族尊严的青年们忍无可忍了，——在这样的国家里，如果1789年一开始，1793年很快就会跟着到来……"① 这是一封没有写完的回信。或者是留下的内容让收信人去自己思考。但恩格斯在信中想要表达的思想已经很清楚了。"俄国的1789年"，从经济和社会发展以及阶级状况来看，这里既有村社制度的代表，也有现代大工业的代表和金融巨头的代表；从政治情况来看，广大人民群众对于当下的经济状况已经无法忍受，革命因素积累到了空前的程度，形势非常紧张。这就如法国大革命爆发前的情况非常接近，革命随时都有可能爆发。这里关键的一句话是："如果1789年一开始，1793年很快就会跟着到来……"。1789年是法国大革命开始，1793—1794年是恐怖统治的产生，罗伯斯庇尔推动的雅各宾专政这种互害模式，最后把他自己也推上了断头台。恩格斯在这里表达了与马克思同样的结论，俄国当时的生产力水平和阶级状况还远远没有达到进行无产阶级革命的历史阶段，即使革命取得了胜利，那也不是他和马克思所期待的那样的未来社会。当然，恩格斯在这里充分肯定了俄国革命的可能性，也没有否定俄国无产阶级革命的必要性，他只是对于俄国革命的未来发展提出了警告。

十几年之后，俄国无产阶级革命家，伟大的马克思主义者列宁在对马克思恩格斯人类学研究已有理论的基础上，根据东方落后国家的实际

---

① 《马克思恩格斯文集》第10卷，北京：人民出版社2009年版，第532页。

情况，尤其是俄国的实际情况，成功取得了十月革命的胜利，并开启了建设社会主义的艰难征程。列宁的成功，无疑为包括中国在内的一大批东方国家的社会主义革命和建设事业提供了范例，从而一度在世界上出现了一个强大的社会主义阵营。值得说明的是，列宁之所有能够取得俄国革命的成功，绝不是对马克思恩格斯现成理论的照搬，而是在革命与建设的具体实际中丰富与发展其理论。从历史的长波来看，100多年的东方社会主义历史表明，马克思恩格斯的唯物史观，尤其是晚年的更加成熟的唯物史观是合理的、正确的。但是，苏联的解体与西欧的动荡又在表明，"人类学研究范式是马克思未竟的事业"①，是有待继续发展和完善的。因此，曹典顺在文中明确指出，"遗憾的是，马克思生前没有完成这一构想。马克思去世后，人类学研究范式的唯物史观续写从来没有停止过，如毛泽东的'国际主义理论'，邓小平的'革命开放理论'，习近平的'人类命运共同体理论'等等。"② 由此可见，对于马克思恩格斯这一理论的重温，既是马克思恩格斯理论自身发展的需要，又是新时代社会发展的需要。

三、世界历史意义上的唯物史观

马克思恩格斯早在1845年写的《德意志意识形态》中就已经指出：资本主义制度的消亡需要具备两个"实际前提"，即出现无产阶级和资产阶级两大对抗阶级，用恩格斯的话说，即"工人阶级和资本家阶级之间的斗争能够先具有普遍的性质"③。而这又需要有两个基本前提：一是生产力的巨大增长和高度发展，二是"随着这种发展，人们的世界历史性的而不是地域性的存在同时已经是经验的存在了"④。这两个前提也可

---

① 曹典顺：《唯物史观理论演进的研究范式》，载《中国社会科学》2019年第8期。
② 曹典顺：《唯物史观理论演进的研究范式》，载《中国社会科学》2019年第8期。
③ 《马克思恩格斯文集》第4卷，北京：人民出版社2009年版，第443页。
④ 《马克思恩格斯文集》第1卷，北京：人民出版社2009年版，第538页。

以表述为"生产力的普遍发展和与此相联系的世界交往"①。《德意志意识形态》费尔巴哈章对此作了较长的论述：

> 这种"异化"（用哲学家易懂的话来说）当然只有在具备了两个实际前提之后才会消灭。要使这种异化成为一种"不堪忍受的"力量，即成为革命所要反对的力量，就必须让它把人类的大多数变成完全"没有财产的"人，同时这些人又同现存的有钱有教养的世界相对立，而这两个条件都是以生产力的巨大增长和高度发展为前提的。另一方面，生产力的这种发展（随着这种发展，人们的世界历史性的而不是地域性的存在同时已经是经验的存在了）之所以是绝对必需的实际前提，还因为如果没有这种发展，那就只会有贫穷、极端贫困的普遍化；而在极端贫困的情况下，必须重新开始争取必需品的斗争，全部陈腐污浊的东西又要死灰复燃。其次，生产力的这种发展之所以是绝对必需的实际前提，还因为：只有随着生产力的这种普遍发展，人们的普遍交往才能建立起来；普遍交往，一方面，可以产生一切民族中同时都存在着"没有财产的"群众这一现象（普遍竞争），使每一民族都依赖于其他民族的变革；最后，地域性的个人为世界历史性的、经验上普遍的个人所代替。不这样，（1）共产主义就只能作为某种地域性的东西而存在；（2）交往的力量本身就不可能发展成为一种普遍的因而是不堪忍受的力量：它们会依然处于地方的、笼罩着迷信气氛的"状态"；（3）交往的任何扩大都会消灭地域性的共产主义。共产主义只有作为占统治地位的各民族"一下子"同时发生的行动，在经验上才是可能的，而这是以生产力的普遍发展和与此相联系的世界交往为前提的。②

---

① 《马克思恩格斯文集》第1卷，北京：人民出版社2009年版，第539页。
② 《马克思恩格斯文集》第1卷，北京：人民出版社2009年版，第538—539页。

在发生了苏东剧变之后和中国40年改革开放的今天,我们再来阅读《德意志意识形态》中的这些话,它的神谕般的意义,可谓是一语成谶。不过,这里实际上并没有任何神秘的东西,这只是唯物史观对社会发展规律的反映,是就世界历史发展而得出的必然结论。

在这里,即消灭资本主义异化这个问题,作者据以立论的有两个前提:一是生产力的巨大增长和高度发展为前提,二是"工人阶级和资本家阶级之间的斗争能够先具有普遍的性质"。前者是前提中的前提,是"绝对必需的实际前提";后者也是需要在前者的基础上在世界各地普遍出现的重要前提。没有第一个前提,就不会出现第二个前提。这是问题的一个方面。此外,"随着资本主义生产力的巨大增长和高度发展人们的世界历史性的而不是地域性的存在同时已经是经验的存在了"。[①] 作者实际上是在这里说出了第三个前提,即工人阶级和资本家阶级的对立和斗争的普遍性存在已经不是在某一个或几个国家,而是在多数国家。这种存在,已经是世界历史性的存在,而不仅仅是区域性的存在了。所以,当马克思谈到俄国村社时,讲的是先让村社"消灭公有制",从而让一部分人先富裕起来,使大多数人都成为城市无产阶级。这就是使无产阶级和资产阶级的对立成为一种世界历史性的存在。而一部分人先富起来,需要的是生产力的巨大增长和高度发展这个前提条件。没有这个条件和前提,"那就只会有贫穷、极端贫困的普遍化;而在极端贫困的情况下,必须重新开始争取必需品的斗争,全部陈腐污浊的东西又要死灰复燃。"[②] 这就是列宁提出新经济政策和中国40年改革开放提出"贫穷不是社会主义"理论的基本实事依据。

另一方面,生产力的这种巨大增长和高度发展,也是人们建立世界性普遍交往的前提。从水上交通到蒸汽机车的出现,从飞机、轮船到电力机车的出现,从互联网到云计算,人类的全球性相互联系和相互交

---

① 《马克思恩格斯文集》第1卷,北京:人民出版社2009年版,第538页。
② 《马克思恩格斯文集》第1卷,北京:人民出版社2009年版,第538页。

往，到今天为止，已经到了前所未有的程度。正是这种发展和交往，打破了20世纪初出现的地域性共产主义阵营，促进了中国的改革开放。"使每一民族都依赖于其他民族的变革；最后，地域性的个人为世界历史性的、经验上普遍的个人所代替。"马克思恩格斯170多年前的话正在成为中国和世界的现实。而且，我们有幸目睹了改革开放之前出现的马克思恩格斯依据其唯物史观讲出的三个重大事实，即在生产力和人类交往没有达到一定水平的情况下，必然会出现的三种情况："（1）共产主义就只能作为某种地域性的东西而存在；（2）交往的力量本身就不可能发展成为一种普遍的因而是不堪忍受的力量；它们会依然处于地方的、笼罩着迷信气氛的"状态"；（3）交往的任何扩大都会消灭地域性的共产主义。"也正是依据这样的推断，经典作家得出的结论是："共产主义只有作为占统治地位的各民族'一下子'同时发生的行动，在经验上才是可能的，而这是以生产力的普遍发展和与此相联系的世界交往为前提的"。

我们曾经把这个理论当作是西方的"教条"，因为当列宁根据东方落后国家的现实，提出"一国首先取得胜利"的理论，并且使其成为东方的现实时，马克思恩格斯的理论一度受到了挑战。曹典顺教授在《唯物史观理论演进的研究范式》一文中明确表明，"唯物史观研究不应该是一个一经发现就被挖掘彻底的研究，它本质上是一个基于哲学性质敞开的动态性研究。"① 这就是说，马克思主义不是教条，它是根据不同的时间地点不断发展的理论。在经过了100多年的实践之后，我们又再次证实了马克思恩格斯理论的天才的预见性。如果列宁的新经济政策后来没有被只是作为一种临时的经济政策，如果中国的改革开放再提前30年，那么，世界性的社会运动历史或许会重新改写。马克思恩格斯讲的"世界历史性的和经验上普遍的个人"以及他们所期望的新社会也可能会更早地在现实中出现。100多年来的世界历史告诉我们，无产阶级在

---

① 曹典顺：《唯物史观理论演进的研究范式》，载《中国社会科学》，2019年第8期。

消灭资产阶级的同时，也消灭了它自身，其结果就是一个人数众多的强大的中产阶级的出现。因此，这不是一个由一无所有的"无产阶级"统治的时代①，而是一个"以人民为中心"的时代，正是这些"世界历史性的和经验上普遍的个人"才是真正的统治者和管理者。而这一切，都是以经济的巨大增长、高度发展和世界性普遍交往为前提的。这是马克思主义唯物史观的一个重要结论。

《唯物史观理论演进的研究范式》一文内容丰富、逻辑严密、论述透彻，具有很大的理论价值与创新性。一方面，曹典顺教授为我们重新理解马克思的唯物史观提供了一个崭新的视角，为中国化马克思主义的发展指出了崭新的方向。用曹典顺教授自己的话来表述，就是"本文的研究不是一个老生长谈式的就马克思思想演变来诠释马克思思想的老问题，它是一个由中国道路问题引发的新的哲学基础理论方面的问题"②。另一方面，这篇文章的独到之处在于认识到唯物史观不是一经发现就成为高山仰止的绝对真理，马克思本人从人类学方面也在不断丰富和完善，这就给21世纪马克思主义的发展留下了原创性理论空间，并获得了学术合法性。由此可见，《唯物史观理论演进的演进范式》一文的写作，既是中国道路与中国化马克思主义发展的需要，也是作者高度的理论自觉与强烈的使命感，"问题意识"与学术创新精神的结果。

（作者李惠斌系原中央编译局当代马克思主义研究所副所长；主要研究方向为马克思主义、经济理论及经济思想史、中国政治与国际政治）

---

① 有日本学者曾经建议将马克思的"无产阶级专政"概念改译为"无产阶级统治"。
② 曹典顺：《唯物史观理论演进的研究范式》，载《中国社会科学》，2019年第8期。

三

学术视点

"现实的个人"作为唯物史观的逻辑起点何以可能

贾丽民　宋叶恒

[摘　要] 唯物史观是马克思最伟大的发现之一,是指导我们认识人类社会历史发展规律的重要理论。在马克思看来,历史不是由超越现实的"神"创造的,也不是"绝对精神"的产物,更不是抽象的人所演绎出来的;历史是人民群众创造的,而人民群众是由处在一定社会生产关系中从事物质生产实践的"现实的个人"组成的。深入把握马克思将"现实的个人"作为唯物史观的逻辑起点,对于引导新时代青年更好地树立远大理想信念具有重要的现实意义。

[关键词] 唯物史观　现实的个人　新时代价值

恩格斯的《在马克思墓前的讲话》指出:"正像达尔文发现有机界的发展规律一样,马克思发现了人类历史的发展规律,即历来为繁芜丛杂的意识形态所掩盖着的一个简单事实;人们首先必须吃、喝、住、穿,然后才能从事政治、科学、艺术、宗教等等。"恩格斯不仅表达了对马克思发现唯物史观的充分肯定,也强调了"吃、喝、住、穿"的"现实的个人"在唯物史观中的重要地位,是唯物史观的逻辑起点。唯物史观是马克思主义理论具有持续不断生命力的重要理论生发点,在中国特色社会主义进入新时代的今天,从作为唯物史观逻辑起点的角度来把握"现实的个人"的时代价值,仍具有不可替代的历史地位。本文拟通过探讨马克思恩格斯何以将"现实的个人"作为唯物史观的逻辑起点,深入挖掘"现实的个人"由何而来、有何内涵,进而彰显"现实的个人"在新时代中国特色社会主义现代化建设中的现实价值。

一、何以要"现实的个人"作为唯物史观的逻辑起点

在马克思主义发现唯物史观之前,在考察历史发展的进程中,唯心史观占据重要地位。康德从"人是目的"的观点出发,在考察历史的问题上把人类历史解释为"从恶向善"、"从必然走向自由"的历史;而作为唯心史观的典型代表,黑格尔以"理性"、"精神"看作考察历史的唯一标准,认为"'理性'是万物的无限的内容,是万物的精华和真相"[1],"人""自然""万物"都是"绝对精神"的存在的表现形式,他把人类历史归结为由"理性"主宰的合乎规律的过程。费尔巴哈虽然是一个唯物主义者,但"当费尔巴哈是一个唯物主义者的时候,历史在他的视野之外;当他去探讨历史的时候,他不是一个唯物主义者。在他那里,唯物主义和历史是彼此完全脱离的"[2],所以费尔巴哈在考察历史时也未能真正站稳唯物主义的阵脚。而马克思和恩格斯认为,在考察历史的进程和发展中,只有明确了历史的主体是人,明确历史是由人创造的,是由人的物质生产实践活动推动的,才能去探索历史发展的脉络,即"任何历史记载都应当从这些自然基础以及它们在历史进程中由于人们的活动而发生的变更出发"[3]。

但何谓"人","人"是怎么创造历史,马克思"现实的个人"何以成为唯物史观的逻辑起点?"人"的概念在马克思创立唯物史观之前,

---

[1] 黑格尔:《历史哲学》,上海:上海书店出版社2006年版,第8页。
[2] 马克思、恩格斯:《德意志意识形态》,北京:人民出版社2018年版,第23页。
[3] 马克思、恩格斯:《德意志意识形态》,北京:人民出版社2018年版,第11页。

在唯心史观占据统治地位之时依旧是一个抽象的概念,例如唯心史观的哲学家用"上帝"、"神"、"精神"、"理性"等概念来解释历史一样,他们都难以触碰到历史发展的真正基础,漂浮在"天国"难以解开历史的谜题。马克思也指出"凡是在他们缺乏实证材料的地方,凡是在神学、政治和文学的谬论不能立足的地方,就没有任何历史,那里只有'史前时期'"[①],只有从历史的真正主体——"人"出发,从研究"人"真正推进历史发展的物质生产实践活动出发,将他们置于历史发展的不同时代之下,那种不同的生产力和生产关系的矛盾运动之中,才是结结实实落到"人间",立足于历史发展的物质基础上考察历史。

首先,在《德意志意识形态》中,马克思、恩格斯指出"所有的德国哲学批判家们都断言:观念、想法、概念迄今一直支配和决定着现实的人,现实世界是观念世界的产物"[②],而"历史可以从两方面来考察,可以把它划分为自然史和人类史。但这两个方面是不可分割的,只要有人存在,自然史和人类史就彼此相互制约"[③]。在此,马克思、恩格斯通过揭示"自然史"和"人类史"相互制约关系,指出现实的个人并不是受"观念、想法、概念"支配的产物,而是生活在自然中的人,是有自身作为人类创造自己历史的主体,即"我们开始要谈的前提不是任意提出的,不是教条,而是一些只有在臆想中才能撇开的现实前提。这是一些现实的个人,是他们的活动和他们的物质生活条件,包括他们已有的和由他们自己的活动创造出来的物质生活条件"[④]。

这是马克思和恩格斯对唯物史观逻辑起点的科学概括,不仅指出唯物史观是基于现实的前提来考察历史,而且明确指出这种考察现实的前提是"现实的个人",而不是超越现实的"上帝"和"神",不是黑格尔"理性"和"绝对精神"的产物,更不是非费尔巴哈设定的那种

---

① 马克思、恩格斯:《德意志意识形态》,北京:人民出版社2018年版,第24页。
② 马克思、恩格斯:《德意志意识形态》,北京:人民出版社2018年版,第4页。
③ 马克思、恩格斯:德意志意识形态》,北京:人民出版社2018年版,第10—11页。
④ 马克思、恩格斯:《德意志意识形态》,北京:人民出版社2018年版,第10—11页。

"德国人",即抽象的概念或是抽象的个人。

其次,通过"现实的个人"概念,马克思和恩格斯回答了唯物史观的基本问题即"不是意识决定生活,而是生活决定意识"①。在考察历史的阵营中,唯物史观与唯心史观在"生活"与"意识"何为第一性的问题上有本质的区别,黑格尔将人概括为"绝对精神"的存在,人的自由、自主活动被视为"绝对精神"发展的产物,现实世界和现实的个人被"绝对精神"所统治;青年黑格尔派也未能跳出唯心主义的泥潭,深陷其中的他们颠倒"生活"与"意识"的关系,以纯思想批判取代实际斗争。在《德意志意识形态》中,马克思和恩格斯"玩味地"提到"这里涉及的是一个有意义的事件:绝对精神的瓦解过程"②,同时批判地指出"意识在任何时候都只能是被意识到了的存在,而人们的存在就是他们的现实生活过程。"③ 在此,马克思以明确态度表达他在认识世界和考察历史的阵脚,在他后来的研究中,在《〈政治经济学批判〉序言》更明确地阐释了社会存在对社会意识的决定作用,"物质生活的生产方式制约着整个社会生活、政治生活和精神生活的过程。不是人们的意识决定人们的存在,相反,是人们的社会存在决定人们的意识。"④ 这一理论的提出不仅解决了社会历史观的基本问题,指明了唯物史观与唯心史观的根本分歧所在,同时彻底宣告唯心史观的破产,"这个原理的最初结论就给唯心主义,甚至最隐蔽的唯心主义当头一棒。关于一切历史的东西的全部传统的和习惯的观点都被这个原理否定了。"⑤

最后,通过"现实的个人"概念,马克思和恩格斯揭示了人类历史发展的基本规律,即首次揭示了生产力与生产关系的矛盾运动,并强调生产力作为第一性对生产关系的决定作用。在唯物史观的研究中,马克

---

① 马克思、恩格斯:《德意志意识形态》,北京:人民出版社2018年版,第17页。
② 马克思、恩格斯:《德意志意识形态》,北京:人民出版社2018年版,第7页。
③ 马克思、恩格斯:《德意志意识形态》,北京:人民出版社2018年版,第17页。
④ 《马克思恩格斯文集》第2卷,北京:人民出版社2009年版,第591页。
⑤ 《马克思恩格斯文集》第2卷,北京:人民出版社2009年版,第598页。

思和恩格斯指出"人们之间一开始就有一种物质的联系。这种联系是由需要和生产方式决定的,它和人本身有同样长久的历史;这种联系不断采取新的形式,因而就表现为'历史',它不需要用任何政治的或宗教的呓语特意把人们维系在一起"①。即在人类社会历史的发展进程中,"现实的个人"总是与一定的生产力与生产关系相联系的,任何一种社会历史形态和各个社会历史形态的更替都离不开生产力与生产关系的相互作用,但由于历史时期的特殊性,在《德意志意识形态》中,"生产关系"一词的使用往往被替换为"交往"、"交往形式"、"交往关系"等术语。马克思和恩格斯在文中指出"生产力与交往形式的关系就是交往形式与个人的行动或活动的关系"②,在此基础上进一步指出"只有随着生产力的这种普遍发展,人们的普遍交往才能建立起来"③,"各种交往形式的联系就在于:已经成为桎梏的旧交往形式被适应于比较发达的生产力……新的交往形式又会成为桎梏,然后又为另一种交往形式所代替"。④ 在此,马克思和恩格斯明确指出了生产力对"交往形式"的制约作用,同时指出之前与生产力的发展相适应的"交往形式"会随着生产力的发展而变为阻碍,进而必须由新的、适合发展了的生产力的"交往形式"来替代。所以,马克思和恩格斯从"现实的个人"出发,阐述了唯物史观中重要的一对矛盾,一对推动人类社会发展的矛盾运动,即生产力决定生产关系,生产关系反作用于生产力,为后来的哲学家和经济学家更好地研究人类社会历史发展提供了坚实理论基础。

马克思和恩格斯正是以"现实的个人"批判抽象的个人,批判"从天国降到人间"的德国哲学从那种"设想的"、"想象的东西"、"想象出来的人"出发来考察历史的方法,指明考察历史的出发点是"从事实际活动的"、"现实的"、"有生命"的个人,指出"从意识出发,把意

---

① 马克思、恩格斯:《德意志意识形态》,北京:人民出版社2018年版,第25页。
② 马克思、恩格斯:《德意志意识形态》,北京:人民出版社2018年版,第69页。
③ 马克思、恩格斯:《德意志意识形态》,北京:人民出版社2018年版,第31页。
④ 马克思、恩格斯:《德意志意识形态》,北京:人民出版社2018年版,第70页。

识看做有生命的个人"是与现实不符的，从"现实的、有生命的个人本身出发"才是符合现实的，由此进一步探索出社会历史观的基本问题，也是唯物史观与唯心史观最基本的理论差别，即"不是意识决定生活，而是生活决定意识"，并指出"我们谈的是一些没有任何前提的德国人……一切历史的第一个前提，这个前提是：人们为了能够'创造历史'，必须能够生活"①，将"现实的个人"置于受生产力和生产关系制约的现实生活中考察，置于实实在在的物质基础之上，成为唯物史观的逻辑起点。

二、"现实的个人"由何而来、内涵几何

何谓"人"，"人从何而来"，"人为何而来"？关于"人"概念的探索是很多哲学家们的重要课题，"现实的个人"这一概念并不是从一开始就有的，神学家们将人看作上帝的作品；黑格尔将"绝对精神"看成"人"的存在方式，将人看作"精神的产物"；费尔巴哈则将人设定为"德国人"，将人视为"感性对象"，就像马克思所言，黑格尔"没有从那些使人们成为现在样子的周围生活条件来观察人们"②。

作为唯物史观逻辑起点的"现实的个人"这一概念则是马克思长期以来探索的成果。在马克思的博士论文《论德谟克里特的自然哲学与伊壁鸠鲁的自然哲学的差别》中，马克思就开始了对"原子式的个人"的探索，马克思在讨论自然哲学中认为直线运动的原子并非真正意义上的原子，原子偏离直线的运动是对自由的肯定也是对必然的反抗，个人就像原子拥有自由意识一样拥有自我意识。在随后的《黑格尔法哲学批判导言》中马克思批判了"宗教的、僧侣式的人"，指出那种由宗教创造的人是脱离现实的人，"人不是抽象的蛰居于世界之外的存在物，人就

---

① 马克思、恩格斯：《德意志意识形态》，北京：人民出版社2018年版，第23页。
② 马克思、恩格斯：《德意志意识形态》，北京：人民出版社2018年版，第22页。

是人的世界，就是国家，社会"①，是"人创造了宗教"。在《论犹太人问题》中，马克思进一步指出"现实的人只有以利己的个体形式出现才可以予以承认，真正的人只有以抽象的 citoyen［公民］形式出现才可以予以承认"②，在此处，马克思随后明确指出"只有当现实的个人把抽象的公民复归于自身，并且作为个人，在自己的经验生活、自己的个人劳动、自己的个人关系中间，成为类存在物的时候……人类解放才能完成。"③ 所以此处马克思进一步论述人既是"市民的"又是"公民的"人。随着马克思对"人"的概念的研究深入，同时受费尔巴哈"类"思想的影响，马克思在《1844年经济学哲学手稿》中提出"人是类存在物"的思想，"正是在改造对象世界的过程中，人才真正地证明自己是类存在物"④，即在费尔巴哈把人与动物用"自我意识"区别开来的基础上，马克思指出了人是作为"有意识的类存在物"，虽然人和动物一样都依靠自然界生活，都是自然界的一部分，但人与动物的最大区别是人有意识，人的活动是有意识的创造性活动，人可以"通过实践创造对象世界，改造无机界"来证明自己是"有意识的类存在物"。尽管马克思在文中通过考察劳动和异化劳动，试图从实践的角度来规定"人"的概念，强调人的"类本质"、"类生活"、"类存在"，但此处的"人"和"类"依旧是一种抽象的概念，还未达到"现实的个人"的高度，人的本质也还未真正体现。

正因如此，马克思和恩格斯在《德意志意识形态》中对"人"的探索日渐成熟，不仅系统阐述"现实的个人"的概念，同时将其作为逻辑起点，为其探索历史发展规律提供重要理论支撑。文中指出"我们开始要谈的前提不是任意提出的，不是教条，而是一些只有在臆想中才能撇开的现实前提。这是一些现实的个人，是他们的活动和他们的物质生活

---

① 《马克思恩格斯选集》第1卷，北京：人民出版社2012年版，第1页。
② 《马克思恩格斯全集》第3卷，北京：人民出版社2002年版，第216页。
③ 《马克思恩格斯全集》第3卷，北京：人民出版社2002年版，第217页。
④ 马克思：《1844年经济学哲学手稿》，北京：人民出版社2018年版，第54页。

条件，包括他们已有的和由他们自己的活动创造出来的物质生活条件。"依照这段总结性的论述，《德意志意识形态》中马克思和恩格斯对"现实的个人"包含如下几方面的规定：

第一，"现实的个人"是具体存在的人。所谓具体存在的个人就是人是实实在在存在于自然之中，自然界是人的"无机的身体"，人也是"自然的人"，是"有生命的个人"。一方面，区别于笛卡尔"我思故我在"以来的唯心主义哲学家们用"上帝、神"、"绝对精神"、"理性"等观念来解释人的产生和存在，马克思的目的不是建立一个绝对的体系，而是要认识人的现实生活历史过程，并从这一过程来解释人，说明人的活动。另一方面，区别于费尔巴哈"不戴哲学家的'眼镜'"所观察到的"德国人"，马克思和恩格斯指出，费尔巴哈所设定的"德国人"是抽象概念的人，他把人理解为感性的自然物，看作是"感性对象"，"他还从来没有看到现实存在着的、活动的人，而是停留于抽象的'人'，并且仅仅限于在感情范围内承认'现实的、单个的、肉体的人'"①。

第二，"现实的个人"是从事物质生产实践的人。虽然现实的个人和动物一样存在于自然界之中，受自然界的制约，但现实的个人是区别于动物的个人，"一当人开始生产自己的生活资料，即迈出由他们的肉体组织所决定的这一步的时候，人本身就开始把自己和动物区别开来"②，动物受制于自然界，根据自然条件选择自己的栖息场所，根据生存需要片面地"生产"自身肉体所需，而人所从事的物质生产实践是全面的，一方面，人不仅通过物质生产实践从自然中生产生存和肉体所需，还可以按照精神需要或"美的规律"进行生产实践，"个人生产自己的生活资料，同时间接地生产着自己物质生活本身"③，人的活动方式，也是人的生命的表现形式，更是人的生活方式。另一方面，人们根

---

① 马克思、恩格斯：《德意志意识形态》，北京：人民出版社2018年版，第22页。
② 马克思、恩格斯：《德意志意识形态》，北京：人民出版社2018年版，第11页。
③ 马克思、恩格斯：《德意志意识形态》，北京：人民出版社2018年版，第10页。

据自己思想、观念、认识进行物质生产实践，根据"美的规律"进行物质生产实践，而"人们的想象、思维、精神交往在这里还是人们物质行动的产物"，即人们的思想、观念、认识又是人们进行物质生产实践的产物。

第三，"现实的个人"是处于一定社会关系中的人。费尔巴哈看不到人与人之间除了"理想化的爱与友情"还存在其他关系，马克思在批判费尔巴哈抽象的个人，认为人是处在一定社会关系当中的，例如在《关于费尔巴哈的提纲》中，马克思在考察"现实性"问题和"人"时提出了一个重要命题，即"人的本质不是单个人所固有的抽象物，在其现实性上，它是一切社会关系的总和"①。无论是人们进行物质生产实践活动来生产生活和生存所需，还是人们进行语言和思想的交流，或是人类"繁殖"后代，现实的个人都不是孤立的存在，而总是处于一定的社会关系当中，正如《德意志意识形态》中所述"生命的生产，无论是通过劳动而生产自己的生命，还是通过生育而生产他人的生命，就立即表现为双重关系：一方面是自然关系，另一方面是社会关系"②，例如生产者与消费者、教师与学生、父母与子女等等。在此，在《关于费尔巴哈的提纲》中，马克思一方面批判黑格尔"孤立的人的个体"思想，另一方面也扬弃了关于"类"的相关概念，在《德意志意识形态》中提到"在这些个人中，类或人得到了发展，或者说这些个人发展了人；这种臆想，是对历史的莫大侮辱"③。在《德意志意识形态》后文有关社会关系和社会交往的论述中也不难找到马克思和恩格斯对"人的本质是一切社会关系的总和"的详细论述。

第四，"现实的个人"是处于一定阶级的个人。"个人隶属于一定阶级这一现象，在那个除了反对统治阶级以外不需要维护任何特殊的阶级利益的阶级形成之前，是不可能消灭的"，所以，"现实的个人"不仅处

---

① 《马克思恩格斯选集》第1卷，北京：人民出版社2012年版，第139页。
② 马克思、恩格斯：《德意志意识形态》，北京：人民出版社2018年版，第25页。
③ 《马克思恩格斯选集》第1卷，北京：人民出版社2012年版，第171页。

于一定的社会关系之中，还在阶级或存在阶级的社会中隶属于某个阶层或阶级。① 虽然，"统治阶级的思想在每一时代都是占统治地位的思想……支配着物质生产资料的阶级，同时也支配着精神生产资料，因此，那些没有精神生产资料的人的思想，一般地使隶属于这个阶级的"②，也就是说统治阶级在社会关系中不仅"作为思想的生产者进行统治"，而且这种思想的统治也就是以思想形式表现出来的物质的统治，调节着生产与物质分配，他们为达到自己的统治目的或是统治需要，把个人的利益幻想为社会全体成员的共同利益，"赋予自己的思想以普遍的形式，把他们描绘成唯一合乎理性的、有普遍意义的思想"。但是，"一定时代的革命思想的存在是以革命阶级为前提的"③，所谓真正的全体社会的共同利益是代表最广大人民群众的，社会的生产与物质分配在未来的每个人自由全面发展的共产主义社会里，是由社会来调节，所以，革命阶级是顺应社会发展需要而存在的，革命斗争也是必须的，每个人的自由解放必须摆脱统治阶级的奴役，必须消灭资本主义私有制，消灭在资本主义庇护下的异化劳动，正如马克思所言："革命之所以必须，不仅是因为没有任何其他办法能够推翻统治阶级，而且还因为推翻统治阶级的那个阶级，只有在革命中才能抛掉自己身上的一切陈旧的肮脏的东西。"④ 在此，马克思所说的"那个阶级"即是广大劳苦群众所组成的无产阶级，要摆脱被统治阶级剥削、压迫和无休止榨取剩余价值，"现实的个人"只有是像无产阶级那样通过革命来夺取政权，维护极大多数人民群众的利益而非少部分统治阶级的利益。所以，"现实的个人"也是代表最广大人民群众利益的个人。

第五，"现实的个人"是处于一定历史条件下发展着的人。这个历史条件是一些现实的东西，即生产力、社会交往形式等的总和，即"每

---

① 《马克思恩格斯文集》第 1 卷，北京：人民出版社 2009 年版，第 570 页。
② 马克思、恩格斯：《德意志意识形态》，北京：人民出版社 2018 年版，第 44 页。
③ 马克思、恩格斯：《德意志意识形态》，北京：人民出版社 2018 年版，第 45 页。
④ 马克思、恩格斯：《德意志意识形态》，北京：人民出版社 2018 年版，第 36 页。

个个人和每一代所遇到的现成的东西：生产力、资金和社会交往形式的总和"①，这个条件制约着每一个历史阶段的人，"这些条件在历史发展的每一阶段都是与同一时期的生产力发展相适应的，所以他们的历史同时也是发展着的、由每一个新的一代承受下来的生产力的历史，从而也使个人本身力量发展的历史"。所以，马克思和恩格斯在此指出了生产力发展的制约作用，也不否定在制约下的人的能动作用，唯物史观指出人是历史的创造者，是历史发展进程中的主体，"现实的个人"也是从事物质生产实践活动的人，人们总是根据自身需要和社会需要能动地进行生产活动，不断调整"交往形式"中不适合生产力发展的部分使其适合生产力的发展而顺应历史发展的趋势，创造着自己的历史，而非唯心史观的神创造历史、精神创造历史等混淆社会历史的主体等观点，即"这种历史观和唯心主义历史观不同，它不是在每个时代中寻找某种范畴，而是始终站在现实历史的基础上，不是从观念出发来解释实践，而是从物质实践出发来解释各种观念形态"②。同时马克思和恩格斯在阐述唯物史观时也指出"历史不外是各个世代的依次交替。每一代都利用以前各代遗留下来的材料、资金和生产力；由于这个缘故，每一代一方面在完全改变了的环境下继续从事所继承的活动，另一方面又通过完全改变了的活动来变更旧的环境"③。所以，无论是个人在劳动中创造属于自己的历史，还是一定的群体、阶级、民族的物质生产实践活动推进历史的演变，都是在当时的社会历史背景下进行的，"单个人的历史决不能脱离他以前的或同时代的个人历史"，因此，"现实的个人"也是历史的人。

---

① 马克思、恩格斯：《德意志意识形态》，北京：人民出版社2018年版，第38页。
② 马克思、恩格斯：《德意志意识形态》，北京：人民出版社2018年版，第37页。
③ 马克思、恩格斯：《德意志意识形态》，北京：人民出版社2018年版，第33页。

三、何以彰显"现实的个人"在新时代的现实价值

当今时代发生了巨大变迁,经济全球化使得社会化程度前所未有的普及和提高,人们的交往范围和欲求越来越得到扩展和显现,但是随着资本在全球范围内的流通和扩大,极端个人主义愈益流行,封闭、孤寂的情绪泛滥,很多人孜孜以求个体生命的得失,昧于世事,拙于交流,现实的个人面临着被弱化的风险。在这种情况下,建构马克思主义理论与当代实践的内在关联,既有其重要性又有其紧迫性。如何从马克思"现实的个人"角度出发去防范当代社会的功利化倾向,解决功利化问题,还要从矛盾的主要方面(内因)入手,即从"现实的个人"层面出发去处理,发挥理论的导向作用。

(一)现实的个人是从事物质生产实践的个人,新时代的人应该是奋斗的个人

马克思和恩格斯告诉我们:"这是一些现实的个人,是他们的活动和他们的物质生活条件,包括他们已有的和由他们自己的活动创造出来的物质生活条件。"① 所以,要破除当代社会功利化倾向,远离功利主义的侵害,就应该从"物质生产实践活动"出发去创造真正属于新时代的"物质生活条件"。

首先,要继承和发扬中华民族优秀传统,将奋斗思想内植于心。习近平总书记在新中国成立 70 周年讲话上指出:"中国的昨天已经写在人类的史册上,中国的今天正在亿万人民手中创造,中国的明天必将更加美好"②,实现中华民族伟大复兴的中国梦绝不是纸上谈兵,人民作为我们党领导和实现中华民族伟大复兴的依靠力量,绝不是飘忽不定、脚不沾地、信口开河的,而是应该努力奋斗的。"空谈误国,实干兴邦",作

---

① 《德意志意识形态》,北京:人民出版社 2018 年版,第 10—11 页。
② 《人民日报》,2019 年 10 月 2 日,第 02 版。

为"现实的个人"应该脚踏实地，用"实践"的奋斗去创造实现伟大复兴的中国梦所需的"物质生活条件"。习近平总书记在五四运动100周年大会上强调："今天，我们的生活条件好了，但奋斗精神一点都不能少，中国青年永久奋斗的好传统一点都不能丢。"[1] 在奋斗中，我们才能更清楚认识到现在生活的来之不易，才更深切能体会中国梦的责任所在，才能更坚强地去应对困难挫折来锻炼意志，改变贪图享乐，在各种不良"主义""思潮"面前"弱不禁风"的精神状态。

其次，要树立奋斗价值观，以价值引领奋斗。近些年来，社会上的奋斗意识逐渐薄弱，享受之风愈渐抬头。要想在全社会形成艰苦奋斗之风，一方面要端正我们的思想态度，通过学习、教育来提高思想认识，另一方面要注重"返璞归真、固本培元，重点突出坚定理想信念、践行根本宗旨、加强道德修养"[2]。使我们的奋斗精神不仅内化于心而且外化于行，以更加开阔的眼界和心胸，保持正确的价值观，自觉抵制奢靡腐朽的生活方式，永葆中华民族艰苦奋斗的优良传统。

最后，要增强奋斗本领，践之于行。党的十九大报告中指出："领导十三亿多人的社会主义大国，我们党既要政治过硬，也要本领高强。具体来说，就是要增强学习本领、政治领导本领、改革创新本领、科学发展本领、依法执政本领、群众工作本领、狠抓落实本领、驾驭风险本领等八大本领"。具备过硬的本领，是新时代奋斗的现实要求，也是我们能够在当代成为"现实的人"的实践基石。惟其如此，才能将我们对美好生活的向往变为美好生活的现实，将实现中国化民族伟大复兴的梦想变为实现伟大复兴的现实。

---

[1] 《人民日报》，2019年5月1日，第02版。

[2] 《习近平关于党的群众路线教育活动论述摘编》，北京：党建读物出版社2014年版，第43页。

（二）现实的个人是历史的创造者，新时代的人应该是有远大理想信念的个人

马克思一生都在批判资本主义，为实现共产主义而不断探索，伟大的马克思主义也是关于无产阶级解放、全人类解放和人的自由全面发展的学说，并且马克思所谈及的"现实的个人"是站在无产阶级立场上，代表劳苦大众，代表最广大人民根本利益的个人，所以，我们作为肩负实现伟大复兴中国梦的时代新人，应当有远大理想抱负。

首先，明晰树立怎样的理想信念，如何树立理想信念。邓小平曾强调："我们一定要经常教育我们的人民，尤其是我们的青年，要有理想。为什么我们过去能在非常困难的情况下奋斗出来，战胜千难万险使革命胜利呢？就是因为我们有理想，有马克思主义信念，有共产主义信念。我们干的是社会主义事业，最终目标是实现共产主义"①。习近平总书记也指出："实现共产主义是我们共产党人的最高理想，而这个最高理想是需要一代又一代人接力奋斗的"②。"新时代中国青年要树立对马克思主义的信仰、对中国特色社会主义的信念、对中华民族伟大复兴中国梦的信心，到人民群众中去，到新时代新天地中去，让理想信念在创业奋斗中升华，让青春在创新创造中闪光！"③ 所以，有坚定理想信念的人，才能在各种西方文化和价值理念的渗透中站稳马克思主义的信仰和共产主义信念的立场，才能在社会不良风气的影响下高举"以人民为中心"的旗帜维护广大人民群众的利益，才能在功利主义面前补足精神上的"钙"，将小我融大我。

其次，要勇于亮剑，同各种"思潮"、"主义"作斗争。欲筑室者先治其基。彻底的批判是马克思主义本质特征，马克思主义就是在同种种错误思潮的不竭斗争中开拓前进道路的。坚定理想信念的过程既是弘扬

---

① 《邓小平文选》第三卷，北京：人民出版社1993年版，第110页。
② 《习近平谈治国理政》第2卷，北京：外文出版社2017年版，第142—143页。
③ 《人民日报》，2019年5月1日，第02版。

主旋律、传播正能量的过程,也是批判、抵御乃至铲除各种反动、腐朽、落后思想的过程。不破不立,不塞不流。错误的思想和思潮如果不批透批倒,马克思主义就不可能立住立牢。因此,我们必须敢于斗争、能够斗争,增强斗争精神,牢固斗争力量。

最后,更新理想信念教育的内容、拓宽理想信念教育途径。一方面,要创新大学生理想信念教育中"中国梦"的教育内容,明晰"中国梦"的历史演变和意义,阐释"中国梦"的内涵与特征,让人们从宏观上了解自己的努力方向,阐释实现"中国梦"需要国家、社会、民族怎么努力奋斗,朝着什么样的方向去努力奋斗。另一方面要改进理想信念教育方式,利用互联网、多媒体、新媒体等新兴事物,搭建新型宣传教育平台,以润物细无声的形式将理想信念融入人们的社会生活的方方面面。

(三)现实的个人是处于一定历史条件下、一定社会关系中的个人,新时代的人应该是自觉践行社会主义核心价值观的个人

在"谁创造历史"的争论中,在群众史观与英雄史观的对立中,马克思和恩格斯站在了群众史观的这一边,并在不断研究探索中创立了唯物史观,而"现实的个人"不仅是唯物史观的逻辑起点,在其本质上是"一切社会关系的总和"。

首先,牢记并践行中国特色社会主义核心价值观是我们的使命所在。习近平总书记指出"每一代青年都有自己的际遇和机缘,都要在自己所处的时代条件下谋划人生、创造历史"①,当代我们作为处在新时代历史条件下,处在中国特色社会主义的社会中的"现实的个人",部分人群却意识不到自己所处时代肩负的责任,崇尚拜金主义、个人主义、享乐主义,甚至为了金钱置国家利益于不顾。"每个时代都有每个时代的精神,每个时代都有每个时代的价值观念,国有四维,礼义廉耻,

---

① 《习近平谈治国理政》第 1 卷,北京:外文出版社 2017 年版,第 167 页。

'四维不张,国乃灭亡'。"① 当代我们走在中国特色社会主义的道路上,本就应该牢记并践行中国特色社会主义核心价值观,"青年的价值取向决定了未来整个社会的价值取向,而青年又处在价值观的形成和确立时期……这就像穿衣服扣扣子一样,如果第一粒扣子扣错了,剩余的扣子都会扣错。"② 所以,当代的人要想面对当代各种鱼龙混杂的社会思潮和泥沙俱下的社会不良现象,要想在人生和情感的挫折、失败、迷茫中寻求方向,就必须认识到践行中国特色社会主义核心价值观。

其次,"爱国、敬业、诚信、友善"是对全体公民的价值要求。只有"爱国",才能拿稳个人利益与国家利益、社会利益以及集体利益和人民利益的称杆,而不是唯物质至上,唯金钱至上,唯个人利益至上;只有"敬业",才能在学习中"下得苦功夫,求得真学问",而不是深陷功利主义泥潭;只有"诚信",才能在崇德修身中迈出关键一步,而不是两面三刀,与人交往只为个人利益;只有"友善",才能体会与人为善、乐于奉献、勤于分享的乐趣,而不是守住仅有的点点"物质"和"精神"金库。社会主义核心价值观使我们从思想理论,实践,社会制度到价值层面,进一步发展了对中国特色社会主义的认识,只有把社会主义核心价值观作为一项具有基本内在性和有针对性的规范性的重大任务,才能实现它,才能增强人们的道路自信心,理论上的自信心,制度上的自信心和文化自信心,确保中国特色社会主义始终朝着正确的方向前进,不断展现出更强大的生命力。

(作者贾丽民系天津师范大学马克思主义学院教授、博导,主要研究方向为马克思主义基本原理;作者宋叶恒系天津师范大学马克思主义学院硕士研究生,主要研究方向为马克思主义中国化)

---

① 《习近平谈治国理政》第 1 卷,北京:外文出版社 2017 年版,第 168 页。
② 《习近平谈治国理政》第 1 卷,北京:外文出版社 2017 年版,第 172 页。

马克思思想的整体性及其内在张力[*]

——基于行动辩护的视角

刘 李

[摘 要] 马克思思想的整体性问题是一个重大且引发诸多争议的基本理论问题，基于行动辩护的视角，我们能够以新的方式显现马克思思想的整体性及其根本的内在张力。在这一视角上，马克思思想呈现为一种庞大的辩护体系，这一体系将诸种多元歧异的思想要素、立场、观点、态度统合为一个充满张力的思想整体，其中，认知性立场与规范性立场的对立统一最为根本。这一新的视角有助于我们从行动辩护的角度重新理解马克思思想发展的动力和逻辑；有助于我们重新确证马克思主义作为实践哲学的理论本性，并使唯物史观从一种唯科学主义的解释模式中解放出来。

[关键词] 行动辩护 认知性立场 规范性立场 整体性

唯物史观在马克思思想中的重要性不言而喻。作为一个有机整体的唯物史观当然经历了一个发展过程，这一过程一直都是马克思主义哲学

---

[*] 国家社会科学基金重大项目"改革开放以来中国特色社会主义的发展逻辑"（17ZDA003）阶段性成果；2011 计划"公民道德与社会风尚"协同创新中心资助计划阶段性成果。

史或思想史研究的一个基本主题。国内学界关于这一主题的最新研究成果是曹典顺教授发表于《中国社会科学》2019年第8期上的《唯物史观理论演进的研究范式》一文。①该文基于范式理论认为：唯物史观的发展经历了三个阶段，它们各自对应三种不同的研究范式，分别是哲学批判范式、政治经济学批判范式、人类学研究范式；三种研究范式各自包含一个核心性理论任务，它们分别是："以唯物史观应该发现人类社会发展的一般规律'是什么'作为理论追求"、"以唯物史观应该展现出自己'为什么'能够把为社会实践服务作为其理论生命"、"以唯物史观应该'怎么是'在世界历史中得以实现其理论使命"的问题。②在我们看来，这一成果具有重要的创新意义，无论从深度、广度都表征着当代中国马克思哲学研究的新水平、新高度。它集中表现在：该文运用新的理论工具（范式理论）从历史发展的角度重构了马克思思想的整体性，并揭示了，这种整体性乃是（作为理论范式的）结构性与结构转换之连续性的统一。这种分析整合了共时性分析与历时性分析，对马克思思想的整体性及其历史建构给出了更加复杂精致、更加系统和有说服力的阐释，彰显了马克思哲学的本质精神。

马克思思想的整体性问题一直是具有重大理论与现实意义但又存在很多争议的基本问题，比如"两个马克思"之类的看法就代表了在此问题上的怀疑论观点。曹典顺教授的论文在正面重构马克思思想整体性的同时，也间接但有力地回应了此类怀疑论，极富特色和创见，因此具有重要的理论价值和实践价值。曹典顺教授是我国马克思主义哲学研究领域的知名专家学者，其思想深刻，见解独到，高屋建瓴，给人以极大启示。受到曹典顺教授上述研究的启示，本文也尝试从一个新的视角，即行动辩护的视角来理解马克思思想的整体性及其内在张力。本文不拟具

---

① 参见曹典顺：《唯物史观理论演进的研究范式》，载《中国社会科学》，2009年第8期。

② 参见曹典顺：《唯物史观理论演进的研究范式》，载《中国社会科学》，2009年第8期。

体分析马克思所作的行动辩护,而是着力阐明行动辩护的观念及其在马克思思想中的轴心地位,并基于行动辩护的视角将认知性立场和态度与规范性立场和态度视为支撑起马克思思想整体性的两根支柱,将两者间的张力视为马克思思想内在的根本张力。与曹典顺教授更为宏大的阐述不同,本文仅是基于一个特定视角呈现马克思思想整体的一个抽象的逻辑"侧影"。

一、行动辩护的观念

我们首先阐释行动辩护的观念。我们借鉴哈特和罗尔斯在"观念(conceptions)"和"概念(concepts)"间的区分,将辩护的观念区别于辩护的概念,后者是这个术语的定义,而前者则要宏大深入得多,它是一个包含了诸多预设、蕴涵和承诺的思想结构。①

首先,行动辩护的观念预设了行动、行动者及其能动性的观念。这一点不言而喻,没有行动,就没有对行动或行动吁求的辩护,不预设行动者的能动性、自主选择的能力、某种意义上的意志和行动自由,逻辑上就无法对行动者发出任何规定性的行动要求,就没有给出行动理由的必要和可能性,就没有也不需要有行动辩护。

其次,行为辩护的观念蕴涵了实践理性的观念,实质上,两者的关系是内在的、概念性的关系。辩护展现为或能够重构为一种系统的实践推理过程,通过推理达到作为终点的行动或关于应当这样行动的信念,就是对这种行动的辩护,同时构成行动者如此行动的合理或正当理由。一般来说,实践推理的典型模式包括两种,即目的—手段模式和规则—示例模式,每一种模式都可以不断扩展为一个系统完备的论证体系。两者的共同之处在于,大前提通常都是包含普遍性或一般性规范性的命

---

① 参见罗尔斯:《政治自由主义》,万俊人译,南京:译林出版社2011年版,第13页。

题,小前提则是包含行动具体情境知识的命题。① 实践推理中的理性不仅表现为推理活动,还表现为对大前提中的规范性内容的确立和小前提中事实内容的把握,以及对大、小前提之适切性的把握。

实践理性还表现为对其他同样具有理性的人的承认和尊重,这种承认和尊重在表现为道德和政治意义上的尊重之前,已经包含在语言使用的最基本规范中了。就如康德所言,理性运用的规则除了自己思维之外,还包括同时从他人的或普遍的立场去思维和一致性地思维。前者已经蕴涵或预设了所有有理性存在者的平等和相互尊重,而后者也是通过诉诸作为"公器"的逻辑间接表达了对其他有理性者的承认。

行动辩护的观念同样本质性地关联着这种意义上的实践理性观念,辩护必然承诺了对其他有理性者的承认和尊重,后者又表现在约束辩护活动的很多规则(比如真诚的要求)中,也正是这些规则,使得辩护区别于威胁、谎言、思想操控等,同时也使得探讨辩护的"真"与"客观性"成为可能,使得理解辩护的内在视角(从辩护内部来看它,或独立于某种外部视角来理解它)获得存在的权利,甚至是理解上的优先权。

再次,行动辩护的观念蕴含着事实(或关于事实的信念)与价值(或规范)的分离以及在辩护结构中的统一。在这里,我们不是从任何形而上学或认识论视角理解和规定这里的事实与价值及其关系,而是从形式逻辑推理规则的角度来理解和规定两者的关系。从这一视角上,事实与价值的分离是指在"是"与"应是"之间存在一道逻辑鸿沟,无法从"是"推出"应是"。对此,黑尔所作的更加规范和精确的表达是:"如果一组前提中不包含至少一个祈使句,则我们不能从这组前提中有效地引出任何祈使句结论。"② 在黑尔看来,这里的推理规则对道德判断同样有效。

在表现为实践推理的行动辩护中,最终的结论是关于如何应当行动

---

① 参见徐向东编:《实践理性》,徐向东等译,杭州:浙江大学出版社2010年版,第96—112页。

② 黑尔:《道德语言》,万俊人译,北京:商务印书馆1999年版,第30页。

的信念,因而,在推理的前提中,一定包含价值或规范性的命题,另一方面,这种最终的行动信念又必然是在某个具体处境中的具体行动者如何行动的信念,因而,在前提集中必然存在包含关于处境和行动者具体信息的事实命题。这两类命题具有不同的逻辑特征,并在逻辑上分立,但又必然共处于一个实践推理或辩护结构中,并在共同推导出一个实践结论的意义上统一在一起。

从次,辩护的观念预设了理由的观念和主观视角。行动辩护实质上就是给出行动的正当或合理理由。一方面,行动理由内在关联着价值或规范,一个正当或合理的行动理由乃是一种基于价值或规范的理由,合理性或正当性分别蕴含在价值和规范中;另一方面,理由关联着事实。像拉兹所说的,"我们通常认为,行动理由是在一定条件成立时一个人实施一个行动的理由"。[①] 显然,这里的"条件"是事实性的,但这里的事实是与特定价值或规范相关的、后者可以适用其上的事实。正是依赖与价值、规范与事实的适配,行动理由才被生产出来,从而,理由的结构必然包含这两个方面,显然,这个结构对应着实践推理的结构。

在理由,从而也是在行动辩护的观念中,包含着个体行动者的主观视角。理由首先是行动者实施某种行为的理由;行为者需要一个理由这一点首先是在行动者视角上呈现出一种必要性,这种必要性首先是对行动者而言的必要性;正是由于行动者可以为自己的行动提出一种理由,行动者才作为行动者而存在,他的活动才成为行动。仅仅基于一种客观的视角,这些基本事实就无法呈现。这里的客观视角是指外在于行动者及其主观世界,并将行动和主观世界都置于一种客观的、事实性的因果关系网络中的视角。

主观的视角对于行动辩护的观念而言不可偏废,这一点还有更深刻的原因,即没有这种主观视角,不仅理由的观念无法成立,行动、行动者、能动性和自由的观念也无法成立。如果仅仅从一个外部的、客观的

[①] 拉兹:《实践理性与规范》,朱学平译,北京:中国法制出版社2011年版,第6页。

视角来看待人类行为，尤其是我们依据经验科学的客观性观念和认识原则来看待时，全部主观的领域就可能成为一种幻象，或被消解在必然性支配的因果关系网络中，它或者将不存在，或者完全丧失存在的独立性。一般来说，在这样的视域中，能动性和意志自由的观念将会瓦解，从而，行动和行动者的观念也将瓦解，进而理由和责任的观念也将瓦解，我们关于行动的辩护当然也无从谈起。

但需要强调的是，我们通常还在另外一种意义上谈论主观立场与客观立场，这种意义的主观和客观分别指私己性立场和他人的、普遍的或中立的立场，而理由和行动辩护的观念则包含着这种意义的主观和客观立场及其统一。我们看到，理由所基于的价值和规范的客观性与普遍性、对相关事实及其与价值或规范之适配性的认定、理性的有效性和权威性等，都是基于这种意义上的客观立场才能被构成和得到保障。但我们同时看到，客观和普遍的价值、规范和客观存在的事实并不自动产生一种行动理由，它们必须在一个主观的、私己性的领域中被行动者所承认和接受、必须在那个领域转化为行动者关于应当如何行动的信念与要如此行动的意志时，理由，进而一个合理或正当的行为才可能产生出来。因此，这种意义上的主观与客观立场必然统一在理由观念和行动辩护的观念中，从而，这两种观念既存在一个主观的维度，也存在一个客观的维度。当然，也因此，理由空间中充满一种张力，即客观的规范性要求与主观意志间的张力。

最后，行动辩护的观念承诺了关于理性、价值和规范的内在观点，依据这种观点，理性的权威性、价值与规范的客观性和有效性得到承认。这并不意味着理性在行动辩护中的任何具体运用或任何具体价值和规范的客观性、普遍性都不受怀疑，而是指任何怀疑、修正都应是内在的，而不是外在的，这种内在的怀疑并非怀疑理性的权威或规范的客观性本身，而是怀疑理性的某种具体运用或特定价值和规范的客观性、有效性。相反，一种外在的观点通常在一个更大的、并常常是自然主义的参照系中考查理性、价值、规范的来源、功能、限度等，这样的透视方式通常很自然地导向关于理性、价值、规范的语境论、外在怀疑主义、相对主义观点，导向关于它们的自然主义还原论，但显然，这类观点通常破坏行动辩护，甚至瓦解行动辩护的观念。

包含在行动辩护观念之中的对行动者及其能动性与自由的预设、主观的视角、内在观点、理性的权威性、价值和规范的客观性、对其他理性创造者的承认和尊重以及体现承认与尊重的诸种规则，实质上独立于形而上学与认识论。它们固然可以通过某种形而上学或认识论得到奠基或加固，但在我们看来，它们实质上是我们为了进行行动辩护这种语言游戏所必然预设的东西，是被嵌入这种语言游戏的规则中与之融为一体的东西，因而，即便支持它们的形而上学或认识基础不被或不再被接受，只要我们希望进行这种语言游戏，我们都仍然必须认其为真，或认其有效。

二、基于行动辩护视角透视马克思思想的根据

当我们基于行动辩护的视角来看马克思思想整体时，它显现为一种庞大的辩护体系。这种说法并不意味着它作为一种辩护体系主要依赖于辩护的视角，而是说，这种透视方式之合理性的根据在马克思思想自身，是它的根本特征决定了我们需要从行动辩护的视角呈现它作为辩护体系的实质。这个特征是指：革命对马克思思想的根本重要性。

众所周知，在《在马克思墓前的讲话》中，恩格斯说："马克思首先是一个革命家。他毕生的真正使命，就是以这种或那种方式参加推翻资本主义社会及其所建立的国家设施的事业，参加现代无产阶级的解放事业，正是他第一次使现代无产阶级意识到自身的地位和需要，意识到自身解放的条件。斗争是他的生命要素。"① 塔克同样说："马克思作为理论家首先是一个革命理论家。革命观是马克思理论结构的基

---

① 《马克思恩格斯选集》第 3 卷，北京：人民出版社 2012 年版，第 1003 页。

本原理。……马克思主义本质上是革命理论和革命纲领。"① 无可置疑，革命构成马克思思想的根本指向，这一思想发展的最深刻动力在于为革命提供正当性或合理性辩护，在这种辩护中同时包含对革命的可能性、条件、必要性、必然性的说明。

革命作为马克思思想的最终指归，这一点决定了能够并应当基于行动辩护的视角来理解它。它可以并应当作为一种辩护体系来理解，它的整体性实质上是辩护体系所具有的那种整体性，它内部的各种张力实质上是一种辩护结构的各种要素之间的张力。

相比于其他思想家，马克思思想具有的一个重要特征是异质多元性，这里的异质多元性是指，其思想中包含了多种相互歧异的思想要素、维度、视角、立场、观点，在这些相互歧异的思想中，具有根本重要性的是认识与批判、事实与价值、认知性立场和态度与规范性立场和态度间的歧异。这不是偶然的，我们有理由追问：出于何种重大而根本的理论需要，马克思需要把这些多元歧异的思想要素纳入一个思想整体？我们的解释是，出于革命辩护的根本需要。正是这种需要决定了马克思需要在其思想中同时容纳这些思想要素。我们以事实与价值的歧异及其在马克思思想中的必然统一为例，说明这一点。

我们看到，事实与价值之间的歧异根源于我们看待事物的两种视角、立场、态度（即认知性的态度与评价性或规范性态度）的歧异，两种立场、视角、态度各自预设、蕴涵、承诺了不同的关于对象的形而上学的、认识论或解释学、方法论信念，并各成体系。在某种目的论解释原则的支配下，这种歧异产生的冲突还可得到缓解，但近代以来，以物理科学为典范的自然科学的认识方式深刻破坏了道德规范性立场借以确立自身的那些预设和承诺，从而破坏了规范性要求（尤其是关于人类行为的道德要求）的客观性和权利。我们知道，康德最先深刻意识到这种根本性威胁，回应这种威胁构成康德哲学根本的理论动力，在实践哲学

---

① 革塔克：《马克思主义革命观》，高岸起译，北京：人民出版社2012年版，第26页。

的领域中，他力图通过保障自由的可能性（借助于两种视角理论）来保障规范性要求的实在性和有效性，在历史哲学的层面，他通过恢复一种目的论解释来协调自由与自然。此后的李凯尔特、狄尔泰、胡塞尔、伽达默尔，直至海德格尔，均将回应这种威胁视为其哲学的一个根本任务，或至少是一个重要任务。他们或者通过划界的方式来解决问题（这种方式通过划定科学解释运用的领域来对之进行限制，为自由和精神留出地盘），或者通过现象学的构成分析，通过显现生活世界的原初和根本性，使科学态度本身成为相对和派生性的，进而限定它运用的范围与权利。但在行动辩护的领域，或任何一种最终要对人类行为发出规范性要求的实践哲学领域，仅仅做这样的限制都是无法根本解决问题，张力总是难以消解。

这两种立场、态度同时包含在马克思思想中，并同样根本。唯物史观首先表现为一种关于人类社会和历史的科学理论，这种科学理论当然以对认识对象的认知性立场和态度为前提。但我们还看到，全部社会和历史生活的事实同时基于规范性立场和视角被考察。在唯物史观中，认识扩展和延申到哪里，这种伦理学或规范性的维度也扩展和延伸到哪里，并且，认识上的要求和价值上的要求共同作为理论发展的动力。

我们需要追问，为何在唯物史观中同时包含了这两种立场和态度，从而唯物史观既表现为一种关于社会历史发展的认知性理论，又表现为一种关于人类自由或本质不断实现的规范性学说？逻辑上，这两种立场和态度都是相互独立的，它们各自的思想产物，如一种科学理论和一种规范伦理学，也是逻辑上相互独立的，没有任何逻辑或内在的必然性使它们结合进一个思想体系中，那么是什么原因使得这两个方面都不可偏废地交织于马克思思想中呢？我们的解释是，出于行动辩护，更具体地说，出于革命辩护的需要。正是行动辩护，才既需要考虑行动将在其中发生的情境之事实，又需要一种价值和规范性立场，并使两者统一于一个辩护结构中。这一结构所包含或指向的是一种新的、某种意义上的"高阶"问题，即涉及"谁应当如何行动"的问题。这种问题既区别于一个单纯的事实性问题，也区别于一个单纯的规范性问题，并且，对事实性问题和规范性问题的回答只是为了回答行动问题所做的必要准备。在马克思那里，根本而言，相比于知识与价值，行动更加根本和重要。行动的要求主导知识和价值的生产，知识和价值都不可能完全独立、孤立地发展自身，无论它们本身何等深刻和重要。它们必须同时被纳入一个以行动为中心的更宏大和根本的思想框架中。与之相应，行动辩护的要求比知识和价值各自孤立的要求更加根本和优先，后两者必须被统一于行动辩护的结构中，以服务于行动辩护的更高阶理论——实践问题的解答。

我们还看到，与上述立场、态度在马克思思想中的共存内在相关，关于行动、行动者的主观的、内部的视角与客观的、外部的视角在马克思思想中的共存。基于主观的视角，行动者具有一个主观的世界，具有促发行为的内在理由、动机，有能动性和选择自由，但基于外部的视角，这个内部世界和其中的心理力量、事件都被纳入一个客观的因果关系网络中，成为幻象或这一由某种客观必然性支配的关系之网上的结点。这两种观点相互歧异，但它们在唯物史观中各有其对应物，前者对应于实践的观点，后者对应于关于社会历史及其发展必然性的客观解释。

这种共存当然也可以通过其他方式得到说明，但如果我们从行动辩护的角度上看，它们都对革命或革命吁求的辩护具有不可或缺的作用。一种规定性的要求只有在蕴涵"能够"时才是有意义和可辩护的，而这种"能够"一方面是指主观上的"能够"，另一方面是指客观条件许可、支持意义上的"能够"。谈论主观的"能够"需要预设行动者的能动性，而对于行动者或行动的吁求者来说，关于事实的一种客观必然性观念对于确认后一种"能够"更是至关重要的，因为主观的"能够"是否真实有效归根结底还取决于客观的"能够"是否真实有效。在行动客观条件的认定中，缺乏客观必然性的观念就意味着承认根本无法确定客观的"能够"是否真实有效，进而意味着无法为行动吁求提出一种强有力的辩护。这样，我们就能理解：唯物史观既需要一个主观视角以保障行动者及其能动性，又需要一个外部的、客观的视角使行动将在其中发生的事实世界对行动者或行动的呼吁者来说是可以明确把握的，否则关于革命或革命呼吁的辩护就不是强有力的。

上述例子揭示了，当我们基于行动辩护的视角来看时，马克思思想多元歧异的思想要素的共存可以得到一种有说服力的解释，这显示了马克思思想中具有采纳这一视角的客观根据，也支持了采纳这一视角的合理性。实际上，辩护观念中包含的诸种预设和承诺都能在马克思思想中找到对应物。

三、行动辩护的视角上马克思思想的整体性及其根本张力

行动辩护的视角构成我们理解唯物史观的新的视角，在这一视角下，唯物史观的整体性及其内在张力都能获得一种新的理解。

首先，它使我们能够以行动辩护为轴心重构马克思思想的整体性。在这一视角上，行动辩护，即对特定行动或行动呼求的正当性、合理性的解释、对行动理由的说明，构成思想的轴心，思想体系的其他部分归根结底都是指向这一轴心的，诸多相互歧异的思想要素、态度、立场也是最终指向这个共同的轴心。

依据这种理解方式重构的马克思思想的整体性是在一个新的视角上呈现的新的整体性，它的基本结构是一种辩护体系所具有的那种结构，在行动辩护的观念中逻辑地包含着的那些预设和承诺都将作为这一新的整体性的思想要素。比如，它必然在自身同时包含一种认知性的立场和规范性的立场，并各自展开为一种系统的关于事实的理论和关于价值、规范的理论；在确立一种规范性立场的同时必定同时要承诺平等的价值和规范的普遍性要求；它必定要保留一种关于理性、价值、规范的内部观点，而不可能仅仅只有外部观点，或者，它必将对外部观点的运用进行限制；它必定要为行动者的能动性和自由留有余地；它必定要保留一

个主观的视角，使得谈论动机、意志、理由是可能和必要的；如此等等。由于所有这些思想要素都概念性或内在地包含在行动辩护的观念中，它们也必然包含在作为辩护体系的唯物史观或马克思思想整体中，根本性地参与构建并支撑起这个整体，并赋予它特定的结构形态和内部关系。这个基于辩护视角呈现的整体是很难通过其他不同理论视角完整呈现出来的。

其次，它使我们能够更深刻理解马克思思想的内在张力。基于这一视角，在马克思思想中，最根本的理论张力仍然是事实和价值之间的张力。马克思并没有将这一根本哲学难题作为自己的问题，但当以行动呼求、行动辩护为根本的思想旨归时，他必将面对这一难题，因为，行动辩护本身逻辑上就要求将这两种歧异的立场、态度、观点，以及它们各自蕴涵和承诺的思想整合到一个理论整体中，并同时把两者间的深刻张力带入这个整体。这种张力存在于所有实践哲学中，但在马克思那里，他的一些重要的理论观点又大大加剧了这种张力。限于篇幅，我们主要谈其中较为重要的一点，即关于理性、价值、规范的激进的外在观点。

唯物史观基于一种外在观点不仅产生出关于理性（既是理论理性也是实践理性）、价值、规范的自然主义、历史主义、相对主义解释，还产出了关于它们的一种深刻的怀疑论解释，众所周知，这主要是指关于道德的意识形态解释。但是，当唯物史观基于一种规范性的立场和态度时，就意味着它必然承诺或预设了（至少是它所接受的）价值或规范的客观性和有效性，承诺或预设关于价值和规范的内在观点，基于这种观点，它可以怀疑其他价值、规范或它们被设定、使用的方式，但不可能怀疑价值和规范性本身。同样，如同所有理论一样，唯物史观在认识、批判、辩护中的每一种断言都自然承诺了语言交往的理性规范，承诺了推理及其逻辑的有效性和权威性，承诺了理性作为内格尔意义上的"本然的观点"（last word）。这对于一种行动辩护当然是必要的，它是任何一种行动辩护都要承诺或预设的，或者，换一个角度说，它们是行动辩护这种语言游戏的最基本规则。

我们看到，根本上，正是关于道德的这种内在与外在观点的冲突，催生出"塔克—伍德问题"，这种问题表达了一种关于马克思规范性立场或道德观的怀疑论。在我们看来，这也是催生"两个马克思"这类观点的理论根源：正是这种深刻的冲突使关于马克思思想之融贯性的怀疑显得有根据，接下去，"拯救"马克思的方法就剩下两种，一种是存在两个马克思的观点，一种是非道德主义的马克思主义观，但显然，后者无法解释遍布马克思著作的道德评价性言论，因而无法作为一种有说服力的选项。在我们看来，这类观点所要付出的理论和现实代价太大了，基于行动辩护的视角，马克思思想的那一轴心将不复存在，马克思的思想整体不仅因此将被从理论上肢解，其根本的实践旨趣也无从谈起，因为这一改造世界、解放人类的宏伟实践旨趣是绝不可能仅仅依赖于一种单纯认知性的态度和认知成就或单纯的规范性伦理学来确立自身并得到实现。

事实与价值、认识与规范的张力或冲突并不仅仅是具有特定内容的特定事实与特定价值、规范的张力或冲突，而是以认知性立场为核心的观念群同以规范性立场为核心的观念群之间的张力与冲突，这张力与冲突可以在形而上学、认识论、解释学、方法论、逻辑学、语言使用的规则等不同方面表现出来，我们刚刚谈到的关于价值、规范、理性的两种观点的冲突只是两个观念群之冲突的一部分。除了这一部分，在唯物史观中，我们还看到，包含行动者及能动性观念的实践观念与关于社会历史的因果解释之间的张力；作为能动的实践者的人的观念与"作为生产关系总和"的"社会人"观念间的张力；微观层面上作为行动者的个体与宏观层面上作为历史主体的阶级之间的张力，或个体意向性与集体意向性间的张力；阶级立场的特殊性与规范性立场的中立性之间的张力；规范性立场预设的平等价值与社会固有的不平等间的张力；任何具体价值或规范性主张的历史性、相对性与价值和规范观念蕴涵的普遍性要求之间的张力；如此等等。

在不同的思想家那里，这种冲突的深度和广度通常取决于各自思想体系的深度和广度,比如,在马克思那里,与思想体系的宏大深邃相应,这种冲突也是深广的,它们在不同的层面上相互缠绕。冲突的剧烈程度通常取决于理论观念的具体内容,比如,在马克思那里,将阶级间的斗争关系视为基本关系,在阶级斗争的关系格局下将道德解释为幻象和阶级统治的工具,这种具体的理论观点就大大加剧了两种观念群之间的冲突。

我们不应当将这些张力和冲突视为一种理论缺陷。第一,这种张力产出于思想要素、立场、态度、观点间本就存在的歧异,在作为辩护体系的马克思思想中,它也是由行动辩护观念的逻辑结构所决定的;第二,关于事实与价值的每一种创造性的思想都通常以新的方式引发和加剧这种冲突,比如,当康德独立于经验确立根本的道德原则时,自由和自然的冲突就大大加剧了。马克思则通过对现实之认识上的革命性观点加剧了这种冲突。如同海尔布隆纳所说,"他发现了隐藏在历史表象之下的、之前未被发现的深层次现实",并首创了用以研究这一隐藏现实的考察模式,从而,"马克思的见解和方法结合在一起永久地改变了人们感知现实的方式"。① 而这同时深刻冲击了规范伦理学所预设的关于人、社会以及两者关系的诸种观念,亦对它的诸种承诺构成深刻的质疑,从而再次加剧了在认知性立场与道德规范性立场间本就存在的张力,并根本改变了两者之冲突—统一关系的思想格局。

这种张力的加剧是理论创新的产物,也是在新的水平上重建理论的内在融贯性和统一性的前提和契机。在今天,创新和发展马克思主义的一个前提是,把它看成充满各种张力的动态、开放的思想体系而不是封闭自足的体系。重要的不是匆忙掩盖着这些张力和冲突,比如,在冲突双方勉力建构一种辩证关系,也不是单纯为了理论融贯的目的匆忙割舍看似无法兼容的部分,而是仔细审视冲突的性质、深入分析冲突的根

---

① 罗伯特·L.海尔布隆纳:《马克思主义:赞成与反对》,马林梅译,北京:东方出版社2016年版,第2—3页。

源,并从中发现思想创新、发展的契机。正是因此,基于行动辩护的视角对马克思思想中那种根本性张力的呈现是有重要价值的。

(作者刘李系吉林大学哲学社会学院副教授;主要研究领域为马克思主义哲学、西方伦理学)

论马克思主义基本著作

刘德中

[摘 要] 马克思与马克思主义不能画等号,是马克思的不一定都是马克思主义的。马克思主义基本著作指马克思主义创始人与发展者(即举世公认的主要正统继承人)亲自写作并且公开发表的、在马克思主义传播中产生重要影响的主要著作和重要论文。马克思主义基本著作是马克思主义的"入门秘籍",是读者迅速掌握马克思主义的主要武器。马克思主义著作重要性的变化一定程度上是时代变化的反映。我们学习马克思主义不是为了卖弄学问,而是为了解决实际问题。创造性解决了重大现实问题就是发展了马克思主义。并不是马克思主义的书读得越多越能发展马克思主义。马克思主义已经成为今天中国文化中不可分割的元素。中国共产党人仍然在把马克思主义中国化推向前进,通过学习毛泽东思想在实质上同样可以掌握马克思主义,不要以为读马克思才是学习马克思主义。有了一定的理论基础,紧跟时代步伐,我们是可以通过习近平新时代中国特色社会主义思想复兴中国,进而完善全球治理体系。

[关键词] 马克思主义 基本著作 中国化

---

* 基金项目:国家社会科学基金重大项目"习近平总书记关于中国道路系列重要论述研究"(14ZDA003)。此文原载于《重庆社会科学》,2019年第5期。

产生这个想法已经很久了，现在想写出来是为了给马克思主义的爱好者与学习者提供一个参考。马克思主义理论宝库可以说是博大精深，如果钻牛角尖那样去学习，陷入几本难读的书中走不出来，是不可能掌握与运用马克思主义的。我们倡导的学习显然不是这样学究式的学习。不是读的马克思主义的书越多就越懂马克思主义，基本的书认真读、反复读，掌握了其思想精髓并且会在实际中运用，这才算真学、真懂马克思主义，这样学是可以事半功倍的。

一、马克思主义基本著作是"经典中的经典"

马克思与马克思主义不能画等号。是马克思的不一定都是马克思主义的，马克思那里没有的也可以是马克思主义的。

马克思主义基本著作指马克思主义创始人与发展者（即举世公认的主要正统继承人）亲自写作并且公开发表的、在马克思主义传播中产生重要影响的主要著作和重要论文。

这句话的基本内涵是：马克思主义基本著作是马克思、恩格斯与列宁、毛泽东的著作；举世公认的主要正统继承人的意思是有的人曾经认为是但后来遭到否定，有的人没有得到举世公认，而列宁与毛泽东在全世界是站得住的；是他们亲自写作、修改并且在生前公开发表的，后来的领导人和其他人起草的不算，他们去世后别人修改、发表的也不算；对于马克思主义传播的重要性是否为衡量基本著作的标准，与发表形式、字数多少关系不大。这些著作对于了解马克思主义是不可或缺的、不可替代的。

依据这个标准，再考虑解放思想、厚今薄古的原则，体现马克思主义改造世界的功能，笔者认为马克思主义基本著作包括18种。

（一）马克思主义创立者的基本著作

《共产党宣言》，是国际共产主义运动的第一个纲领性文献，是马克思主义、科学社会主义诞生的标志。按照恩格斯的说法，《共产党宣言》是"全部社会主义文献中传播最广和最具有国际性的著作，是从西伯利亚到加利福尼亚的千百万工人公认的共同纲领"①。

《资本论》第一卷，是整个《资本论》的基础部分，研究了资本的生产过程，分析了剩余价值的生产问题。第一卷于1867年9月14日出版。后两卷在马克思去世后，由恩格斯整理其遗稿，分别于1885年、1894年出版。虽然马克思、恩格斯的思想一致，但是仍然不能否认他们之间的差异。作为基础著作，这里只收第一卷。普通读者可以借此领略马克思主义的深奥。

《法兰西内战》分析了巴黎公社的发展过程和历史意义。巴黎公社"实质上是工人阶级的政府，是生产者阶级同占有者阶级斗争的结果，是终于发现的可以使劳动在经济上获得解放的政治形式"②。马克思在总结巴黎公社的经验时，实现了尊重历史发展的客观规律和群众的革命首创精神相统一，体现了他鲜明的无产阶级立场。马克思通过概括巴黎公社的历史经验发展了无产阶级革命和无产阶级专政学说，他断言，无产阶级革命必须首先打碎资产阶级国家机器。

《路德维希·费尔巴哈和德国古典哲学的终结》阐释了马克思主义哲学的基本原理，对哲学基本问题作出经典概括，提出了划分唯物主义和唯心主义的科学标准。

《反杜林论》第一次系统地阐发了马克思主义的三个主要组成部分，是一部深刻透彻的马克思主义百科全书。后来其中的部分章节被改编为《社会主义从空想到科学的发展》，被马克思称为"科学社会主义入门"，对普及马克思主义发挥了重要作用。

《家庭、私有制和国家的起源》第一次系统地探讨了人类社会的史前史，形成了马克思主义的社会发展史，揭示了私有制、阶级和国家的

---

① 《马克思恩格斯选集》第1卷，北京：人民出版社1995年版，第256页。
② 《马克思恩格斯选集》第3卷，北京：人民出版社1995年版，第59页

起源、发展及其消亡的规律。

（二）列宁主义的基本著作

列宁主义是帝国主义和无产阶级革命时代的马克思主义。《怎么办？》全面论述了建立无产阶级政党的思想，提出了著名的论断："只有以先进理论为指南的党，才能实现先进战士的作用。"[①]

《唯物主义和经验批判主义》在1909年5月由莫斯科"环节"出版社出版，先后被译为20多种文字。它提出了两条基本的认识路线；给哲学范畴"物质"下了一个经典的定义，考察了物质和意识的辩证关系，提出了辩证唯物主义认识论的3个重要结论，论证了真理的客观性，论证了绝对真理与相对真理的辩证关系；指出哲学是有党性的，唯物主义和唯心主义的斗争归根结底表现着现代社会中敌对阶级的思想倾向和理论体系；还指出辩证唯物主义和历史唯物主义是不可分割的整体。

《帝国主义是资本主义的最高阶段》出版于1917年9月，通常简称为《帝国主义论》，是科学社会主义发展到列宁主义阶段的重要标志。列宁把世界资本主义发展中的新的重大变化概括为帝国主义的5个基本经济特征，在对帝国主义基本经济特征进行分析的基础上，列宁指出："帝国主义是发展到垄断组织和金融资本的统治已经确立、资本输出具有突出意义、国际托拉斯开始瓜分世界、一些最大的资本主义国家已把世界全部领土瓜分完毕这一阶段的资本主义。"[②]

《国家与革命》于1917年出版，系统地阐述了马克思主义的国家学说，特别是无产阶级专政的学说，批判了第二国际机会主义的反动国家观，是列宁关于国家和法的学说方面的最重要的著作，是马克思主义关于国家与法的学说发展中的一个重要里程碑，对全世界无产阶级建立和

---

① 《列宁选集》第1卷，北京：人民出版社1995年版，第312页。
② 《列宁选集》第1卷，北京：人民出版社1995年版，第651页。

巩固自己的政权具有极其重要的指导意义。

《共产主义运动中的"左派"幼稚病》于1920年6月出版，列宁总结了俄国布尔什维克党的历史经验，阐述了马克思主义必须同各国革命实践相结合的原理、无产阶级革命和无产阶级专政的原理。该书着重批判了共产主义内部的"左"倾思潮，是研究马克思主义战略和策略的名著，是关于马克思主义党的学说的重要著作，指出了阶级、政党、领袖的关系。党取得成功的条件之一是它有着极严格的纪律，这种纪律是靠无产阶级先锋队的觉悟、它同广大劳动群众的密切联系和它的正确的政治领导来维持的。革命政党必须把原则的坚定性和策略的灵活性结合起来，在不牺牲原则的前提下可以利用敌人之间的一切矛盾，找到适当的妥协形式。

（三）《矛盾论》是马克思主义中国化的典范

毛泽东的著作对于中国读者阅读起来比上面的翻译图书要轻松一点，但是真正理解它并不容易。以下著作应该重点学习：《中国社会各阶级的分析》《中国的红色政权为什么能够存在？》《矛盾论》《论持久战》《新民主主义论》《论人民民主专政》《关于正确处理人民内部矛盾的问题》。

在毛泽东的著作中，《实践论》与《矛盾论》通常是相提并论的。笔者认为《矛盾论》更具有独创性，地位更加重要，它是中国传统概念推陈出新的典范，而且是最重要的方法论，以后发展为《关于正确处理人民内部矛盾的问题》，直到如今主要矛盾的变化都要到那里找依据。

2019年《求是》杂志第1期全文发表习近平总书记2015年1月23日在党的十八届中央政治局第二十次集体学习时的讲话《辩证唯物主义是中国共产党人的世界观和方法论》。习近平总书记在《在庆祝改革开放40周年大会上的讲话》中还指出：必须坚持辩证唯物主义和历史唯物主义世界观和方法论，正确处理改革发展稳定关系。

首先《求是》杂志发表这篇讲话的全文，表明中国共产党人对马克思主义哲学的高度重视。在党的十九大召开前，高级干部曾经认真学习了《矛盾论》。习近平总书记这篇讲话开头就说："毛泽东同志曾经说过，马克思主义有几门学问，但基础的东西是马克思主义哲学。他在革命战争年代写下的……《矛盾论》等著作……灵活运用了辩证唯物主义世界观和方法论，形成了具有鲜明中国特色的马克思主义哲学思想，为我们党掌握和运用辩证唯物主义树立了光辉典范。"① 在前进道路上，我们对《矛盾论》要常学常新。

《矛盾论》开宗明义地指出："事物的矛盾法则，即对立统一的法则，是唯物辩证法的最根本的法则。"② 列宁把这个法则称为辩证法的本质或辩证法的核心。《矛盾论》围绕这个法则弄清楚了许多哲学问题，如两种宇宙观、矛盾的普遍性、矛盾的特殊性、主要的矛盾和矛盾的主要方面、矛盾诸方面的同一性和斗争性、对抗在矛盾中的地位。真正懂得这些原理有助于破除教条主义和经验主义。我们研究矛盾必须注意矛盾和矛盾方面的主要和非主要的区别。习总书记指出："积极面对矛盾、解决矛盾，还要注意把握好主要矛盾和次要矛盾、矛盾的主要方面和次要方面的关系。"③

如果我们重温《矛盾论》仍停留于理解我国社会主要矛盾的变化，而没有意识到去研究矛盾主要方面的特点、去理解党内的新教条主义思想，那么我们可能还只是抓住了皮毛。深入学习《矛盾论》对于进一步解放思想、开拓前进具有重要意义。

"对于主要的矛盾和非主要的矛盾、主要的矛盾方面和非主要的矛盾方面的研究，成为革命政党正确地决定其政治上和军事上的战略战术方针的重要方法之一，是一切共产党人都应当注意的。"④ 党的十九大报告做出了我国社会主要矛盾发生变化的重大判断。这反映了时代和实践

---

① 《辩证唯物主义是中国共产党人的世界观和方法论》，载《求是》，2019年第1期。
② 《毛泽东选集》第1卷，北京：人民出版社1991年版，第299页。
③ 《辩证唯物主义是中国共产党人的世界观和方法论》，载《求是》，2019年第1期。
④ 《毛泽东选集》第1卷，北京：人民出版社1991年版，第326—327页。

的要求，我国经济总量已经稳居世界第二，许多方面已经出现严重的产能过剩，社会生产落后的状况已经得到根本改变。人民生活水平的提高已经不局限于物质文化需要，对于民主、法治、公平、正义、环境等方面的需要日益迫切。调结构成为满足人民需要的自觉安排，理论上必须反映这种变化。

"研究事物发展过程中的各个发展阶段上的矛盾的特殊性……必须从各个阶段中矛盾的各个方面去看。"① 社会主要矛盾在一定历史时期具有相对的稳定性，但是主要矛盾的主要方面是可以发生阶段性变化的。要解决好社会主要矛盾，就要深入研究当前主要矛盾的主要方面。主要矛盾的主要方面可以说是日益增长的物质财富同较大的分配差距之间的矛盾。改革开放以"患寡"为历史起点，而当前应该主要解决"患不均"的问题。"寡"是一定历史阶段上的必然，主要是生产能力的限制，不是政策的失误和治理的失败。在"寡"的前提下实行一定的平均政策正体现了社会主义制度保障公平的优越性。解决"不均"问题更要贯彻真正的社会主义原则，促进共同富裕。两极分化与社会主义格格不入，是社会不安定的根源，也是破坏环境的罪魁祸首。解决了这个矛盾，其他矛盾才能迎刃而解。

"党的十八大以来，党中央把贫困人口脱贫作为全面建成小康社会的底线任务和标志性指标，在全国范围全面打响了脱贫攻坚战……现有贫困大都是自然条件差、经济基础弱、贫困程度深的地区和群众，是越来越难啃的硬骨头"②，脱贫攻坚的主要难点是深度贫困。深度贫困的现状是人均可支配收入低，劳动能力弱，基础设施和住房条件差，尤其是"低保""五保"贫困人口脱贫任务重、因病致贫返贫人口脱贫任务重、贫困老人脱贫任务重。加快推进深度贫困地区脱贫攻坚，确保深度贫困地区和贫困群众同全国人民一道进入全面小康社会需要加倍努力。

---

① 《毛泽东选集》第1卷，北京：人民出版社1991年版，第315页。
② 《在深度贫困地区脱贫攻坚座谈会上的讲话》，载《人民日报》，2017年9月1日，第02版。

我国基尼系数较高，城乡、地区、社会贫富差距拉大，存在两极分化趋势。在我们这样一个有着"不患寡而患不均"文化传统的人口大国，这是个严重的社会问题。中等收入群体如果不能持续提升生活水平，他们就会产生不满。由于具有一定的经济实力和身份地位，他们具有相当的话语权，应引起高度重视，"捉住了这个主要矛盾，一切问题就迎刃而结解了。"① 只有解决好"寡"和"不均"的问题，全国人民才能有机团结起来，成为真正的命运共同体，国家才能真正强大。

　　社会主要矛盾的变化是新时代的主要依据和标志。主要矛盾的变化是国情的重大变化，应该具有直接的政策含义，我们对基本路线的认识、对社会发展所处历史阶段的认识也应该相应改变。"如果人们不去注意事物发展过程中的阶段性，人们就不能适当地处理事物的矛盾。"② 中共十三大系统阐述了社会主义初级阶段理论。社会主义初级阶段"特指我国在生产力落后、商品经济不发达条件下建设社会主义必然要经历的特定阶段。"③ 当时设想，这是从1956年社会主义改造基本完成到21世纪中叶社会主义现代化基本实现的整个历史阶段。在这个阶段，我们要与世界资本主义竞争、共处，为打破世界资本主义体系准备条件，这是一个漫长的历史时期。

　　生产力落后不再是我们的切肤之痛，满足人民的美好生活需要成为压倒性任务。我国基本经济制度应该与初级阶段没有必然联系，非公有制的所有制形式、按劳分配以外的分配方式不是只允许在社会主义初级阶段才存在。其他所有制经济人士不必担心"初级阶段"结束后怎么办，宪法除了第六条以外还明确规定"国家保护个体经济、私营经济等非公有制经济的合法的权利和利益""公民的合法的私有财产不受侵犯"

---

① 《毛泽东选集》第1卷，北京：人民出版社1991年版，第322页。
② 《毛泽东选集》第1卷，北京：人民出版社1991年版，第314页。
③ 《沿着有中国特色的社会主义道路前进》，载《人民日报》，1987年11月4日，第01版。

"国家依照法律规定保护公民的私有财产权和继承权"①。全体人民都会有美好未来,不必杞人忧天。

再过三十年就到21世纪中叶,关于社会主义发展阶段的深化研究,是一个必须及时面对并且明确回答的重大问题。初级阶段结束后,社会主义发展进入到一个新的阶段。这个阶段的主要任务是完善生产关系,巩固社会主义上层建筑。

矛盾的普遍性适用于中国共产党自身:"党内不同思想的对立和斗争是经常发生的,这是社会的阶级矛盾和新旧事物的矛盾在党内的反映。党内如果没有矛盾和解决矛盾的思想斗争,党的生命也就停止了。"② 真正的共产党人之间由于认识水平的差异、每个人所处地位与看问题角度的不同,对于同一个问题的认识不可避免也会不同,有时候甚至会产生对立和斗争,这种矛盾不能回避,必须正视并积极解决,否则党就可能分裂,危及党的力量。

二、马克思主义著作重要性流变的启示

马克思主义著作重要性的变化在一定程度上是时代变化的反映。马克思主义政党掌握国家政权以后,有条件对马克思主义展开更加详尽的研究,由此挖掘出一些今天看来非常重要的著作。这些著作对于深化马克思主义研究是重要的,但是群众不容易掌握和运用。

(一) 马克思主义创始人著作中有"后来居上"成为名著的

《1844年经济学哲学手稿》是马克思在巴黎流亡时写下的未完成的手稿,又称"巴黎手稿",在马克思主义经济学史上占有重要地位。它第一次从生产劳动实践的观点来阐述经济和经济学的起源,可以说是马

---

① 《中华人民共和国宪法修正案》,载《经济日报》,2018年3月12日,第01版。
② 《毛泽东选集》第1卷,北京:人民出版社1991年版,第306页。

克思主义经济学的起点，为经济学研究开辟了一条新的道路。1932年，苏联编辑出版的德文版《马克思恩格斯全集》（MEGA）第3卷中以《1844年经济学哲学手稿：国民经济学批判》为题第一次全文发表了这部手稿。两位德国社会民主党人在《历史唯物主义：卡尔·马克思早期著作集》（1932年阿尔弗勒德·克勒纳出版社莱比锡版）中发表了手稿的另一个德文版本。这使手稿很快受到人们的普遍重视，引起了西方人研究马克思主义的转向，促使了所谓西方马克思主义的诞生。

《关于费尔巴哈的提纲》于1845年春在布鲁塞尔写成，马克思生前未曾发表。它被恩格斯称为"包含着新世界观的天才萌芽的第一个文件"。《提纲》只有1400多字，确立了科学的实践观，为唯物史观提供了生长点和立足点。马克思深刻揭示了社会生活的实践本质，科学地说明了人的社会性本质。在此基础上，马克思解决了历史观的基本问题，阐明了实践在认识中的基础地位。

《德意志意识形态》标志着马克思主义哲学的成熟，于1932年第一次在苏联用德文全文发表。它实现了人类哲学史上最伟大的革命变革，揭示了社会发展的一般规律，阐述了以生产力与生产关系的矛盾为核心的唯物史观基本原理。

（二）人们对马克思主义发展者著作重要性认识产生了变化

列宁的《唯物主义和经验批判主义》到了20世纪90年代在中国就不太受到研究者关注。《哲学笔记》的地位大幅度上升。《哲学笔记》汇集了列宁1895—1916年所写的有关哲学的读书摘要、评注、札记和短文，主要包括《辩证法的要素》、1915年《谈谈辩证法问题》等提纲和短文。1929—1930年，苏联共产党（布尔什维克）中央列宁研究院把这些笔记编入《列宁文集》第9、12卷，正式出版。

《论十大关系》现在也非常受重视，被认为其中提出的一些新思想、新方针为中共八大的召开做了重要准备，十一届三中全会后这些指导思想和方针又得到进一步的运用和发展。这个讲话是1976年12月26日才在《人民日报》公开发表的。1956年2月后,毛泽东先后听取了中央34个部委的汇报,概括出了正确处理十大关系的思想。4月25日,毛泽东在政治局扩大会议上做了《论十大关系》的报告,后来进行了多次修改,提高了理论性,提出了探索适合我国国情的社会主义建设道路的任务。

回顾马克思主义初入中国,是由来华传教士首先翻译出来的。1899年4月,《万国公报》连载了由英国传教士李提摩太节译、蔡尔康笔述的《大同学》一文,首次提到了马克思的名字和《共产党宣言》中的一段文字。

20世纪最初几年,中国的留日学生开辟了马克思主义传入中国的另外一条通道,他们积极译介日文社会主义著作、介绍社会主义学说。1900年12月6日,中国留日学生戢翼翚(元丞)、杨廷栋(翼之)、杨荫杭(补孙)、雷奋(继兴)等人,在东京创办了《译书汇编》。梁启超相继在《新民丛报》上发表了一系列介绍马克思主义的文章,其中1904年的《中国之社会主义》成为中国最早的专门介绍社会主义的文字,梁启超也成为在其论著中最早介绍马克思及其学说的中国人。

直到李大钊,中国共产党人才举起了宣传马克思主义的旗帜,并且运用马克思主义指导中国革命、建设和改革取得巨大成功。在马克思主义发展史上,中国人在俄罗斯人之后写下了浓墨重彩的一笔。以后的历史必然会记下更多中国人的名字和著作。

三、认真学习马克思主义基本著作是掌握马克思主义的法门

马克思主义是实践的理论,指引着人民改造世界的行动;是始终站在时代前沿、不断发展的开放的理论。马克思主义不仅是时代精神的精华,而且是人类精神的精华,照亮了人类探索历史规律和寻求自身解放的道路,对人类产生了有史以来最广泛而深刻的影响。

马克思主义具有实践性品格，其历史使命是改变世界。我们学习马克思主义就是为了解决实际问题的。创造性解决了重大现实问题就是发展了马克思主义。并不是马克思主义的书读得越多越能发展马克思主义。马克思主义基本著作就是马克思主义的"入门秘籍"，是读者迅速掌握马克思主义的主要武器。经过短期集中培训，一般文化程度的读者可以通过学习这些著作掌握马克思主义的基本要义，打牢马克思主义的基本功底。以后经过继续学习可以逐步提高马克思主义的理论"功夫"。

马克思主义第一次创立了人民实现自身解放的思想体系，是人民的理论。马克思主义事业是大众的事业。群众创造历史，如果广大群众对马克思主义著作敬而远之，没有丝毫理论兴趣，马克思主义就没有生命力。我们的马克思主义研究不同于西方的"马克思学"，不是要把马克思主义阉割成马克思学，局限于象牙塔内，成为与实践无关的、对资本主义无害的"空中楼阁"。

毛泽东思想就是马克思主义中国化的典范。马克思主义已经成为今天中国文化中不可分割的元素。中国共产党人仍然在把马克思主义中国化推向前进，同时注重马克思主义时代化、大众化。通过学习毛泽东思想在实质上同样可以掌握马克思主义，不要以为读马克思才是学习马克思主义。有了一定的理论基础，紧跟新时代步伐，我们是可以通过习近平新时代中国特色社会主义思想复兴中国，进而完善全球治理体系的。

共产党人都应该真诚信仰马克思主义，大力发展弘扬马克思主义。我们要继续坚持用马克思主义观察时代、解读时代、引领时代，推动马克思主义发展。我们相信，中华民族的伟大复兴同时也是马克思主义的伟大复兴，是中国特色社会主义文化走向新辉煌之时。

（作者刘德中系中国社会科学院马克思主义研究院副研究员，哲学博士；研究方向为马克思主义哲学）

四

发展理论

论"类哲学"理念及其当代意义

许静波

[摘　要] "类哲学"问题是我国马克思主义哲学研究中一个引人注目的哲学思潮。本文从当代中国文化与社会发展的历史脉动视角，分析了"类哲学"理念产生的历史必然性，并认为"类哲学"是对马克思"类"理论的继承与发展，是对马克思哲学人文精神的自然延伸。类哲学是一种追求人的"类"本性与"类"意识的思维方式和哲学理念，它是马克思"类"理论的当代形态，具有重要的时代价值。

[关键词] 类哲学　普遍文化价值　公共性

"类哲学"由我国哲学家高清海教授率先作出系统阐释，至今仍有许多追随者。"类哲学"问题的讨论肇端于20世纪90年代，它作为我国新时期哲学研究中一种引人注目的哲学思潮，曾经产生过一定的学术反响，国内学界对于"类哲学"的理解可谓见仁见智，甚至针锋相对，意见相左。纵观这些争论，其得失的关键在于如何理解"类哲学"的价值诉求。本文认为，"类哲学"问题的提出，源于时代的呼唤，体现了立足当代现实、追踪时代脉搏的深层思考，既注重从学理层面去理解把握人的价值和意义，又关注人的现实境遇，对人的未来发展提出了富有启示意义的思考。适值马克思诞辰200周年之际，回顾"类哲学"理念与马克思哲学思想的继承性更具有重要的现实意义。

一、"类哲学"的基本理念

关于马克思的"类"、"类本质"等思想,我国哲学界在 20 世纪 80 年代就进行了研究和讨论。其深远的社会时代背景是对人的呼唤与关注。从当时对人道主义的讨论,进而对人的主体性问题的研究,再到世纪之交"类哲学"理念的提出,标示着我国学术界对马克思主义人学理论研究和探索的逐步深化过程。

(一)"类哲学"理论基础

对"类"概念作自觉的哲学思考,这种传统可谓由来已久。我们知道远在古希腊,尤其在柏拉图哲学中,就有"种类"、"类的人",以及"人类"等提法。到了近代,文艺复兴时期的人文主义者和其后的康德、黑格尔、费尔巴哈等,都从不同视角对人类的本质、类与个体的关系等问题作过论述。

在一定意义上,"类哲学"所理解的"类"思维方式的理论基点,就是一种人文关怀的实践思维方式。马克思正是从这一价值视角继承了西方哲学的思想遗产并发扬光大,我们可以说,人文关怀是马克思一生的理论诉求。自马克思写下"为全人类谋福利"的择业誓言以来,他就不断探索全人类解放的现实道路。在《1844 年经济学——哲学手稿》中,马克思以人学立场审视人的"劳动",主张扬弃"异化劳动"。在 1845 年 3 月的《评弗里德里希·李斯特的著作〈政治经济学的国民体系〉》这一手稿中,马克思主张"不是按照工业目前对人来说是什么,而是按照现在的人对人类历史来说是什么,即历史地说他是什么来看待工业"。[①] 这时的马克思既不以费尔巴哈大写的人,也不再以"类"去

[①] 《马克思恩格斯全集》第 42 卷,北京:人民出版社 1979 年版,第 257 页。

衡量现实,并批判现实中的非人性现状。因为在马克思看来,费尔巴哈的"人"和"类"是不存在的,现实社会中只存在处于现实社会制度、社会关系历史限定中的现实的人及其劳动。正是在这个意义上,马克思在《关于费尔巴哈的提纲》中主张从实践观点出发来看待人,并提出"人的本质并不是单个人所固有的抽象物,在其现实性上,它是一切社会关系的总和。"①

马克思对"类"所作的唯物史观阐释,解决了历史发展的主体性、动力性和规律性等一系列问题,并强调作为实践的人所具有的"类本质",在共产主义这个理想社会实现时将得到根本性的提升。实际上,马克思在1843—1844年为《德法年鉴》写作的那两篇论文(即《论犹太人问题》和《黑格尔法哲学批判导言》)和《1844年经济学哲学手稿》时期,其思想已经超越了黑格尔和费尔巴哈的局限,不再是一个"费尔巴哈主义者"了。作为一个事实,在《手稿》中马克思也使用"类"和"人的本质"、"异化"等词句,但这早已经不是费尔巴哈的概念,而是一个穿了旧外衣的新概念。这一点,可以通过马克思在《德意志意识形态》中回顾自己超越费尔巴哈的过程时讲的一段话中得到证明。马克思说:"这一道路已在《德法年鉴》中,即在'黑格尔法哲学批判导言'和'论犹太人问题'这两篇文章中指出了。但当时由于这一切还是用哲学词句来表达的,所以那里所见到的一些习惯用的哲学术语,如'人的本质'、'类'等等,给了德国理论家们以可乘之机去不正确地理解真实的思想过程并以为这里的一切都不过是他们穿旧了的理论外衣的翻新"。② 在这里,马克思在提醒人们,尽管他已经创立了新的唯物主义,但德国的理论家们却根据他沿用当时流行的"人的本质"、"类"等术语而误以为他仍然停留在旧的哲学范式之中。

可以说,马克思的"类"哲学理论是在全新的哲学基础上形成的,

---

① 《马克思恩格斯文集》第1卷,北京:人民出版社2009年版,第503页。
② 《马克思恩格斯全集》第3卷,北京:人民出版社1960年版,第89页。

其理论根基就是马克思所创立的实践唯物史观。马克思抛弃了抽象的"类"概念,阐发出的则是具体的"类"概念,即从人的类活动(自为活动)引伸出人的类本性。正是基于这种理解,我们可以说"类哲学"理念,是马克思实践哲学精神的自然延伸。人类的生活和类的意识是在实践中逐渐形成的,人要全面占有自己的类本质,也只能在实践中去完成。类主体、类本位并非意味着在具体个人之上还有一个什么超越的主体存在者。"已往的哲学包括费尔巴哈哲学对于人的类本质的理解,确实是抽象化的。"[①]但是实践的介入却使人与人、人与自然的关系呈现出全新的面貌,人因而也成为一种超越性存在,人能够突破人类自身的生活界限,同周遭的相关物种建立一体性关系,形成类的生活秩序,并获得类本质。就人类整体来说,人的发展的历史就是人的类本性不断形成、发展和完善的历史。从每一个个体来说,生命活动的过程积淀了人的类本性。

(二)"类哲学"理念的系统表达

"类哲学"的逻辑起点是作为个体存在的"人",但人之所以为人,必然有其特质。马克思曾指出:"可以根据意识、宗教或别的什么来区别人和动物。一当人们自己开始生产他们所必需的生活资源的时候……他们就开始把自己和动物区别开来。"[②] 同时,个人不能离开他们的活动,首要的是不能离开他们的生产活动,个人也不能脱离他们的物质生活条件,现实的个人总是在一定的物质生活条件下从事活动和表现自己的。所以,人们为了能够创造历史,首先必须能够生存,这种生存从人类因劳动而脱离动物世界开始,就不是单个个人所能完成的,这些力量从自己方面来说只有这些个人的交往和相互联系中才能成为真正的力量。所以,在物质生产的过程中,必须是人们的共同活动,必须与其它

---

① 高清海:《哲学的奥秘——高清海哲学文存》(第2卷),长春:吉林人民出版社1996年版,第119页。(以下凡引此书,只在行文中标示出页码。)

② 《马克思恩格斯文集》第1卷,北京:人民出版社2009年版,第519页。

人发生关系,从而成为"类"的活动和条件。

"类哲学"把"类"看作个人的逻辑延伸,而"类"这个概念在最普泛的意义上含有自身统一性、自身统一体之意,即事物自身与他事物的统一性、一致性。宇宙间每个物种内部都体现出"类"属性。由于"类"性,宇宙间万事万物才呈现出一种终极秩序与终极和谐状态。之所以用"类"来表征人性,是因为唯有人才有"类"本性,类在人那里才具有本质意义,同时,通过比较物的类属性(种性)与人的类本性对此作出了说明。"类哲学"理念昭示,体现在物种之间的类联系,是由物种内部固有的本性所规定的一种天然性和本然性,它只是作为外在力量对物种起作用的,并不构成物种的活动对象和活动原则。因此,事物既无"类"的生活,也无"类"的意识。① 人是有意识的类存在物,人的类本性成为人意识的活动对象,同时也是人活动的原则。也就是说,人既有类的活动,又有"类"的意识。

可见,"人的生成发展过程,也就是类本质的生成、发展和完善的过程。"这样一来,人类历史就成了类本质的自我展开与完善过程了。人类初期的"直接性的依赖关系应该是'类本质'尚未充分展开的原始的形态"。在群体本位走向瓦解并为个人本位所取代的第二形态"既是个人的一次解放,同时也是类的解放,即人的解放。""个体独立性的实质,也就是个体的类化,个体的人化。"而作为最后形态的"这种存在状态,'人'已不再是超越个体之上、存在个人之外那种大我,也不再是互相分裂单子式的小我,而是分别普遍存在于每一个体之中而又把他们统一为一体的类存在。"②

"人、人性、人道、人的本性、类本质这些概括既可以表述关于人的抽象观点,也能够表达人的具体观点,关键是要看它所包含的思想内

---

① 高清海:《人类的未来与哲学的未来——"类哲学"引论》,载《学术月刊》,1996年第2期。

② 参见高清海等:《"类哲学"与人的现代化》,载《中国社会科学》,1999年第1期。

容。"① 这里，我们可以将"类哲学"的主要观点简要概括如下：

第一、它是人的存在的真正主题和核心的内容，表征着"人是有着哲学头脑和哲学性格的存在"。（第 159 页）这种存在应该是人不断地脱离种本性的限制，逐渐地生成、昭示并实现类本性的过程，所以"人是哲学的真实主题和核心内容，哲学的宗旨就是要探索人之为人的奥秘"（第 15 页）。

第二、人必须在扬弃了群体本位、个体本位后，即经历了这两个发展阶段之后，"人"才能获得自由的、"称得上真正的人"，也就是"以类为存在状态的人"（第 116 页）。所以类哲学揭示了哲学史就是人这个族类在实质上逐步脱离"种"本质，同时生成并演进为类本质的"一种理性映照"（第 161 页）。这也可以说，"达到了类意识的哲学即为'类哲学'"，它是人的自我意识达到"自觉形态的理论"的新的"哲学观"（第 164 页），是一种"崭新的哲学思想境界、思维方式和思考方法"（第 164 至 165 页）。这种方法表明人是可以从群体本位所分割的"不同小块"中，以个体本位所"分割成的孤立的单子"中解脱出来，"形成为真正的类存在"（第 165 页）。

第三、马克思在哲学理论上的变革，其"真实意义"正在于为这种类的哲学"奠定了一个基础"；他所谓的"世界的哲学和哲学的世界"，"其精神也就是这样的'类哲学'"；因此，"只有以类哲学的观点去理解马克思的哲学，才能把握他的思想的真谛。"（第 165 至 166 页）。

二、"类哲学"理念是马克思"类"理论的当代形态

总体看来，类哲学是一种追求人的"类"本性与"类"意识的思维方式和哲学理念，它提倡用人的方式去理解人，以人的方式去把握人，从类的维度去考察人，从而在"类"观点的指导下看待人与世界的关

---

① 高清海：《转变认识"人"的通常观念和方法》，载《人文杂志》1996 年第 5 期。

系，在实践中按照"类"本性的要求去合理地改造自然界和人类社会，质言之是力图以"类"对人的生存问题做出一个合理的说明。①

(一)"类哲学"体现了全球化进程中的"类"诉求

全球化的发展以及一系列全球性问题的出现，极大地加深了我们对于世界的整体感受，增强了对于全球性的文化认同。特别是"9·11事件"给世人所带来的现实冲击和心理震撼，使人们更直接更清晰地感受到了世界各民族的生存与发展是那样地息息相关。

"类哲学"立足于现实的人类和人类生存发展的现实，折射了全球化时代社会发展的文化诉求，其核心就是强调了"文化的普遍价值"对当代人类所具有的特殊意义。"文化的普遍价值"指涉着人的"类"需求。所谓文化的普遍价值，从根本上说，就是有利于人类整体进步与发展的价值，它是世界各个国家民族在文化交往中所应恪守的基本原则，如尊重人的现实生存、承认文化的差异性、保障平等发展等等。文化的普遍价值诉求有两个向度：一是在多元文化的前提下，倡导人类社会应当认同也可以认同的某些价值观念、道德规范和行为准则，它应该受到全人类的普遍尊重，具有超越民族、文化、宗教的普遍约束力；二是应努力寻求不同文化传统在面对普遍文化价值时所能发挥的特殊作用，尊重世界各个民族文化创造的权利。简言之，普遍文化价值追求的是，在尊重各种文化传统价值的基础上发掘和利用不同民族文化传统中的价值思想资源，建构用来解决当今经济全球化进程中人类生活所面临的共同问题的文化理念。很明显，普遍文化价值的这种诉求，折射的正是"类哲学"的核心价值趋向，"面对20世纪巨大的生产力和空前技术发展，面对20世纪一系列全球问题，20世纪的哲学家和思想家日益高声地呼唤着一种全人类意识，要求人们自觉地把人类看成是具有生命的全球系统"。②

---

① 参见高清海等:《"类哲学"与人的现代化》，载《中国社会科学》，1999年第1期。
② 高清海:《哲学在走向未来——高清海哲学文存》（第6卷），长春：吉林人民出版社1996年版，第39页。

人类始终生活在同一块大地上，这种共同的生存环境，可能是人类在价值层面达于普遍性思维的客观物质前提。当人们形成一种人类存在共同体和命运共同体的文化意识时，就有可能和有必要达成全球性价值立场的相对一致，从而形成某种程度上共享的人类文化价值观。这种人类文化价值观正是我们确立一种普遍主义文化理想的世界性视景的基础，同时，这种立足于"类"的文化诉求也是"类哲学"的应有之义。

（二）"类哲学"体现了当代哲学理论建构的"类"方向

麦特·里德雷对来自20世纪的生物学、遗传学、心理学、人类学和数学的最新研究成果进行了精心的编排，重新审视了指导人类行动的诸多假设，进而提出了一种对人类社会的全新解释，即"自私的基因"与"协作"并行不悖。人类社会的典型特征之一就是协作，这种协作并非近亲之间的协作，不是出于互惠互利的目的，也并不遵守某种道德规范的约束，而是出于"种群优胜劣汰的自然法则"，它并不在单个个体之间发生作用，而往往针对整个群体或群落。可见，正如里德雷所指出的，"我们的思想是由自私自利的基因构成的，但是我们的思想却是朝着社会的、相互信任的和彼此合作的方向建构"，[①] 这就是里德雷力图证明的看起来自相矛盾的观点，一句话，社会协作是人类具有的本能。

在一定意义上，麦特·里德雷的研究成果代表了当代哲学理论建构的"类"方向，即从"类"的视角去审视当下人类的生存状态以及个体间的组织方式。"类哲学"恰恰是对此的一种哲学抽象。在"类哲学"看来，"类存在"状态下不仅有良好和谐的社会关系和生活秩序，还有健全的个性；不仅有极丰富的物质生活财富，还有极丰富的精神生活财富。人都按"类"的原则创造着自己的真善美。"类"是人之目的、社会的目的、历史的目的。我们还要以从近现代西方哲学的发展逻辑来理

---

① 麦特·里德雷：《美德的起源——人类本能与协作的进化》，刘珩译，北京：中央编译出版社2004年版，第281页。

解"类哲学"所表达的"人类性"思想。人的生存问题特别是人和社会的关系问题是近现代西方哲学比较关注的问题,哲学家们苦心设计的各种理论方案,旨在为处于生存困境中的人寻找解放之路,创造人的最佳生存方式。传统的客体本体论淡化甚至忽略了人的存在,而"今天人类面临的已是在充分发挥个人主体作用的基础上,如何从个体本位向类本位转变、如何把个人主体提高到类主体,即向更高的第三形态'类主体本位'方向发展的问题。今日存在的大量问题,已是只有从统一的类关系中才能找到彻底解决的问题"(第349页)。

(三)"类哲学"体现了当代政治实践的"类"主流

哈贝马斯他60年代初的早期著作《公共领域的结构转型》中认为,"公共领域"也叫"公共性",它并不指称某种特定的公共场所,而是任何能体现公共性原则,即原则上对所有公民开放而形成的场合。一经形成后,它又能有效地保障人们自由地表达或公开他们的意见,不受任何教条与强制性权力的干扰。所以哈贝马斯认为:"公共性本身就表现为一个独立的领域,即公共领域,它与私人领域是相对的。"① "公共性"本身是一个十分含混的用词,在不同时代,不同场合意思变化很大。哈贝马斯之所以使用它,很大程度上是为了表达民主政治制度的本质特征,及其组织原则,它已经成为当代政治实践的主流话语。

作为政治实践的公共性同样是在"类"生存的不同个体之间广泛具有的普遍联系与相互依存,是多元性与一元性共存,并构成现实世界的生成机制和展开过程。它同时也是"类哲学"所关注的重要环节,并且在实践上按照公共性的思想去建构人类生存和发展的实际生活过程。在人与人关系上,"类哲学"所主张的类生活准则就是要求建立人的依赖性和人的独立性相配合的和谐的人类共同体。"类存在"作为共同体是

---

① 哈贝马斯:《公共领域的结构转型》,曹卫东译,上海:学林出版社1999年版,第2页。

自由人的联合体，在这里，"每个人的自由发展是一切人的自由发展的条件"，① 同时，也只有在这样的共同体中，个人才能获得全面发展其才能的手段。人既是个体的人，又是社会的人；人既有社会的理性，又有独立的情感、意志等非理性。人与人在人格上完全平等，个性上完全自由。在人与自然关系上，人要根据人"既是一种自然存在，同时也是超自然的存在"的现实性（第10页），消除人与自然的对抗状态，建立人与自然的和谐统一状态，实现"天人合一"的类状态。在人与自身本质关系上，人要全面占有自己的类本质。人的最高使命就在于在无限丰富的实践活动中不断追求创造自己的本质。人只有在实现人与人、人与自然的统一过程中才能获得人与自身本质的统一。

三、"类哲学"理念的当代价值

马克思在谈到自己发现的唯物史观时曾经谨慎地说，（这种规律）"充其量不过是从对人类历史发展的观察中抽象出来的最一般的结果的概括。这些抽象离开了现实的历史就没有任何价值。"② 同理，"类哲学"作为一种新的思维方式，新就"新"在它是着眼于当今人类的生存境遇，并试图解决当今人类面对的"全球性问题"，赋予人这个"族类"新的时代使命而提出的，因而凸显了马克思"人类性"的当代价值。所以，"类哲学"实际上就是当代哲学的一种重要的思维方式和价值选择。以"类"观点看人、看世界，使人达到自觉、自为状态，使世界逐步地"类化"——这就是"类哲学"的思想主旨。它昭示着"人"、"世界"和哲学可以预见的未来：人类从个体本位向"类"本位转换乃是一种必然的历史趋势。从这一角度来理解"类哲学"理念，对于今天的哲学与社会发展无疑具有重要的实践意义。

---

① 《马克思恩格斯文集》第1卷，北京：人民出版社2009年版，第53页。
② 《马克思恩格斯文集》第1卷，北京：人民出版社2009年版，第526页。

首先,"类哲学"让我们更加关注社会生活的"类"的发展。

社会发展本质上是作为主体的人的价值追求、价值创造和积累过程,所以,"人是社会发展的主体和主题"(第173页)。"类哲学"的观点表明,社会发展与社会主体的需要满足和人实践活动密切相关。然而,以往的哲学范式,如唯科学主义思潮、社会学中的实证主义和理性主义等把社会发展简单地定量化、实证化,一味强调科学的价值,贬低了人在社会发展中的作用,忽视自然生命和"类"生命的意义。社会发展价值向度的偏离,从现象上看,是"重物轻人";从本质上看,是拒斥社会发展中的价值主体,即作为"类"的人。在"类哲学"看来,人类创造价值的目的是为了满足自身存在和发展的需要,人的需要在社会发展过程中不断产生又不断满足,不断满足又不断产生,有一个从较低层次的实现到较高层次的实现、从有限的实现到比较充分的实现、从片面的实现到全面的实现的逐步发展过程。据此,社会发展就其本质而言,是人的全面的、自由的发展。因而,人类是否得到发展及发展的程度也就成为衡量社会是否发展及发展程度的最高尺度。社会发展无论是生产力的提高、科学技术的进步,还是物质财富的增长、精神财富的创造,离开人的价值追求,离开满足人类的需要都是毫无意义的,也毫无目的可言。所以,要把实现人的全面发展作为目标,从人类的根本利益出发谋发展、促发展,把满足人类日益增长的物质和精神文化需求作为发展的出发点和落脚点,让发展的成果惠及全人类。

其次,"类哲学"理念有利于当今人类更好地协调人类与自然的关系。

"类哲学"呼唤形成健康的"类意识",是"20世纪哲学意识的重要内容"[①],"20世纪人类作用自然与自然对人类的反作用、20世纪人类

[①] 高清海:《哲学在走向未来——高清海哲学文存》(第6卷),长春:吉林人民出版社1996年版,第40页。

作与自然新关系的形成、新道德的建立是远重于抽象本体论的现实哲学问题"①这种判断是极富启示意义的,人类社会特别是近代社会发展速度之快是惊人的,伴随物质财富急剧增长,人们生活水平不断提高,人类与自然的矛盾问题却越来越复杂,越来越严重。丹尼斯·米都斯在提交给罗马俱乐部的题为《增长的极限》的报告中曾警告世人,如果再不控制经济增长的速度,就会造成人与自然界之间关系的极度紧张,就会因人们对自然界的掠夺而毁掉人类赖以生存的地球。从20世纪世界发展的现实来看,资源匮乏、水土流失、大气污染等诸多问题与社会发展相生相伴、日益严重,生态环境遭到了极大的破坏,不仅阻碍进一步发展,而且已经威胁人类业已取得的发展成果。于是人们开始转变其对自然的傲慢态度,重新正视和尊重自然界。自然界不再是以往人们所以为的"取之不尽,用之不竭"的东西,而是一个有限的存在物。人们对自然界的态度应由纯粹的、傲慢的甚至掠夺式的索取转变为开发式、保护式、弥补式的利用。

"类哲学"正是基于这样的时代背景而提出的,它认为,自然环境是人类生存和活动的场所,它关系到人的生活质量和健康素质,人的发展不能以牺牲环境为代价,更不能以牺牲环境为代价去换取一时的经济增长。一方面,要树立节约资源和保护环境的观念,逐步形成有利于节约资源和保护环境的产业结构和消费方式,自然资源只有节约才能持久利用,只有坚决遏制浪费资源、破坏资源的现象,保护环境,才能实现资源的永续利用;另一方面,要树立人与自然相和谐的观念,保护自然就是保护人类,建设自然就是造福人类,对自然界不能只讲索取不讲投入、只讲利用不讲建设。人的发展一定要充分考虑自然的承载能力和承受能力,建立和维护人与自然相对平衡的关系,处理好经济建设、人口增长与资源利用、生态环境保护的关系,坚持可持续发展。

---

① 高清海:《哲学在走向未来——高清海哲学文存》(第6卷),长春:吉林人民出版社1996年版,第42页。

最后,"类哲学"的倡导有助于和谐社会的建构。

在发展理论的早期阶段,"发展经济学"和"现代化理论"为世界的发展营造了积极和乐观的氛围,联合国据此制定了第一个发展十年规划(1960—1970),但是却以"有增长而无发展"告终。当时不少国家都达到了联合国设定的"国民生产总值增长率超过6%就算发展"的目标,但经济总产量的增长却使许多国家的底层民众的生活水平明显下降。人们在对这种经济数量增长式的发展观念进行反思,何以经济发展了,还会出现就业、平等和贫困等问题呢?1983年发表的法国著名经济学家、社会学家弗朗索瓦·佩鲁的《新发展观》,就是反思的产物。人们认识到,发展是整体性的发展,要突出文化价值在发展中的地位,新的发展应当是基于文化价值的全面发展,是经济利益与文化价值的统一,而不是只盯着单纯的、片面的经济发展。"企图把共同的经济目标同他们的文化环境分开,最终会以失败告终,尽管有最为机灵的巧妙的智力技艺。"① 这种整体发展使技术受到各个人类共同体知识的、社会的和道德的约束,发展受到的限制不是技术的,而是政治的、社会的和管理的,要重新发现道德和伦理的价值。多年来,我国在经济快速发展的同时,也积累了不少矛盾和问题,主要是城乡差距、地区差距、居民收入差距持续扩大,就业和社会保障压力增加,教育、卫生、文化等社会事业发展滞后,人口增长、经济发展同生态环境、自然资源的矛盾加剧,经济增长方式落后,经济整体素质不高和竞争力不强等。这些问题必须高度重视而不可回避,必须逐步解决而不可任其发展。

"类哲学"的理念启示我们,在大力推进经济发展的同时,更加注重加快社会发展及其精神重建,因为"人类面临的生存危机的背后是人类的精神危机……单纯地追求经济增长基本上是与人类的社会成长、道

---

① 弗朗索瓦·佩鲁:《新发展观》,张宁、丰子义译,北京:华夏出版社1987年版,第165页。

德成长、组织机构的成长背道而驰的"①。社会发展包括科技、教育、文化、卫生、体育等社会事业的发展，也包括社会就业、社会保障、社会公正、社会秩序、社会管理、社会和谐等，还包括社会结构、社会领域体制和机制完善等。经济发展是社会发展的前提和基础，也是社会发展的根本保证；社会发展是经济发展的目的，也为经济发展提供精神动力、智力支持和必要条件。随着人民群众的物质生活水平日益提高，对精神文化、健康安全等方面的需求也日益增长，更加要求社会与经济共同发展。如果社会事业发展滞后，经济也难以实现持续较快发展。可见，"类哲学"体现的是"类"主体的一种价值关怀。

总之，"类哲学"理念的提出并不是纯粹思想意识的产物，其最深厚的根基是人的当代生活实践，特别是当代中国特色社会主义建设与现代化的历史实践。在"类哲学"视域下，"哲学研究世界的目的也主要是为了理解人，理解人的地位、价值和意义，而且，这是'哲学世界'与'科学世界'的根本区别之点"（第8页）。面对今天人类所遇到的大量棘手的社会和文化实践难题，哲学应该首当其冲的为人类的贡献精神智慧和资源。因此，类哲学所昭示的哲学思考向度，无疑会对当代哲学的创新提供重要的启示。"类哲学"的构想向人们昭示随着人类走向未来，哲学也必将走向未来。面向未来，尽管一路荆棘，但这也许"正是哲学将要走向新生的前夜"，而"类哲学，就是哲学的现实和未来"②。

（作者许静波系东北农业大学马克思主义学院教授、博士生导师，博士；研究方向为马克思主义理论、思想政治教育发展与创新）

---

① 高清海：《哲学在走向未来——高清海哲学文存》（第6卷），长春：吉林人民出版社1996年版，第42页。
② 高清海：《人类的未来与哲学的未来——"类哲学"引论》，载《学术月刊》，1996年第2期。

马克思思维方式的生活向度

石义华

[摘 要] 马克思的思维方式不同于宗教的异世思维以及传统哲学的唯心主义本质。他通过"削平神圣"、弥合此岸与彼岸、由玄思到行动的实践转向展示出自己思维方式的生活向度。

[关键词] 马克思 思维方式 生活向度

一般来讲,宗教与传统哲学其主流都是一种异世思维。宗教把死后超生天堂、天国之类的另一个美好世界当作自己的目标;哲学也是预设一个完美的意义世界,把它作为现实世界的范本,并以它为标准对现实世界展开批判。这个标准在不同的哲学家那里以不同的面目出现,如西方哲学中毕达哥拉斯的"数"、柏拉图的"理念",近代启蒙哲学中的"自然法",康德的作为价值存在的"物自体",黑格尔的"绝对精神"等;中国哲学中建立在仁义基础上的尧舜之世,公正合理的大同社会,把道德本体化的"太极"、"天理"、"良心"等。虽然他们的具体的理论形态区别很大,但本质上都是一种理想化的价值悬设,缺少现实的客

---

① 国家社会科学基金后期资助项目(16FZX013);江苏省社会科学基金后期资助项目15HQ022。

观基础，以它们为标准与现实进行对照的结果，现实总是沦丧的、充满罪恶的，人性总是有缺憾的，甚至是有罪的。

这种"应该"与"是"的断裂，困扰着许多思想家，包括青年马克思。对于这个问题的解决，胡塞尔是通过其现象学的还原，重新肯定生活世界对人的意义；马克思是通过历史唯物主义，通过实践概念统合二者；后现代主义通过消解二元对立思维，消解意义，"削平神圣"，提倡"卑琐性"，从而取消价值悬设的裁判官地位，直至完全颠覆意义世界。

马克思生活向度的哲学运思，在哲学史上不乏先例。中国佛学中生活向度的哲学思考可以与马克思生活向度的哲学运思相互印证。比如禅学思想中"担水砍柴，无非妙道"、"红尘无处不道场"、"青青翠竹尽是法身，郁郁黄花无非般若"的说法，近代太虚法师倡导的人间佛教都是此种哲学运思的代表。各种哲学思想的相互比较与参照，更有利于我们理解马克思思维方式的生活向度。马克思思维方式的生活向度具体就是推翻意义世界，回归现实生活；削平神圣，消解二元对立。

一、"削平神圣"

作为摧毁异世思维，回返生活世界的重要一环，后现代主义采取的手段是"削平神圣"。它通过对无我性，卑琐性的强调颠覆真理、公正、正义、秩序的神圣性，重新肯定那些被压抑、被排斥的东西，比如人的自然属性、现实生活世界的地位。精神分析主义的创始人"弗洛伊德所完成的是一次从柏拉图主义的退却，即从普遍的转向具体的，从必然真理转向偶然意见或'随机真理'，从永恒信念转向盲目驱力"。精神分析理论的后现代主义继承者拉康进一步揭示出真理和无意识的同质，美国著名心理学家艾里克松"比拉康走得更远，他要从根本上摆脱弗洛伊德的影响，全面地恢复无意识的生活化方面"，他认为，无意识虽然是潜在的，但同样有着严密性与逻辑性，并且它也具有现实性，人们虽未意识到它，但它也时刻保持着对现实的关注，而且这种关注是卓越而有效的；德里达通过对在场的解构，消解了真理的绝对性；福柯通过对权力的分析，让我们认识到真理和权力之间密不可分的关系，真理是权力的显示，是一种话语效果，其深层基础是政治经济方面的原因，如果用马克思的话来说，就是人的各种现实的社会关系。"知识，在福柯眼里分成不同的种类，但都与权力相联结，所以，与其说知识是真理，不如说知识是权力。权力使每一社会或时代认为哪些知识是合法而符合正义的，哪些不是；以此推论，也可以说，哪种精神状态是正常的，哪种不正常或癫狂。把话语放在不同的历史类型中，会有性质相反的判断，但是，哪种判断都不具有永恒的价值。权力不仅具有压制的形式，它也以放开的形式实现自己的统治。"因此，在后现代主义者那里，"知识是谦卑的，'真理'并不像人们向往的那般高尚"。同时，"根据《知识考古学》，'真理'并不存在于彼岸世界，'真理'并不在权力之外，每一社会都有其'真理'的形式和领域，即话语的类型。'真理'接受某种类型，并视之为真实的典范。"真理无神圣性，也没有绝对的内容，它是现实的，而并不属于另外一个世界。

马克思主义是有理想的，但是是植根于现实生活的。随着马克思主义的发展，其与现实生活世界的关系愈来愈紧密，二者关系的加深，与马克思主义对神圣的消解是分不开的。

马克思批判过宗教神学，也批判过号称"神圣家族"的以布鲁诺·鲍威尔为首的青年黑格尔派。在马克思的词汇里，神圣家族之神圣不过是一个贬义词。青年黑格尔派在德国曾经起过不少的进步作用，他们批判过封建专制制度和宗教，对马克思恩格斯哲学思想形成也产生了很大影响。但是，从1842年以后，青年黑格尔派却逐渐滑向彻头彻尾的唯心主义，在哲学上从黑格尔主义重新回到了费希特的自我意识哲学。而马克思恩格斯从受黑格尔唯心主义哲学的影响已经前进到唯物主义，从革命民主主义者成长为共产主义者。因而专门对青年黑格尔派进行批判，同时，马克思恩格斯也借此机会反思总结自己从前的哲学信仰，阐述自己的新世界观。

马克思恩格斯把布鲁诺·鲍威尔比喻为天父的独生子，而把他的兄弟和其他几个伙伴比作他的门徒，这无异于说布鲁诺兄弟及其追随者和追逐天国的基督教信徒是差不多的东西。这些人把"自我意识"极力加以夸大，夸大成类似于陆九渊所说的包含天地万物在内的"宇宙"，批判在他们心目中就像上帝手中超验的力量，对世界的改造变成了纯粹的意识批判。马克思批判他们的造神运动，讽刺他们为"神圣家族"。

马克思在对传统哲学的批判中指出生产生活实践对于人类社会的巨大意义。他认为，人类首先要解决衣食住行的问题，而全部社会生活、社会意识，都是建立在此基础之上的。他晚年写出的巨著《资本论》是对人的社会生活、尤其是对资本主义生产过程的具体分析和批判。《资本论》应该说是马克思思维方式指向人类实际生活的巨大成果，是德国哲学回归现实生活世界的典范之作。

基督教把"天国"视作一切价值的源泉，轻视现实人生的意义，如果说现实人生有意义的话，其意义也是"信赖与依靠上帝"，最后用理想的"天国"的世界取代现实生活世界。这样的理论架构仍是二元论的。早期佛教也否定现实人生的价值，但他对现实世界真实性的悬置，对涅槃寂静也就是"无"的阐述，为大乘佛教消解现实世界与涅槃之境的分立打下了基础。马克思对宗教的，批判也展示出他的思维向度，是现实生活世界。这在逻辑上就包含对现实人生与彼岸世界分立、分别的消解。

马克思学术研究的着眼点是现实生活世界，入手处是从人们日常生活经常与之打交道的东西入手。这最显著的表现在《资本论》的写作上。这部马克思主义的经典著作，堪称高大上。但《资本论》研究的对象确是资本家天天与之打交道、片刻也无法离开的"肮脏的"金钱。

二、弥合此岸与彼岸

同一性思维造成意义世界与世俗世界的二元对立,"意义"也因此成为虚悬于世外的东西。弥合此岸与彼岸是对异世思维进行解构的结果,后现代主义的策略是通过对权力、话语的分析,消解彼岸的神圣性和神圣性的彼岸,重新肯定"身体"、欲望对于人的重要性。

后现代性的使命,它的伟大的历史实践,就是要让身体回归身体。让身体重享自身的肉体性,让身体栽植快感内容,让身体从各种各样的依附中解脱出来。……后现代性正是这样以一种反乌托邦的形式构想了乌托邦,以一种反希望的形式构想了希望,以一种反伦理的形式构想了伦理,以一种反上帝的形式构想了天堂。①

后现代主义这种对所谓身体回归的想往,事实上就是对感性的肯定。而感性正是生活世界的显著特征之一。马克思就曾批评费尔巴哈的实践概念缺少感性,因为实践是现实的、活生生的人的感性实践。重视实践的感性特征就是重视人的情感世界,重视人对衣、食、住、行等需要的满足,以及由此带来的满足感乃至幸福感。

除此之外,并没有什么其他的"乐土",或者理念、意义、价值世界。幸福并不异在于彼岸,而是植根于现实世界。

生活化思维就是删除价值世界,消除此岸与彼岸的对立,一切以生活世界为出发点,为旨归。二者的弥合是通过实践进行的。

马克思思想的巨大意义之一是对现实生活的肯定。与基督教的异世思维不同,马克思弥合了此岸与彼岸的二元对立。

这种向现实世界的回归,甚至在佛教中也有表现。《维摩诘经》列举很多的对立概念说明了万物、万法的无二无别,它们往往一为"世

---

① 汪民安:《后现代性的谱系》,见汪民安、陈永国、马海良编:《后现代性的哲学话语》,杭州:浙江人民出版社2000年版,第11页。

间"的有为法,是"世间"的属性;一为"出世间"的无为法,或"出世间"的属性,该经以不二法门弥合"世间"与"出世间",其中借"那罗延菩萨"之口,直接点出了"世间性空即是出世间"的命题。

在中国佛教中,华严宗弥合此岸与彼岸的理论是"理事无碍"。"理"就是本体,是真如,是佛性,是佛境;"事"是佛所说的具体教法,是现象。他们之间的关系是彼此相即,圆融无碍的。事依理而成,理依事而显;事遍于理,理遍于事,二者无二无别,平等一如。华严宗常把事与理的关系比作水与波的关系。

禅学也有理事无二的思想,这与华严的禅学化和禅学对华严的吸收有关。灵佑这样说:"以要言之,则实际理地,不受一尘,万行门中,不舍一法。若也单刀直入,则凡圣情尽,体露真常,理事不二,即如如佛。""实际理地"并不排斥现象,没有"凡"与"圣"的区别,没有"理"与"事"的区别。在沩山灵佑那里"禅就存在于日常生活之中,理事不二,就是真佛如如的境界。他的着眼点是叫人不舍弃、不逃避尘世间的生活。理是体,事与行是用,所谓'理地不受一尘'就是得体,'万行门中不舍一法'就是得用,因而理事不二就是体用兼得,不可偏废,禅者的生活就是要将这事理不二、体用兼得的道理贯穿于尘世的生活之中。这样才能做到视听寻常,一切时中,而不闭目塞听,坐住行卧,应机接物,便尽是道。所以灵佑的吃饭、睡觉,慧寂的耕田、播种,也实在是一种真正的禅者的生活,因为他们理解了理事不二的道理,达到了真佛如如的境界。"

理事无二的禅学表达典型的要数洪州宗"立处即真"和临济宗的"立处皆真"命题。马祖曾引《楞伽经》谈色心、佛心与自心之间的关系,马祖把此心等同佛心,此心也就是三界所有现象,离开三界,离开各种现象也不会有心,不会有菩提道果存在。马祖的这段话揭示出佛心与现象之间不可分割的关系。如果人明白了色心不二的道理,那么日常生活如"着衣吃饭"等也尽皆是道了。道并不如后来的道学先生所认为的那样与"人欲"势不两立,李贽的"穿衣吃饭即是人伦物理"的说法大概是从此引出。马祖从事理无碍，色心不二进而明确宣称"立处即真"、现象即真如。

法与心是一回事，所有法都是理，本质并不在现象外，也不是离开法即现象别有一个佛境，现象就是本体，现象界就是佛的真如世界。能悟到这一点，就能于万法中得到自在，因为万法与我、与我心是一致的，解脱不是脱离此世，而是在精神上实现与此世的融合无间。因此佛法不待安排，而本在心中，"一切现成"。

马克思在一定程度上肯定费尔巴哈以"人本主义"为基础对宗教所作的批判。费尔巴哈认为"火的绝对本质、上帝，其实就是他自己的本质。所以，对象所加于他的威力，其实就是他自己的本质的威力。所以，感性的对象的威力，就是感情的威力；理性的对象的威力，就是理性本身的威力；意志的对象的威力，就是意志的威力"①。宗教并非现实世界之外的东西，其所反映的内容就在现实世界之内。马克思在《〈黑格尔法哲学批判〉导言》中进而指出，"真理的彼岸世界消逝以后，历史的任务就是确立此岸世界的真理。"②

这种"此岸世界的真理""与'唯心主义历史观不同，它不是在每个时代中寻找某种范畴，而是始终站在现实历史的基础上，不是从观念出发来解释实践，而是从物质实践出发来解释各种观念形态'。这一表述之中的重要哲学范畴既有'唯物主义'，也有'实践'"。③马克思用历史唯物主义弥合此岸与彼岸。他用实践概念架通了人类从必然王国通向自由王国的桥梁。

"宗教里的苦难既是现实苦难的表现，又是对这种现实苦难的抗议。宗教是被压迫生灵的叹息，是无情世界的感情，正象它是没有精神的制

---

① 《费尔巴哈哲学著作选集》（下卷），北京：生活·读书·新知三联书店1962年版，第30页。

② 《马克思恩格斯选集》第1卷，北京：人民出版社1995年版，第2页。

③ 曹典顺：《唯物史观理论演进的研究范式》，载《中国社会科学》，2019年第8期。

度的精神一样。宗教是人民的鸦片。"① 宗教的异世世界是对现实生活世界颠倒的反应。在阶级社会，宗教经常有意无意的充当了统治阶级的帮凶，麻醉被统治阶级的思想和灵魂，使其丧失反抗意识和反抗精神。走向自由王国只能靠变革现实世界的物质实践而不能寄希望于任何外在的上帝或其他各种神灵的恩赐。

人类的自由、解放与幸福不但不能寄希望于任何外在的上帝或其他各种神灵的恩赐，甚至也不能单纯的寄望于抽象、神圣的理性思辨。而这方面的典型代表就是黑格尔的绝对理念。马克思没有止步于对宗教这种"颠倒的世界"、"颠倒的世界意识"的批判，而是把目光从信仰领域转向世界观、转向哲学领域、转向历史与现实，因为"人不是抽象地蛰居于世界之外的存在物。人就是人的世界，就是国家、社会。"②"马克思已经意识到，要想解决现实和理想之间存在着巨大差距的问题，必须到哲学中去寻求，只有哲学介入，即从哲学的高度上才能满足实现人们对社会进行盘根究底式的追问的要求。1839 年，马克思完全由法学领域转向了哲学领域，走向了"向现实本身去寻求观念"的哲学研究道路。……马克思认为，哲学不是世界之外的遐想，而作为官方意识形态的哲学，却在现实生活世界的实践中背离了寻求人类自由的理想。"③ 马克思的方向就是现实世界的方向，生活世界是马克思主义哲学的理论向度。

三、由玄思到行动

古代中国社会的统治思想是儒家思想，儒家以"内圣外王"，"修身"、"齐家"、"治国"、"平天下"为人生追求，但在具体的道德修养过程中，"内圣"与"外王"，"修身"与"齐家"、"治国"、"平天下"

---

① 《马克思恩格斯选集》第 1 卷，北京：人民出版社 1995 年版，第 2 页。
② 《马克思恩格斯选集》第 1 卷，北京：人民出版社 1995 年版，第 1 页。
③ 曹典顺：《唯物史观理论演进的研究范式》，载《中国社会科学》，2019 年第 8 期。

常常是脱节的。到了宋明理学时期，道德修养"主静"、"去欲"，使人沉浸到自己的内心世界，对功利的排斥，使"道德"与"事功"分为两截，道德在许多人那里成为纯个人、纯精神的事情，道德意识与道德实践无法获得统一。这最终使得当时的许多知识分子变成了两面人，嘴里说的是一套，行动上又是另一套；或是空怀报国的理想，而事实上一无所能，"平时袖手谈心性，临危一死报君王"就是他们的写照，也是他们的宿命。

善、真正的道德不是停留于人的意识之中的，借用马克思评价共产主义的话说，道德、至善"不是现实应当与之相适应的理想"。事实上，"善与恶的观念从一个民族到另一个民族，从一个地区到另一个地区，变化得是这样厉害以至于它们常常是直接反对的"。在后现代主义中，"道德不再是一种柏拉图的理念论或黑格尔的绝对精神意义上的理性的规定，也不是康德的先天行为的道德律令，而是更多地容纳情感、本能和激情。而传统道德包括现代道德的最大缺陷，就是无条件地服从神性和理性。岂不知神性和理性至少在当代已经成为过时的传统。"① 善是人自由与自律的统一，而不是外在的道德诫命，它没有固定的形态，甚至没有确定的标准，绝非一蹴而就就能达到的一种理想，而像共产主义一样，是一个"过程"，"我谨希望我们这一代能够习知：正是形形色色的至善论，不时摧毁着各种社会业已获致的各种程度的成就。如果我们多设定一些有限度的目标、多一份耐心、多一点谦恭，那么我们事实上便能够进步得更快且事半功倍"。"完善或全善永远只是一个虚设的目标，是理性的自我造作和自我欣赏，是旧道德设计的一种绝对的理想和纯粹的概念游戏，是无视客观因素和客观条件的一厢情愿，是对偶然性和相对性的蔑视；根本没有考虑欲望和无意识的不可满足性与盲目性。不完善才是绝对的存在。人们根本不知道什么是善和完善，因为善同恶一样都带有主观随意性、历史性、社会性和阶级性。要求瓦解'自我完善'，

---

① 张之沧：《"后现代主义"道德》，载《人文杂志》，2001年第3期。

就是要求牺牲'自我膨胀'的兴奋精神。"当然,作者如果把至善完全否定,亦未为当,静态的、虚悬世外的"绝对命令"是不存在的,但我们不能把动态的至善一同否定。

动态的至善、真正的道德是实践的,是道德意识与道德行为的有机统一,而非纯粹的理性玄思。在道德实践中,道德意识指导着人的道德行为,道德行为体现着人的道德意识,并在实践中丰富人的道德意识,即进一步深化人的道德认知,激励人的道德情感,激发人的道德意志,从而不断完善自身,臻达至善之境。"在思辨终止的地方,在现实生活面前,正是描述人们实践活动和实际发展过程的真正实证科学开始的地方。关于意识的空话将终止,它们一定会被真正的知识所代替[1]"。自由不是抽象的,至善也不是仅仅存在于道德意识之中,他们必须落实于人们的日常生活之中,与现实生活无关的自由、至善是不可想象的,闭锁在人的头脑中的至善也是无法确证的,当它踏入现实的时候,往往会背叛自己,"社会中普遍存在的伪君子们的'满口仁义道德,一肚子男盗女娼',最有力地证明了传统道德的虚假作用"。[2]

脱离现实的抽象的思想是不存在的,脱离"客观"的纯粹主观也是不存在的,主观的东西只有在与"客体"的互动中才能丰富自身。应当指出的是,这样的主体与客体已不是原来二元对立意义上的主体与客体,它们是你中有我,我中有你的关系。因此马克思用实践概念统一了物质与意识,主观与客观。认为传统哲学中的"至善"概念不应当到彼岸,也不是从意识中寻找,它落实于现实的日常道德行为中。

实践是活生生的生命,活生生的生活。拘泥于形式,脱离现实的意识哲学蹈空滞寂,抽空了自身的基础,是无法导向改变现实的实践的。因此,马克思把自己的理论和工人阶级改造世界的实践相结合,向世界展示出自己思想的能量。

---

[1] 马克思、恩格斯:《德意志意识形态》,北京:人民出版社2003年版,第17页。
[2] 张之沧:《"后现代主义"道德》,载《人文杂志》,2001年第3期。

马克思主义认为，所有人的全面发展是我获得自由发展的前提，每个人充分而自由的发展是其他人获得自由而充分发展的前提。如果说在宗教中诸佛菩萨是自由而全面发展的人，那么它们的自由和全面发展就不能离开众生。那么，马克思的思维的向度就是指向人民，指向现实，指向社会实践。马克思主义虽要积极入世，但同时不能丢弃自己解放全人类的伟大理想和宗旨，始终保持理想与现实之间必要的张力。

（作者石义华系江苏师范大学哲管学院教授，哲学博士；主要研究方向为中国哲学）

唯物史观视域下新发展理念的出场逻辑与制度前提

李包庚　张云英　杨　瑞

[摘　要] 本文以马克思主义实践观和历史观剖析新发展理念的深刻内涵，揭示只有基于唯物史观视域才能真正理解和把握新发展理念的精神意蕴。创新、协调、绿色、开放、共享的发展理念不仅科学回答了如何处理发展动力、发展与自然界的矛盾，发展与不同社会群体的矛盾，而且形成完整的发展观，只有予以系统性、整体性把握，才能将其与传统的发展观念区别开来。深刻理解新发展理念的内在逻辑，必须洞彻新发展理念与中国特色社会主义道路的内在关系：前者以后者为其制度前提。因此，贯彻新发展理念，必须警惕新自由主义等西方关于发展的意识形态的侵蚀，防止任何将发展引向背离社会主义道路的误导和颠覆。

[关键词] 新发展理念　唯物史观　中国特色社会主义　新自由主义

伴随中国特色社会主义进入新时代，通过总结国内外经验教训，反思以往发展道路，探索全新发展模式成为中国全面建成小康社会的关键所在。新发展理念正是针对这一现实问题域提出的，具有鲜明的问题导向。然而，任何理论形态都有其思想渊源的继承谱系，新发展理念作为马克思主义基本原理的当代理论创造，同样需要进行谱系学的解读。也就是说，只有基于唯物史观的观点和方法，对于其精神意蕴才能予以完整地理解和把握；只有运用马克思主义政治经济学，对于新自由主义等关于发展的西方意识形态予以深刻批判，才能真正将新发展理念作为发展行动的先导。

一、新发展理念的出场逻辑

"每个原理都有其出现的世纪"，"为什么该原理出现在 11 世纪或者 18 世纪，而不出现在其他某一世纪，我们必然要仔细研究一下：11 世纪的人们是怎样的，18 世纪的人们是怎样的，他们各自的需要、他们的生产力、生产方式以及生产中使用的原料是怎样的；最后，由这一切生存条件所产生的人与人之间的关系是怎样的。难道探讨这一切问题不就是研究每个世纪中人们的现实的、世俗的历史，不就是把这些人既当做他们本身的历史剧的剧作者又当成剧中人物吗？"①

马克思关于理论出场的上述论述，是理解新发展理念出场逻辑的关键所在。改革开放四十年来，中国特色社会主义实践取得了举世瞩目的成就。其跨度之大，相当于用四十年的时间，走完了西方社会一百年甚至一百五十年的发展道路。正因如此，中国社会的生产方式、生存条件、主体际关系和社会状况也一直处于剧烈的变动之中。中国特色社会主义理论体系也必须根据时代的变化，与时俱进地改变其出场形态。

改革开放初期，为了满足人民群众日益增长的物质文化生活需要，亟需解放生产力，发展生产力，以生产力的提高带动经济社会的发展。在严峻形势的压力和西方舆论的诱导下，发展主义意识形态入侵，使得一些地方片面强调 GDP 增长，有意无意忽视了其他相关社会问题的解

---

① 《马克思恩格斯选集》第 1 卷，北京：人民出版社 1995 年版，第 146—147 页。

决。同时，资本全球化扩张幅度增长迅猛和中国对外开放的大门越来越大的同步，也让中国在一定程度上不得不承受西方发达国家经济社会矛盾的人为转嫁。经过三十多年的积淀，内外动因的交织造成了很多有碍可持续发展的矛盾，甚至成为制约进一步发展的瓶颈，亟待予以解决。

国际竞争力方面，中国制造业多数产业仍然处于国际分工的中低端。对部分具有高额利润的尖端高科技产品一定程度上只能依赖进口，至今为掌握核心技术。这种核心技术的缺失，使中国在国际贸易竞争中经常处于不利地位。区域差别方面，城市与农村，东部与西部发展不平衡问题长期存在。大城市因社会资源过分集中而不断扩张，乡村则随着人口流失而呈现出衰败迹象。沿海部分地区人均GDP已接近发达国家水平，西部仍存在相当一部分贫困人口。各领域发展协调性方面，某些非经济领域并没有像经济领域一样得到快速发展，且长时间处于滞后状态。比如，医疗、养老、教育、文化、社会保障、公共服务、基础设施等长期滞后于经济社会发展水平。看病难、读书难、买房难、养老难成为制约人民群众追求幸福生活的普遍性难题。此外，贫富差距拉大、生态恶化等具有严重危害的社会问题也成为必须正视的难关。

如果说上述问题在我国GDP始终保持两位数增长的超常规增长阶段还能够予以抑制，不至于溢出有效控制范围的话，那么在改革开放进入深水区，经济发展进入新常态的阶段，就成为亟待克服的发展难题。面对问题，习近平总书记高屋建瓴地吸取中国特色社会主义建设正反两方面经验，广泛借鉴全世界范围内不同发展模式的思想成果，汇集全党智慧，总结概括并提出新发展理念这一针对我国经济发展进入新常态、世界经济复苏低迷形势的治本之策。这一系统的发展观当然直接来源于中国特色社会主义的发展实践，但就其理论渊源来说，也是马克思所创立的唯物史观在中国特色社会主义新时代的进一步发展，且只有基于唯物史观视域才能够真正把握其精神意蕴。

二、唯物史观视域下新发展理念的精神意蕴

根据历史唯物主义的基本观点,发展作为标志人类社会进步的范畴,意味着人类社会通过一定的组织方式改造自然界及人类本身,进而提升生产能力和社会生活水平的历史进程。推动这一进程的原动力,即恩格斯所说"使广大群众、使整个的民族,并且在每一民族中间又使整个阶级行动起来的动力"[①]。在不同的历史时期,发展的原动力有着不同的表现形式,还会存在各种直接动力、次生动力和二级动力。在发展过程中,为实现主体意图的对象化,必将与自然界发生持续的碰撞,同时也在不同人类群体之间产生矛盾冲突。在任何发展进程中,不同发展动力的衰竭与再生,发展与自然界、发展与人类社会现状的冲突都是必然遭遇并不断予以克服的矛盾。

在新发展理念中,创新、协调、绿色、开放、共享五个要素相互依存、相辅相成、相得益彰。就发展动力而言,创新是引领发展的第一动力。协调是持续稳定健康发展的内在要求。就发展与自然界的矛盾而言,绿色是维系生态环境系统,确保人与自然界的物质能量交换永续进行的必要条件。就发展与人类社会的矛盾而言,开放是处理区域之间乃至国家之间经济社会关系的基本态度,是通向繁荣的必由之路;共享是分配劳动成果的基本原则,也是中国特色社会主义的本质要求。

(一) 准确把握新发展理念的发展动力

创新是一个民族进步的灵魂,是国家兴旺发达的不竭动力。时代要发展、经济要增长,就不能墨守成规,必须不断调整发展战略以适应变化发展的形式。在我国以往的发展进程中,大规模资本投入、粗放式经

[①] 《路德维希·费尔巴哈与德国古典哲学的终结》,北京:人民出版社 2014 年版,第 45 页。

营的发展模式占据主导地位。与此相比，技术、生产组合模式、管理模式、分配方式和商业营销模式等生产方式的革新可以变革生产模式，提高劳动效率，扩大需求范围，带动新兴消费，拓宽生产生活空间。这种生产和销售领域的革新，又会催生国家治理体系的变革，成为总体化的创新。因此，新发展理念主张，在全球化发展进程中要"把创新放在发展全局的核心位置，就能紧扣世界创新发展脉搏，顺应世界发展创新大势，赶上世界创新发展脚步，从后发到先发，从跟跑到领跑，引领世界创新发展潮流。"① 具体而言，通过推动经济转型，转变经济发展模式，实现经济增长方式由投入型到创新型的成功转变；加大对高科技产品的研发力度，掌握其核心技术，在国际贸易竞争中形成自己的优势，促进产业结构高级化，在核心技术领域避免受制于人；以制度创新保障科技、文化、产业等领域的创新，实现新的经济增长点；从而改变中国及其内部区域在世界和区域经济体系中的地位，实现经济社会发展质的跃迁。

然而，在全球仍然占据统治地位的资本主义社会中，创新并非总是能够充分发挥其对于发展的推动作用，反而可能造成发展的停滞和倒退。这种现象即西方经济学家熊彼特（Joseph Alois Schumpeter）所称的"创造性破坏"（creative destruction）。在资本主义生产方式下，企业的创新行为总是会创造性地破坏市场均衡。创新不断创造新经济结构的同时，也在不断破坏旧的经济结构，利润导向的发明在某一阶段密集出现，由于市场竞争压力，将导致资本主义整体经济出现剧烈波动。熊彼特指出，资本主义"通过开启的这个过程（即创造性破坏过程——笔者注），它还间接导致了大多数天降横财和飞来横祸的情形，投机性操作在其中获得了巨大活动空间"。② 2008 年以来的国际金融危机，其最初

---

① 任理轩：《"五大发展理念"解读之一——坚持创新发展》，载《人民日报》，2015 年 12 月 18 日。

② Joseph Sehumpeter, *Capitalism, Socialism, and Democracy*, Geroge Allen & Unwin, 1954, p.83.

的引爆点即美国金融衍生工具的创新,是证实创造性破坏的最新例证。

正如熊彼特本人乐于承认的,他所研究的创造性破坏,只是马克思资本论研究领域的一小部分。在马克思主义看来,创造性破坏和其他类型的资本主义危机一样,本质源于资本无限扩张的冲动和市场吸纳能力、居民消费能力的不协调性。新发展理念基于社会主义制度之上,要求生产部门之间、行业之间、生产与消费、国内贸易与进出口之间保持适当的比例协调,最大限度抑制经济波动的破坏性。近年来,以"三去一降一补"为特征的供给侧结构性改革,其目的即实现经济发展的比例协调。不仅如此,新发展理念进一步认识到,面对复杂的经济社会关系,统筹兼顾才能照顾各方面的综合平衡,片面追求经济发展,并不能带来社会、政治、文化和生态的共同进步。为此,应坚持推动经济社会协调发展、区域协调发展、城乡协调发展、物质文明和精神文明协调发展,促进发展的整体性和协调性,在增强国家硬实力的同时注重提升国家软实力,使国家综合切实得到增强。

总之,创新和协调不能予以孤立地理解,只有在推动创新的同时保持各方面比例协调,才能在全社会范围内实现全方位进步。

(二) 在发展进程中妥善处理人与自然的关系

绿色是生命的象征,大自然的底色。自然界提供了人类生存与劳动的物质对象与依托;没有自然资源、能源、生态与环境的维系,人的现实生活就失去了存在和发展的基础。诚如马克思指出,"自然界,就他自身不是人的身体而言,是人的无机的身体。人靠自然界生活。这就是说,自然界是人为了不致死亡而必须与之处于持续不断地交互作用过程的、人的身体。所谓人的肉体生活和精神生活同自然界相联系,不外是说自然界同自身相联系,因为人是自然界的一部分。"[①] 在人与自然的持续不断地交互作用中,由于资本主义生产方式的逐利性,人类曾经不加

---

① 《1844年哲学经济学手稿》,北京:人民出版社2000年版,第56—57页。

遏止地一味向大自然索取，因此产生了严重的生态环境、资源和能源危机。对此，恩格斯早就预言，"我们不要过分陶醉于我们对自然界的胜利。对于我们的每一次胜利，自然界都报复了我们。"他告诫人类："我们统治自然界，决不像征服者统治异族人那样，决不是像站在自然界之外的人似的，——相反地，我们连同我们的肉、血和头脑都是属于自然界和存在于自然之中的。"[①] 也就是说，认识到人类与自然界的统一性并努力保持人与自然的动态和谐是为人类发展持续提供基本物质和能量保障的前提条件。

今天，生态环境问题不仅关涉经济社会发展，而且关系人类的后续繁衍和基本生存。因而，生态文明建设已成为广大人民群众日益关注的问题。"绿色"发展理念的提出，强调在利用自然资源的同时，要顺应自然发展规律，将经济社会发展进程与自然规律相结合，基于合理利用有限资源这一前提，提高发展的质量与效益。为保障有限的资源环境承载能力不至于断裂，实现永续发展。高投入、高消耗、高污染的传统发展模式将通过"去产能、调结构"逐步予以摒弃。在"绿色"发展理念指导下，当下和未来的发展，将致力于构建人与自然和谐发展的现代化建设新格局，尊崇生态文明，建设美丽中国。这一发展战略的转变惠及的不仅仅是本国人民，由于中国土地辽阔，人口众多，全球生态和环境状况也将从中受益。

（三）在发展进程中构建新型主体际关系

这里所说的主体际关系，不仅包含人类个体间关系，而且包含区域和国家间关系。全球化时代，世界经济格局已经趋于一体化。跨国公司成为经济发展的微观主体。为了赶上时代步伐、处于时代前沿，主动以开放的姿态加入全球经济一体化进程，始终是中国的国家战略选择。当然，经过几十年的发展，对外开放的基础和条件都发生了深刻变化。新

---

① 《马克思恩格斯选集》第 4 卷，北京：人民出版社 1995 年版，第 383—384 页。

发展理念所称"开放",强调在总结以往对外开放经验,深化对经济社会发展规律认识的基础上,顺应我国经济深度融入世界经济的趋势,发展更高层次的开放型经济,积极参与全球经济治理和公共产品供给。其目的在于,"既立足国内,充分发挥我国资源、市场、制度等优势,又更好利用国际国内两个市场、两种资源,以开放促改革、促发展、促创新,与世界各国互利共赢、共享发展成果。"①

发展成果不仅要与世界各国共享,更要由本国人民共享。这是因为在新发展理念看来,发展的根本目的在于增进民生福祉,也就是说,发展为了人民。因此,发展也必须依靠人民,发展成果更应属于全体人民。共享作为发展的出发点和落脚点,指明了发展的价值取向,体现了社会主义制度的优势。基于共享理念,就要以制度保障社会公平正义,以精准扶贫为标的,以缩小收入差距为抓手,推进区域、城乡公共服务均等化,带领全体人民走向物质和精神的共同富裕。作出更有效的制度安排,使全体人民在共建共享发展中体会更多获得感,乐于为全面建成小康社会积极贡献力量。如习近平总书记所强调:"面对人民过上更好生活的新期待,我们不能有丝毫自满和懈怠,必须再接再厉,使发展成果更多更公平惠及全体人民,朝着共同富裕方向稳步前进。"②党的十八大以来,落实精准扶贫、缩小收入差距、推进区域和城乡之间基本服务均等化,实现人人参与、人人尽责、人人享有,让人民在发展过程中有更多获得感和幸福感等全方位的努力,充分体现着共享发展理念的社会主义情怀。

在新发展理念中,五大要素紧密联系,交相辉映,对其必须予以整体性的理解,片面强调任何要素都可能背离新发展理念的要求,甚至产生负面效应。事实上,孤立地看,新发展理念的任何一项要素,在西方

---

① 任理轩:《"五大发展理念"解读之四——坚持开放发展》,载《人民日报》,2015年12月23日。

② 《在纪念毛泽东同志诞辰120周年座谈会上的讲话》,载《人民日报》,2013年12月27日。

学术界都曾被研究和讨论过，但是无论是创造性破坏、一般均衡，还是绿色经济、世界平坦化，乃至共享经济，诸多形形色色的西方理论都经常以割裂和片面的姿态讨论这些理念，以致根本无助于形成正确全面深刻的发展观念。新发展理念的理论贡献在于，坚持以唯物史观为指导，把经济社会发展作为一个系统予以总体性考虑，强调五要素作为新型发展的特征和表现的完整性和不可割裂性。由于总体大于部分之和，新发展理念就具有了超出孤立、片面的西方发展观念的更高境界。

具体而言，新发展理念所说创新，必须有助于维持而不是破坏协调状态，有助于支持建设环境友好型和资源节约型社会，有助于推进开放，促进成果共享的创新，而不是只能构成创造性破坏的创新。协调绝不是保持零增长，维持发展的极限，而是有利于最大限度发挥创新推动力，维护人与自然界的良性关系，在发展中为各个群体带来普遍性收益。绿色也不是片面强调环境和生态的重要性，从而杜绝一切现代工业，而是要通过创新，实现人与自然界的协调发展和人居环境的最大改善，让全体人民在更高的生活水平上更深切地感受到绿水青山的魅力。开放则并非无原则地允许生产要素自由流动，而是要考虑其流动是否有利于创新、协调，实现绿色发展，是否有利于发展成果为全体人民共享。最后，合规律性的创新发展、协调发展、绿色发展、开放发展最终都要为合目的性的共享发展提供保障，没有合目的性的共享发展，合规律性的创新发展、协调发展、绿色发展、开放发展最终也难以实现。因此，就其执行策略而言，五大发展理念必须统一贯彻、统一落实，一体推进、一起发力，既不能顾此失彼，也不能相互代替，惟其如此，才能赢得全面建成小康社会的全面胜利。

三、新发展理念的制度前提与意识形态坚守

如上所述，新发展理念的精神意蕴只有基于唯物史观才有可能予以全面理解和掌握。因而，也只有在社会主义生产方式这一前提条件下，

才能真正予以落实。只有基于社会主义生产资料公有制和按劳分配制度，为了人民并依靠人民的发展才能够实现，部门、行业、区域、国内发展与对外开放的协调才不会流于空想，切实的环境生态治理才会得以实施。而这种与资本主义异质的发展理念与西方关于发展的诸多意识形态话语特别是以华盛顿共识自我标榜的新自由主义迷思有着明显的矛盾冲突。因此，为了正确贯彻落实新发展理念，必须警惕新自由主义对于理论阵地和领导干部的思想侵蚀，防止其对马克思主义意识形态的渗透和颠覆。

（一）新发展理念以社会主义为其制度前提

作为马克思主义发展观与当今中国社会现实，时代潮流和群众期盼紧密结合的最新理论成果，促进社会公平正义、逐步实现全体人民共同富裕的社会主义情怀始终是新发展理念最为关注的主旋律。以人民为中心的发展思想构成其基本的问题域，建构于问题域之上的立场、观点和方法无不厚植于中国特色社会主义时代背景的当下。

在发展动力上，由于社会主义初步消灭了劳动异化，可以真正做到以人为本，最大程度激发劳动主体的创新和创造热情。由于国有企业不以逐利为唯一目的，主动承担了更多的社会责任，也就不具备滥用垄断地位妨害创新的可能。同时，对于跨国公司滥用垄断地位的限制，也是对于创新的保护和扶植。至于协调的实现，显然必须通过政府对于市场进行有效干预。同资本主义制度特别是新自由主义大行其道之后吹嘘的最小政府相比，我国政府的经济干预能力明显更为强大，在必要的时候完全有能力实行更为有效的全国性人力和资源动员，凸显社会主义的制度优势。

在人与自然的关系上，只有经营主体自觉抑制逐利冲动，更加充分地考虑社会责任，才会在最大可能范围内合理利用资源和能源，维持生态平衡，谋求人与自然和谐发展。只要经营者还是资本的人格化代表，基于资本唯利是图的本性，这种经营主体的自我约束在根本上就是无法实现的。几十年来，西方社会生态环境的改善，主要是以邻为壑，向第三世界国家转移污染源的结果。资产阶级的跨国公司从来就没有改善全球生态环境的诚意。只有以满足人民群众日益增长的美好生活需要为目的公有制企业，才有可能有效抑制短期逐利行为，以更为长远理性的态度处理人与自然的关系，通过自我约束，自我治理，发展绿色经济，建设美丽中国。

在主体间关系上，资本主义发展道路只能制造出严重的贫富分化和地区差距，进而激化以阶级矛盾为核心的各种社会矛盾。历史和现实早已证实，要在发展中保障和改善民生，将发展成果惠及最广大人民，社会主义是唯一的选择。只有坚持社会主义道路，才有可能代表最广大人民根本利益，从制度上抑制贫富分化，统筹国内发展和对外开放，引领全体人民走向共同富裕，构建和谐公平的主体间关系，实现共享发展。在这里，共享与公平互为依托、相辅相成，没有共享谈不上公平，没有公平更不可能实现共享。

上述社会主义发展道路的基本优势是由社会主义基本经济制度决定的。在所有制方面，社会主义国家可以利用公有资产在社会总资产中的主体地位，控制国民经济命脉，对经济发展发挥主导作用，合理配置资源，提高资源利用率，对国计民生作出合理安排，在保障经济平稳运行的同时，维持和提高人民的生活水平。相反，在资本主义制度下，生产资料由资产阶级私人占有，加之当代资本主义国家普遍实行自由放任的新自由主义经济政策，任由市场自行决定资源配置与供给，在经济危机或新的获利产业面前，往往导致资源极大浪费并造成巨大贫富差距。在这样的制度下，获利的只是少数人，而绝大多数人都将付出沉重代价。

在分配制度方面，生产资料所有制结构决定分配结构。合理的收入分配是社会公平的重要体现。在公有制为主体的社会主义生产资料所有制结构中，按劳分配方式占比最重，是最主要的收入来源分配制度。坚持以按劳分配为主体的基本分配制度,就能够有效实现社会公平和共享发展,体现社会主义制度本质要求。对比只维护站在金字塔顶尖那部分人的特殊利益,造成贫富差距不断扩大的资本主义,社会主义制度为全体劳动者谋利益的历史使命通过贯彻落实新发展理念,必将进一步彰显社会制度的生机活力。

(二) 新发展理念在意识形态领域的博弈

所谓新自由主义,"指的是这样一些政策与过程:相当一批私有业者能够得以控制尽可能广的社会层面,从而获取最大的个人利益。""该理论体系也称为'华盛顿共识'……其基本原则简单地说就是:贸易自由化、价格市场化和私有化。"① 新自由主义自20世纪70年代以来成为席卷全球的浪潮,是和玛格丽特·撒切尔、罗纳德·里根在英美两国的率先推行不可分的。仅在英国,20世纪19年代就有600亿英镑的国有资产被卖给或转包给私人投资者。② 伴随私有化浪潮,社会快速两极分化,绝大部分财产掌握在少部分顶尖富豪手中,大多数中间阶级原本能够维持的体面生活失去了保障。尽管如此,英美等主要资本主义国家多年以来始终坚持以新自由主义意识形态指导经济社会决策,并利用其在学术思想和大众传媒领域的优势地位,不断向发展中国家推销新自由主义理念。伴随20世纪末全球化进程的加快以及冷战结束后美国霸权地位的绝对化趋势,华盛顿共识成为很多国家发展经济学领域的主流观点。我国学界和政界某些人也在一定程度上受其误导和毒害。

由于新自由主义思潮的持续蔓延,其基本立场很多不太关心学术的人都会备感熟悉。一是鼓吹完全自由的市场竞争(撇开人们的社会属性

---

① 诺姆·乔姆斯基:《新自由主义和全球秩序》,徐海铭、季海宏译,南京:江苏人民出版社2000年版,第1、3页。

② 阿兰·G. 纳赛尔:《资本主义的发展趋势与新自由主义的私有化浪潮》,徐洋译,载《国外理论动态》,2003年第9期。

和在生产关系中的地位,脱离经济基础和上层建筑,制造一种抽象的"理想市场"作为理论前提)能够自动做到市场出清,无需人为干预;二是标榜个人主义(每个人在经济活动中首先是利己的,其次才是利他的动机和行为,社会目标不能抑制个人目标)价值观念,将自私视为人类不变的永恒本质;三是提倡自由放任的市场经济(自由选择是经济和政治活动最基本的原则),支持发挥"看不见的手"的力量(市场的自我调节是分配资源最优越和最完善的机制,通过市场进行自由竞争是实现资源最佳配置和实现充分就业的唯一途径);四是反对国家过多干预经济(国家计划经济、调节分配破坏了经济自由,扼杀了"经济人"的积极性,降低了生产效率,只有让市场自行其是才能产生最好的结果),主张建立最小政府;五是主张全面私有化(私有化是保证市场机制得以充分发挥作用的基础,私人企业是最有效率的企业,要求对现有公共资源进行私有化改革),向社会拍卖绝大多数国有资产;六是主张为富人大幅度减税,同时大幅度削减工人福利。

我们容易发现,新自由主义观念特别是其推崇的自由放任市场经济和个人主义价值理念与社会主义的发展方向在根本上是背道而驰的。如习近平在谈到供给侧改革的时候曾经指出:"我们讲的供给侧结构性改革,同西方经济学的供给学派不是一回事,不能把供给侧结构性改革看成是西方供给学派的翻版,更要防止有些人用他们的解释来宣扬'新自由主义',借机制造负面舆论。"① 可见,深入贯彻新发展理念,需要深刻认识新自由主义的现实危害性,肃清华盛顿共识的迷思。

首先,新自由主义全面抑制创新。新自由主义拒绝主动为劳动者提供社会福利,并主张坚决镇压劳动者的不满和反抗。这种行为只能造成劳动者对于工作本身及工作场域的极端憎恶,抑制其参与技术和管理创

---

① 《不能把侧供给结构性改革看成是西方供给学派的翻版》,载《人民日报》,2016年5月28日。

新的冲动。

其次,新自由主义理念直接危害和阻遏经济社会的协调发展。新自由主义公开要求政府最大可能放弃干预市场运行,任由经济主体自由放任地扩张。历史表明,这种做法只能导致破坏性日趋严重的经济危机反复发生。协调发展则公开要求市场在资源配置起决定性作用的同时更好地发挥政府以宏观调控职能为核心的多重作用,协调好市场与政府的关系,通过财税金融等杠杆,维持供需动态均衡,调节收入分配,形成体现公平正义要求、符合共享发展方向的收入分配格局。

再次,基于新自由主义理念,根本无法实现绿色发展。这是因为新自由主义理念拒绝政府调控市场,更坚决反对抑制资本逐利性。而基于资本逐利的本性,环保和生态作为增大生产成本的投入,是资本本能嫌恶的。

又次,新自由主义提倡的开放根本上有别于新发展理念所说的开放。新自由主义要求后发国家放弃一切国家主权,为资本的自由流动在全球范围内打开不加控制的大门,同时却又要求构建劳动力和技术流动的壁垒。这种开放的结局只能造成单向有利于欧美日发达国家的全球经济秩序,导致资本盈利由落后国家向发达国家回流。

最后,新自由主义理念反对共享发展。公开要求消减一切职工福利,为富人减税,人为制造贫富悬殊。共享理念则与之针锋相对,要求把差距控制在合理范围内,消灭两极分化,尤其要努力消除贫困,不断做大"蛋糕"的同时努力分好"蛋糕"。

尽管新自由主义迷思与新发展理念对于发展的主张颇多抵牾,但由于种种复杂原因,彻底清除新自由主义对于改革开放的严重误导,牢固确立马克思主义意识形态领导权又绝非一日之功。全面肃清新自由主义影响,构建牢固的思想防线仍然需要政治家和理论工作者付出艰辛的努力。

总之,新发展理念并非超越社会形态的普世观念。只有站在人民立场，基于唯物史观的观点和方法，认真分析中国特色社会主义新时代的伟大社会实践，自觉警惕和批判西方意识形态的影响，才能深刻把握其整体内涵和精神意蕴。在精神实质和价值追求等方面，新发展理念与马克思和恩格斯创立的唯物史观具有深层次的统一。

（作者李包庚系宁波大学马克思主义学院院长，教授；作者张云英系宁波大学马克思主义学院2017级硕士研究生；作者杨瑞系宁波大学马克思主义学院2018级硕士研究生）

五

中国道路

今天应当怎么看"消灭私有制"?

董德刚

[摘　要]《共产党宣言》所说的"消灭私有制"是有前提条件的:大前提是生产关系一定要适应生产力状况,小前提是资本主义私有制已经严重阻碍生产力发展,因此,要消灭资本主义私有制。但其中作为小前提的判断存在较大误差,恩格斯晚年对此作过自我批评,世界多国实践也证明,即使在170年后的今天,资本主义私有制还能容纳生产力发展,短期内不可能灭亡。所以,我们不应当拘泥于《共产党宣言》的结论,而应把握其深层思想即生产关系一定要适应生产力状况的规律,根据我国生产力不发达、多层次、不平衡的实际情况,在继续发展公有制经济的同时,坚定实行多种所有制共同发展的方针。将来,资本主义私有制是要消灭的,途径有两种,一是暴力剥夺,二是合作、融合,后者更符合经济发展规律,经济效益和社会效益较优。但要注意,资本主义私有制的灭亡是一个漫长的历史过程,不能急于求成。

[关键词]共产党宣言　消灭私有制　怎么看

---

* 此文原载《中国民商》杂志2019年第5期。

马克思和恩格斯在《共产党宣言》中明确宣告："共产党人可以把自己的理论概括为一句话：消灭私有制。"这个论断的影响极其广泛深入，给几代中国人留下了难以磨灭的思想烙印，直至今日，还有很多人认为，不消灭私有制那还叫什么共产党、社会主义！而中国的现实是，我们在大力发展多种所有制经济，其中包括私有制经济，理论与实践反差很大。这使许多人感到十分困惑，疑虑重重，底气不足，摇摆不定。有些人甚至认为，这完全背离了马克思主义，走上资本主义"邪路"了。极个别学者和网络写手竟然高调宣扬要"消灭私有制"和"民营经济应该离场"，以致引起了一定程度的社会恐慌。这些，已经对我国的持续健康发展构成了很大干扰。这些认识是需要加以澄清的。鉴于这是一个基本理论问题并有重要现实意义，本文试对"消灭私有制"问题作些具体辨析。

一、"消灭私有制"是有前提条件的

马克思和恩格斯所说的"消灭私有制"，不是指剥夺"那种小资产阶级的、小农的财产"，而是特指消灭资本主义私有制。《共产党宣言》指出："共产主义的特征并不是废除一般的所有制，而是要废除资产阶级的所有制。""共产主义并不剥夺任何人占有社会产品的权力，它只剥夺利用这种占有去奴役他人劳动的权力。"① 后来，马克思在《资本论》中更加明确地指出："……私有制的性质，却依这些私人是劳动者还是非劳动者而有所不同。"②

这种特定含义的"消灭私有制"即消灭资本主义私有制是否是在任何时间、任何条件、任何国家，都应当立即拿来实行的纲领和政策？显

---

① 《马克思恩格斯文集》第2卷，北京：人民出版社2009年版，第45—47页。
② 《马克思恩格斯文集》第5卷，北京：人民出版社2009年版，第872页。

然不是。"消灭私有制"是有条件亦即是有逻辑前提的。其直接前提是：资本主义私有制已经严重阻碍了生产力的发展，成为生产力发展的桎梏，丧失了历史合理性，因此，应当加以消灭。

进一步说，资本主义私有制阻碍生产力发展，为什么就必须消灭它呢？其条件即逻辑前提是：生产关系特别是所有制一定要适应生产力的状况。只有适合生产力状况的生产关系包括所有制，才能充分调动劳动者和所有者的积极性，更好发挥各种生产要素的作用，创造更多的物质财富，提高人们的生活水平。这是一切人类社会发展的普遍规律，任何人、任何政党和集团都无法改变这一规律。这是马克思的历史唯物主义所揭示的科学真理。

可见，"消灭私有制"这一结论蕴含着这样一个逻辑学上的三段论：

大前提：生产关系一定要适应生产力状况；

小前提：资本主义私有制已经严重阻碍生产力发展；

结　论：因此，必须消灭资本主义私有制。

这里的大前提是普遍适用的社会发展一般规律，也是"消灭私有制"这个论断所蕴含的深层思想，是我们应当着重把握和始终坚持的根本指南。现在的主要问题是，这个三段论中的小前提是否成立？资本主义私有制是否已经严重阻碍了生产力的发展？它是否应当立即被推翻？这是需要运用事实和理论予以证明的。

二、资本主义私有制还能容纳生产力发展

在 1848 年《共产党宣言》发表的时候，马克思和恩格斯认为，资本主义私有制已经严重阻碍了生产力的发展，他们说："生产力已经强大到这种关系所不能适应的地步，它已经受到这种关系的阻碍；……资

产阶级的关系已经太狭窄了,再容纳不了它本身所造成的财富了。"① 其后,马克思在1867年出版的《资本论》第1卷中再次宣告:"资本的垄断成了与这种垄断一起并在这种垄断之下繁盛起来的生产方式的桎梏。生产资料的集中和劳动的社会化,达到了同它们的资本主义外壳不能相容的地步。这个外壳就要炸毁了。资本主义私有制的丧钟就要响了。剥夺者就要被剥夺了。"②

但是,马克思和恩格斯后来发现这个结论与现实的发展不一致。

1895年恩格斯在公开发表的为马克思《1848年至1850年的法兰西阶级斗争》所写的导言中说:"历史表明,我们以及所有和我们有同样想法的人,都是不对的。历史清楚地表明,当时欧洲大陆经济发展的状况还远没有成熟到可以铲除资本主义生产的程度;历史用经济革命证明了这一点,从1848年起经济革命席卷了整个欧洲大陆,在法国、奥地利、匈牙利、波兰以及最近在俄国刚刚真正确立了大工业,并且使德国简直就变成了一个头等工业国——这一切都是以资本主义为基础的,可见这个基础在1848年还具有很大的扩展能力。……这就彻底证明了,在1848年要以一次简单的突然袭击来实现社会改造,是多么不可能的事情。"恩格斯接着还写道:"甚至在那时(指1871年——引者注),即在本书所描述的那个时期的20年以后,工人阶级的这种统治还是多么不可能。"③ 这些话,可以看作是恩格斯本人并且代表马克思所作的自我批评,他否定了自己早年的结论。实际上,即便在恩格斯撰写这篇导言的1895年,工人阶级夺取政权依然十分艰难,消灭私有制远未成为现实。

放眼世界,直至一个多世纪以后的今天,世界上大多数国家包括所有发达国家都在实行资本主义制度,它们的生产力总体上也都在发展,

---

① 《马克思恩格斯文集》第2卷,北京:人民出版社2009年版,第37页。
② 《马克思恩格斯文集》第5卷,北京:人民出版社2009年版,第874页。
③ 《马克思恩格斯文集》第4卷,北京:人民出版社2009年版,第540、541、542页。

有些时候有些国家发展还很快。这表明，资本主义私有制还能容纳生产力的发展，尚有存在的合理性，短期内不可能灭亡。正如马克思在《〈政治经济学批判〉序言》中所指出的："无论哪一个社会形态，在它所能容纳的全部生产力发挥出来以前，是决不会灭亡的；而新的更高的生产关系，在它的物质存在条件在旧社会的胎胞里成熟以前，是决不会出现的。"①

改革开放以后，我们党和国家没有拘泥于马克思和恩格斯关于"消灭私有制"的具体结论，而是抓住了这个论断背后的深层思想，即生产关系一定要适应生产力状况的规律，从我国现阶段生产力不发达、多层次、不平衡的实际情况出发，改变过分单一的所有制结构，在继续发展公有制经济的同时，允许和支持非公有制经济包括私有制经济的发展，形成了多种所有制经济共同发展的新格局，调动了多方面的积极性，使生产力得到了巨大发展，人民生活水平和国家实力都得到了很大提高。实践证明，我们现在的路子走对了，符合社会发展一般规律，是真正坚持了科学的马克思主义。我们应当坚定不移地继续坚持这条道路。

三、消灭资本主义私有制的两种途径

事物是变化发展的，资本主义私有制同样不会永远不变、永世长存。那么，如何消灭资本主义私有制呢？

《共产党宣言》说："共产主义革命就是同传统的所有制关系实行最彻底的决裂……无产阶级将利用自己的政治统治，一步一步地夺取资产阶级的全部资本，把一切生产工具集中到国家即组织成为统治阶级的无产阶级手里，并且尽可能快地增加生产力的总量。""共产党人不屑于隐瞒自己的观点和意图。他们公开宣布：他们的目的只有用暴力推翻全部

---

① 《马克思恩格斯文集》第 2 卷，北京：人民出版社 2009 年版，第 592 页。

现存的社会制度才能达到。"① 苏联基本按照这一思路，对资产阶级以及富农采取了暴力剥夺的办法，迅速建立了以国有制为主体的经济制度。中国20世纪50年代对资本主义工商业的社会主义改造有所调整，利用国家权力实行了"和平赎买"政策，走上了公私合营道路，后来在全国很快形成了以国有经济为主导的公有制。但在很长时间里，苏联以及中国生产力发展欠佳，经济效率和效益不高，处于日常生活用品长期匮乏的"短缺经济"和"票证经济"状态，人民生活水平没有得到应有的提高，与资本主义国家及地区的经济发展差距显著拉大。这也正是后来苏联解体、中国实行改革开放的一个根本原因。

另一种"消灭私有制"的途径是合作、融合。从多国实践看，资本主义私有制事实上处于不断"蜕变"之中。马克思和恩格斯当年所看到的资本主义私有制，主要是小业主式的私有制，如恩格斯所说："究竟什么是资本主义私人生产呢？那是由单个企业家所经营的生产。"后来，私人企业又扩展为股份公司、托拉斯等②。这里，已经可以看到私人资本的联合、合作。私人资本为什么要联合、合作呢？根本原因是追求经济利益。在机器大生产日益发展、生产不断社会化的条件下，资本只有达到一定经济规模，才能提高效率和效益，并在激烈的市场竞争中立于不败之地。在私人资本逐渐联合、合作的过程中，与私人所有不同的共有的因素也在增长。同时，随着生产力的发展，劳动者的生活水平在逐渐提高，越来越多的人拥有了部分剩余资产，为了保值增值，他们也要将其投入社会再生产。在这一过程中，公有制与私有制不是非此即彼、截然对立的，而是交叉、混合、融合在一起。例如，就当代世界各种企业的主要实现形式股份制来看，它兼容公有、私有、国有、民有等各种所有制成分，具有很大的"杂交"优势：在股份制企业中，即便全部股

---

① 《马克思恩格斯文集》第2卷，北京：人民出版社2009年版，第52、66页。
② 《马克思恩格斯文集》第4卷，北京：人民出版社2009年版，第410页。

权都归个人所有,股东可以分红,这是私有制的成分,但私人所有的资产却为企业法人即集体所用,谁也不能拿走,并为社会提供商品、服务、税收和就业,这又是公有的因素。在这里,公有制与私有制不是"彻底决裂"、简单地一个"吃掉"另一个、一个代替另一个的关系,而是一个彼此融合、扬长避短、辩证否定即扬弃的关系。

在资本主义私有制的"蜕变"过程中,国家也发挥了重要作用,主要是通过法治的途径,既保护私人财产包括知识产权,又限制垄断,鼓励竞争,同时保护劳动者的基本权利,提供基本社会保障,利用税收调整收入分配,使各种经济成分包括私有制经济在现代文明的框架内有序运行。① 当然,社会主义中国与资本主义国家在所有制方面是有重要区别的,主要的不同,就是我国的公有制经济始终占据主体地位。即使是在非公有制经济已经占有较大比重的今天,如果不是仅仅计算企业中的经营性资产,而是考虑到我国的资源性资产(包括土地、矿产、河流、水源、海洋、空间资源等)几乎全部属于公有制经济,它们的体量又无比巨大,那么,就会看到,我国公有制经济的主体地位是绝不可能轻易动摇的。

以上"消灭私有制"的两种途径,究竟哪一种更好些?相对地说,暴力剥夺是政治外力强行介入经济运行过程的行为,作为政治上层建筑的国家强力改变经济基础,容易打乱经济本身发展的内生性和连续性,造成社会震荡,发生"唯意志论"的"拔苗助长"的错误。而合作、融合则是经济主体自发自愿的行为,体现经济必然性即符合经济发展规律,属于经济本身发展的"自然历史过程",社会震动也较小,经济效益和社会效益均较优,有利于更好地发展我国生产力、增强国家综合实力和提高人民生活水平。

---

① 参见董德刚:《〈共产党宣言〉三个论断之辨析》,载《科学社会主义》,2011年第4期。

因此，正如多年来我们党所一再强调的，我们应当从过去简单化的"公私对立论"转变到各种所有制成分"平等竞争、相互促进"论，实行公私兼容，劳资两利，同等保护，共同发展。

简言之，资本主义私有制是要消灭的，它必将被更高级的所有制形式所代替，但那是一个漫长的历史过程。我们要注意它的长期性、复杂性和艰巨性，千万不要急于求成。

（作者董德刚系中共中央党校教授、博士生导师；主要研究马克思主义及其哲学）

中国特色社会主义廉政理论的价值逻辑*

曹典顺　范云

[摘　要] 中国历史上只有新中国真正从政治风气上建立了具有"实践意蕴"的廉政理论，即中国共产党创立了与党风建设相统一的政风建设，或者说，无论是中国道路站起来时期，还是中国道路富起来时期和中国道路强起来时期，中国道路的成功践行离不开"清正廉洁"的政治风气作为保障。中国政风建设的廉政价值理论是中国政风建设的价值逻辑，是中国政风建设理论构筑的合理性依据。中国特色社会主义廉政理论认为，服务人民的实践话语是全心全意为人民服务，就是认为服务人民是中国共产党人和中国政府公务人员的行动指南，即服务人民是中国特色社会主义廉政理论的价值理念。奉献人生除了可以作为一种价值选择，还可以被理解为一种道德理想。

[关键词] 中国特色社会主义廉政理论　服务人民　价值理念　奉献人生　价值选择

---

* 国家社科基金重大项目"改革开放以来中国特色社会主义的发展逻辑研究"[17ZDA003]的研究成果。

近年来，政治哲学的研究中频繁出现"勤政"、"懒政"、"廉政"、"贪政"的概念和范畴。就中国政治的演变历史而言，漫长的封建社会总体上是处于勤政状态而不是廉政状态，换言之，中国封建社会即使不能说一直处于勤政时期，但也绝不可说是处于懒政时期，最起码可以说是提倡"勤政"的时期。所谓"勤政"，用范仲淹的观点理解就是"先天下之忧而忧"的逻辑，用封建官员的观点理解就是"当官不为民做主不如回家卖红薯"的思想逻辑。尽管中国封建历史上不乏清正廉洁的官员，但的确没有形成廉政文化，也就是说，民间长时期能够容忍"适度贪官"的存在。所谓"适度贪官"，就是指该官员虽然有贪污行为但又有着勤政的政绩表现。这一中国文化的传统，既是源于中国人民的善良本性，也是源于封建文化对中国人民的蒙蔽。新中国成立的70年，中国共产党不断传播马克思主义理论，力图让人民群众理解"勤政"和"廉政"是辩证统一的政务逻辑。"勤政"和"廉政"是辩证统一的政务逻辑表明，廉政价值理论就是中国道路中政风建设的价值逻辑，也就是说，中国道路廉政价值理论既要有"廉政"，还必须有"勤政"。之所以说中国道路的廉政价值理论中既要有"廉政"，还必须要有"勤政"，根本意蕴上是因为中国特色社会主义廉政理论的价值理念是"服务人民"，其价值选择是"奉献人生"，亦即无论是"服务人民"还是"奉献人生"，都是要求中国共产党人和中国政府公务员既要"廉政"，还要"勤政"。

一、中国特色社会主义廉政理论：政风建设的价值逻辑

就哲学视域理解社会发展和国家治理，任何政体的政风建设都离不开既定的价值预设。从这种价值预设的角度理解，中国特色社会主义廉政理论就是政风建设的价值逻辑。当然，中国特色社会主义廉政理论只是政风建设的价值逻辑之一，也就是说，政风建设的价值逻辑并不仅仅只包含中国特色社会主义廉政理论。哲学逻辑上理解，政风建设属于思

想引领视域中的中国共产党的作风建设,而既然政风建设是作风建设,那就意味着其不能没有作为建设基础的价值前提,中国特色社会主义廉政理论也就必然要成为或属于中国政风建设的价值逻辑。

(一) 政风建设是一项思想引领的作风建设

思想作风是否尊重事实、遵循客观规律,直接关系到政风建设的成果,所以,政风建设就应该是实事求是原则引领下的思想作风建设。由于"实事求是,是马克思主义的根本观点,是中国共产党人认识世界、改造世界的根本要求,是我们党的基本思想方法、工作方法、领导方法"①,所以,实事求是不仅是马克思主义的精髓,更是中国共产党人行为的根本性原则,即实事求是引领中国共产党人的思想作风建设。政风建设与党风建设相一致的原则表明,实事求是同样是政风建设的思想作风建设的思想引领。一方面,政党如果不能够坚持实事求是的思想作风,其政党理念就会背离现实,不能够真正地反映人民的意愿,从而丧失其群众基础。另一方面,政府如果不能够坚持实事求是的思想作风,政府各项政务的实施就不能够真正代表民意,反映人民的真实需求,从而失去民心。实事求是的思想作风,既要求党和政府的工作应该尊重事实、遵循客观规律,又要求政府真正成为民意的代表,是中国政风建设的思想引领。

政风建设成果如何,很大程度上表现为政府的工作作风是否务实,即优良的政风建设必然要求"求真务实"为引领的工作作风。所谓"求真务实",一方面,需要"求真",即"在实践中认识真理,把握规律,用发展着的马克思主义指导新的实践,用新的实践丰富和发展马克思主义";另一方面,要"务实",即"敢于直面矛盾,敢于较真碰硬,为做

---

① 习近平在纪念毛泽东同志诞辰 120 周年座谈会上的讲话,参见人民网:http://jhsjk.people.cn/article/23954163

好党和国家工作深思深察、尽责尽力、善作善成"①。就政府工作的具体实践而言，其一，求真务实的工作作风要求政府在各项工作的开展过程中，始终坚持全心全意为人民服务的宗旨，真正做到权为民所用，情为民所系，利为民所谋。其二，求真务实的工作作风要求政府为人民办真事、为人民办实事，既不搞"虚假的形象工程"、"虚伪的面子工程"，也不做高高在上的"官老爷"作风。其三，求真务实的工作作风要求政府依法行政、依法办事，坚决防止徇私枉法、以权谋私、权钱交易的行为发生。按此逻辑，只有坚持以"求真务实"引领中国政风建设的工作作风建设，才是政风建设最为合理的表达。

政风建设要保持其科学性与先进性，就必须以理论联系实际引领学习作风建设。"能不能把理论和实际很好地结合起来，是理论上和政治上是否成熟的一个标志。"② 当前，学风建设总体形式向好，但是理论与实际相脱离、主观与客观相脱离、经验主义及教条主义问题等都还没有消失。因此，加强理论联系实际引领的学习作风建设仍然是政风建设的重要内容。一方面，理论联系实际的学习作风要强调科学理论的重要性，尤其是要突出马克思列宁主义、毛泽东思想、邓小平理论和习近平新时代中国特色社会主义思想的重要性。另一方面，理论联系实际的学习作风要强调实践的重要性，即强调理论与实践相结合，在实践中不断完善和发展理论。对于科学理论与实践的强调，是政风建设保持科学性与先进性的关键，因为，只有坚持理论与实际相结合的学习作风，政风建设才能够更好地与时代同行，反映中国当下政治发展的现实需求。

---

① 习近平在纪念刘华清同志诞辰 100 周年座谈会上的讲话，参见人民网：http://jhsjk.people.cn/article/28748266

② 《深入学习邓小平理论——纪念邓小平同志逝世一周年》，载《求是》，1998 年第 4 期。

（二）政风建设理论构筑不能缺失价值理论逻辑

政风建设理论的构筑，绝不是在空中建楼阁，而是在把握政治的本质及规律的基础之上，构筑符合中国道路发展的政风建设理论。现象与本质的辩证关系原理表明，只有透过现象看本质，才能够真正把握事物发展的内在规律。政风建设理论的构筑首先需要对政治现象，尤其是中国政治现象作出客观的价值评价。所谓政治现象，即"政治过程、政治关系的外部形态和外部联系，政治本质及规律的外部表现。"① 政治现象既包括政府部门所作出的各项决策、采取的各项行动，也包括围绕这些决策和行动所带来的事件及社会影响。对政治现象进行价值评价，就是对政治现象是否是对政治本质的正确反映的检验，或者说，是检验政治现象所反映出的政治本质是否体现了人民利益。

任何理论的构筑都是基于一定的问题意识，所以，政风建设理论的构筑也必须以政治问题为导向，对政治问题的科学的价值反思为前提。由于"问题是事物矛盾的表现形式，我们强调增强问题意识、坚持问题导向，就是承认矛盾的普遍性、客观性，就是要善于把认识和化解矛盾作为打开工作局面的突破口"②，所以，只有先发现政风建设中存在的问题，才能够致力于解决这些问题。对于中国政治问题的反思过程，实质上就是中国政风问题的暴露过程。政风建设理论的构筑就是从理论的高度，为这一过程中所暴露出来的问题提供解决方案。政风建设理论构筑的最终目的是实践，即解决现实问题。因此，中国政治问题的科学的价值反思，对于政风建设理论的构筑，具有极强的现实意义。

政风建设理论归根到底是关于政治作风建设的理论，所以，政风建设理论的构筑必然需要对政治作风进行合理的价值选择。对于政治作风进行合理的价值选择，就是对政治作风的价值标准与价值目标的合理选

---

① 彭克宏主编：《社会科学大词典》，北京：中国国际广播出版社1989年版，第418页。
② 《辩证唯物主义是中国共产党人的世界观和方法论》，参见人民网：http://jhsjk.people.cn/article/30497908

择。所谓的政治作风,是指"政府及其公务人员的作风,即政府及其公务人员在行政管理过程中所形成的具有一贯性的态度和言行"①。这就是说,政风建设的关键在于政府,政府的性质决定政风建设的方向。在中国,党的性质决定政府的性质。中国共产党的根本宗旨是全心全意为人民服务。与之相对应,中国政府的工作宗旨是为人民服务,工作原则是对人民负责,所以,政风建设价值选择也始终应该围绕"人民"展开。只有如此,才能构筑与中国道路相符、与人民利益相一致的,科学的、合理的政风建设理论。

(三) 中国特色社会主义廉政理论是政风建设的价值逻辑

"廉政"与"贪政"都是政治风气的体现。但是,作为一对对立的范畴,"廉政"与"贪政"最大的区别就在于,其本质上它们是两种截然不同的价值立场的体现。"廉政"所体现的是人民利益至上的价值立场,而"贪政"更多时候所体现的是个人利益至上,或者说是个人本位、官本位的价值立场。"廉政"与"贪政"价值立场的不同,集中体现为其权利观的不同。廉政价值理论清楚地认识到行政权力归根到底是公共权力,即是人民权力的让渡。因此,"廉政"的价值立场主张权力取之于民。"贪政"的价值立场则将个人权力与公共权力混为一谈,认为行政权力就是个人权力的体现,个人拥有权力的多少完全是个人努力的结果。因此,"贪政"的价值立场往往从个人利益出发,认为行政权力可以作为掌权者个人意志的体现,服务于个人的利益诉求。然而,"人民立场是中国共产党的根本政治立场"②,人民才是国家真正的主人。只有能够代表广大人民利益的价值立场,即廉政价值立场,才应该是政风建设理论的价值逻辑。

全心全意为人民服务既是中国共产党的根本宗旨,也是中国政府的

---

① 郭济主编:《政风与政府建设》,北京:国家行政学院出版社2003年版,第19页。
② 《在庆祝中国共产党成立95周年大会上的讲话》,载《光明日报》,2016年7月2日,第2版。

工作宗旨，所以，服务人民就是政风建设的价值理念。服务人民的价值理念要求政风建设不仅应该是"廉政"，更应该是"勤政"。就政风建设而言，廉政价值就是"廉政"与"勤政"辩证统一的政务逻辑。一方面，只强调"勤政"而忽视"廉政"容易滋生腐败，导致"贪政"。反腐工作的展开过程中，不乏有政绩卓然，却又严重贪污腐败者。但是，"勤政"绝不是"贪政"的借口，也绝不能够作为"贪政"的保护伞。另一方面，只强调"廉政"而忽视"勤政"容易导致"懒政"和"怠政"。少数政府机关工作人员，虽然为政清廉，不存在贪污受贿等行为，却"为官不为"，在其位而不谋其政。事实上，"懒政"、"怠政"都是腐败。由此可见，只有从辩证统一的视角，即从廉政价值的逻辑视角理解"廉政"与"勤政"的关系，才能够彻底贯彻政风建设是为人民服务的价值思想。

无论是人们利益至上的政风建设的价值立场，还是服务人民的中国政风建设的价值理念，都是对政风建设价值导向的表征，即坚持群众观点和群众路线。政风建设的价值理想与价值目标是塑造廉政人格，打造廉政政府。廉政人格与廉政政府最大的特点就在于坚持群众观点和群众路线，即"一切为了人民群众的观点，一切向人民群众负责的观点，相信群众自己解放自己的观点，向人民群众学习的观点"[1]，以及"一切为了群众，一切依靠群众，从群众中来，到群众中去，把党的正确主张变为群众的自觉行动"[2]的路线。坚持群众观点和群众路线的价值导向，既为政风建设指明了方向，又有利于建设能够为人民服务的廉洁政府。

---

[1] 《刘少奇选集》上卷，北京：人民出版社1981年版，第354页。
[2] 《论党性修养》，北京：中共中央党校出版社2014年版，第425页。

二、服务人民：中国特色社会主义廉政理论的价值理念

就政体演变的发展历史理解中国特色社会主义廉政理论而言，西方国家建立的三权分立体制，目的之一就是通过保障政治体制的"公平公正"而实现政治上的廉政。西方国家政治体制上的"公平公正"价值逻辑与中国政治体制上的"清正廉洁"的价值逻辑不同，前者主要是从程序正义上理解政治体制的合理性和合法性，而后者主要是从价值前提上理解政治体制的合理性和合法性。就价值前提理解，中国特色社会主义廉政理论的确立不能没有廉政价值作为思想前提。中国特色社会主义廉政理论最为核心的价值理念就是服务人民。

（一）廉政价值理念是中国特色社会主义廉政理论的思想前提

任何思想都应该有其思想前提，并且只有当它具有思想前提时才会被认为是合理的，因此，中国特色社会主义廉政理论必然是以一定的思想前提作为基础的，或者说，中国特色社会主义廉政理论之所以能够被构筑，正是因为中国特色社会主义廉政理论的思想前提作用的结果。中国特色社会主义廉政理论一旦丧失了其作为基础的思想前提，就不能被称为"思想"，更不能被称为"理论"，充其量只能算作是"想法"而已。一方面，中国特色社会主义廉政理论会因为缺乏理论起点而无法被建构起来；另一方面，中国特色社会主义廉政理论会因为丧失理论基础而不具备逻辑合理性。

中国特色社会主义廉政理论绝不是普遍适用的真理，即中国特色社会主义廉政理论有其使用的特定场域。中国特色社会主义廉政理论的思想前提作为中国特色社会主义廉政理论建立的基础和合理性的重要依据，其性质在一定程度上决定了中国特色社会主义廉政理论的性质，即中国特色社会主义廉政理论的适用场域。按此逻辑，中国古代"两袖清

风"的廉政观点，虽然也具有廉政价值倾向，但是由于其实际上是以儒家的"内圣外王"思想为依托，所以，决不能够毫无扬弃地直接移植到当下中国社会的场域之下。中国特色社会主义廉政理论的思想前提应该是能够反映中国当下社会实践状况的思想逻辑。按此理解，廉政价值理论就应该是中国特色社会主义廉政理论的思想前提，因为，它不仅与中国特色社会主义的理论发展，更是与中国特色社会主义道路的发展紧密相关，即能够反映中国特色社会主义政治建设的廉政需求。

中国特色廉政价值理念是对中国特色政治发展道路的价值诉求的集中展现，为政风建设理论的构筑提供了有力的支撑。由于政治发展道路是中国特色社会主义道路的重要组成部分，所以，廉政价值理念应该属于中国特色社会主义价值理念。一方面，廉政价值理念体现中国特色社会主义核心价值理念。"以人为本是中国特色社会主义的核心价值理念"[①]，无论是人民利益至上的价值立场、服务人民的价值理念、还是坚持群众观点和群众路线的价值导向，其归根到底都是"以人为本"的价值理念的展现。另一方面，廉政价值理念体现中国特色社会主义基本价值理念。"民主法治"是中国特色社会主义价值理念在政治领域中的基本价值理念，即廉政价值理念是中国特色社会主义民主政治发展的产物，或者说，"民主法治"既是对人民在廉政工作开展中的民主监督的强调，又是法治对廉政的积极作用的强调。

（二）廉政价值理念确立的基本逻辑

廉政问题之所以一直被强调，很大程度上就是因为其关乎民生。无论是在封建社会、资本主义社会，还是社会主义社会，民生问题始终是政府工作的首要内容。廉政价值理念确立将以民为本作为逻辑起点，关

---

① 刘俊杰：《中国特色社会主义价值理念》，载《科学社会主义》，2011年第6期，第20页。

乎民生问题的解决，换言之，政治不廉是民生问题得不到解决的重要因素。一方面，政治不廉表现为政治的腐败。无论是贪污还是受贿的政治腐败，都违背了以民为本的原则，即将本用于解决民生问题的行政权力用来牟取私人的利益。另一方面，政治不廉表现为政府部门的懒政怠政。不勤则不务实，政府部门的懒政和怠政将直接导致民生问题不能够得到及时、切实的解决。这实际上也是对以民为本原则的违背。廉政价值理念的确立，是对为政不廉破坏民生的反思，其逻辑起点只能是以民为本。

公仆意识是国家民主政治的产物，也是廉政价值理念的逻辑主线，即公仆意识是引领廉政价值理念各个组成部分的基本范畴和核心观点。所谓公仆意识，"指喻国家公务人员在从事公务活动过程中基于自我角色正确定位而形成的主观倾向"①，即要求国家公务员始终牢记人民是国家的主人，自己不是人民的主人，而是人民的公仆。用习近平总书记的话来表述，就是"以牢固的公仆意识践行初心，永远铭记人民是共产党人的衣食父母，共产党人是人民的勤务员，永远不能脱离群众、轻视群众、漠视群众疾苦"②。公仆意识使得国家机关公职人员能够认识清楚权力主体与义务主体之间的关系，实现了对政风建设中"官本位"思想的批判与颠覆。廉政价值理念归根到底是对公仆意识的强化，也只有不断地强化公仆意识，政风建设才能够更加廉洁。

廉政价值理念确立的目的在于使廉政能够成为国家公职人员的自觉修养和道德准则。所谓廉洁奉公，是指"品行端正，为人清廉、忠于履行公职，一心为公。是对公务员的基本道德要求，只有保证廉洁行政，

---

① 赫雅书：《论强化公仆意识》，载《理论前沿》，2008年第14期，第30页。
② 《在"不忘初心、牢记使命"主题教育工作会议上的讲话》，载《求知》，2019年第8期，第6页。

才能做到奉公守法"①。它包括：一方面，廉洁奉公要求国家公职人员不贪污、不腐败。另一方面，廉洁奉公要求国家公职人员真正做到全心全意为人民服务。廉政价值理念的确立，就是要保证每一位国家公职人员始终以清正、廉洁的道德标准要求自己，使廉洁奉公成为每一位国家公务人员的价值自觉与行动自觉。唯有如此，政风建设才能够真正实现政风正，政风廉。

（三）服务人民理论是政风建设廉政价值的价值信仰

政风建设廉政价值的价值主体是政府及其公职人员，对象是人民。强调政府为政清廉、为人民服务，所以，服务人民理论反映了政风建设的价值观点。"人民主权理论确立了在政府和人民的二元关系中人民的根本地位。"② 这即是说，人民才是国家权力的真正拥所有者，政府不过是受人民委托而代表人民行使权力而已。在政府与人民的关系问题上，中国政风建设廉政价值的价值观点是，人民占据主导地位，而政府存在的唯一理由就应该是服务人民。按此逻辑，中国政风建设廉政价值对政府的基本定位就是服务型政府，即政府是为人民服务的。

政风建设廉政价值的价值信仰归根到底是马克思主义信仰，而服务人民是马克思主义政党的宗旨所在，即服务人民反映了政风建设廉政价值的价值信仰。马克思认为私有制是腐败产生的根源，而无产阶级所要建立的政权绝不应该是腐败的政权，政府也绝不是腐败的政府。正如马克思在总结巴黎公社的经验和教训时所指出的那样，"无产阶级建立国家政权后，要给人民一个廉洁的政府"，而"巴黎公社实现了所有资产阶级革命提出的廉洁政府的口号"③。既然廉洁政府建立的初衷是为了人

---

① 样礼宾、成云雷主编：《简明廉政文化词典》，济南：山东人民出版社2015年版，第101页。
② 段溢波：《服务型政府建设的理论反思》，载《学习月刊》，2011年第4期，第6页。
③ 《马克思恩格斯选集》第2卷，北京：人民出版社1972年版，第377页。

民，那么，最终也应该是要实现对人民的服务。也就是说，服务人民理论不仅是政风建设的必然要求，也是政风建设廉政价值的价值信仰的体现。

与资本主义社会私有制之下的个人主义原则不同，中国政风建设廉政价值奉行的是集体主义的原则，即个人利益服从集体利益。具体而言，当个人利益与国家、民族、集体利益发生冲突时，国家、民族、集体的利益高于个人利益。腐败产生的一个重要原因就是不能够正确地处理个人利益与国家、民族以及集体利益之间关系。政风建设廉政价值坚持集体利益至上的原则，要求政府机关及其公职人员廉洁奉公，将个人利益置于集体利益之下。服务人民理论将人民的利益置于最高点，以为人民群众的集体利益服务为基本内容。在中国，国家利益与人民群众的利益在根本上是一致的。因此，服务人民理论实际上又是对国家利益、集体利益和个人利益的共同维护与捍卫。

三、奉献人生：中国特色社会主义廉政理论的价值选择

如果说服务人民是中国特色社会主义廉政理论的价值理念，那么，奉献人生就是中国特色社会主义廉政理论提倡的价值选择。所谓中国特色社会主义廉政理论提倡的价值选择，就是指廉政价值理论以既定的奉献人生的价值选择为认知逻辑。就中国特色社会主义廉政理论的建构而言，奉献人生的价值选择是其构筑的思想前提，或者说，廉政价值理念选择的基本逻辑决定了奉献人生理论是中国政风建设的廉政价值选择。

（一）中国特色社会主义廉政理论的构筑是廉政价值选择的结果

中国特色社会主义廉政理论是基于廉政价值选择的廉政理论，且廉政价值选择使得中国廉政价值理论是"合情理的"、"合逻辑的"。一方面，中国特色社会主义廉政理论的价值选择是基于人们对于政治的美好

愿望而做出的。清明政治与廉洁政府一直是人们的政治诉求，是政风建设最为理想的模式。因此，与之相适应的中国特色社会主义廉政理论的存在就应该是合情合理的。另一方面，中国特色社会主义廉政理论的价值选择是以一定的价值判断为依据的。对于中国政治发展状况与政风建设现状的价值判断与价值评估实际上是一个逻辑推演的过程。作为中国特色社会主义廉政理论的价值选择的结果，中国特色社会主义廉政理论因此应该是有条理的和合逻辑的。

任何理论都必须具有合法性根据，中国廉政价值选择就是中国特色社会主义廉政理论的合法性根据。"任何一种人类社会的复杂形态都面临一个合法性的问题，即该秩序是否和为什么应该获得其成员的忠诚的问题"①，所以，就中国特色社会主义廉政理论而言，合法性问题就在于其是否能够被认可，以及为什么能够被认可。中国特色社会主义廉政理论成因的价值选择是多方面因素综合作用的结果。就中国当下的具体国情而言，中国是社会主义国家，国家利益与人民利益在根本上是一致的，因此，政风建设的选择直接取决于是否能够满足人民的利益需求，或者说，中国特色社会主义廉政理论的价值选择的唯一标准就是人民，即中国特色社会主义廉政理论本质上而言就是人民选择的结果。

中国特色社会主义廉政理论蕴含中国廉政价值选择，中国廉政价值选择也为中国特色社会主义廉政理论指明了方向，是中国特色社会主义廉政理论的目标性根据。"任何理论都是社会建构的结果，几乎所有的理论都和一定的社会历史背景相关，并灌注了特定的价值观念"②，中国特色社会主义廉政理论亦是如此。中国特色社会主义廉政理论的价值选择就是对中国特色社会主义廉政理论的构筑目标进行了规定，其一，中

---

① 邓正来：《布莱克维尔政治学百科全书》，北京：中国政法大学出版社1992年版，第408页。

② 开·巴特尔、常宝主编：《民族社会工作》，上海：华东理工大学出版社2013年版，第115页。

国廉政价值的价值选择是基于中国道路发展实际的价值选择，所以，中国特色社会主义廉政理论是为中国特色社会主义道路建设服务的。其二，廉政价值选择是对政风建设理想模式的选择，所以，中国特色社会主义廉政理论是政风建设的价值逻辑与理论指导。其三，廉政价值选择是人民的价值选择，所以，中国特色社会主义廉政理论的基本原则就是服务人民原则。

（二）廉政价值理念选择的基本逻辑

廉政价值理论是政风建设的价值逻辑，而政风建设就是对政治作风的建设。政治作风建设如何，直接表现为政府公职人员的作风建设情况。这即是说，政风建设的关键问题在于政府公职人员的作风建设。依此逻辑，廉政价值理论选择从一定意义上而言，就是政府公职人员的廉政价值选择。需要说明的是，无论是政府公职人员，还是普通群众，其本质上都是人民。所以廉政价值理念选择归根到底还是人民的需要。

廉政价值理念选择首先是人生意义视域中的选择，即以人生价值为出发点的价值选择。"我是谁，我从哪里来，我要到哪里去"被认为是人生三问，是人类带有终极关怀意蕴的永恒话题。与其说，这三问是对人生路向的追问，不如说这三个问题是对人生价值的追问。廉政价值理念选择就是以这种人生价值作为出发点，即是从廉政价值的角度对这三个问题进行的回答。就政府公职人员而言，"我"是政府的公职人员，权力是由人民赋予的，所以，"我"应该廉洁奉公为人民服务。就人民群众而言，"我"是社会的基本成员，是社会主义劳动者与社会主义事业的建设者，所以，"我"也应该有廉洁奉公的精神，成为社会发展的推动者。

社会价值是引领廉政价值理念选择各个组成部分的基本范畴和核心观点，所以，社会价值就是廉政价值理念选择的逻辑主线。马克思指出，"人的本质不是单个人所固有的抽象物，在其现实性上，它是一切社会关系的总和。"① 这即是说，社会性才是人的本质属性。因此，人生的价值绝不仅仅是个人价值的实现，更应该是社会价值的实现，或者说，社会价值就是个人存在的意义。社会价值的大小直接表现为人对社会贡献的大小，廉政价值理念选择，要以社会价值的实现为重要内容，只有坚持廉政，人才能实现对社会的最大贡献，社会价值才能够最大化实现。

廉政价值理念选择是政风建设的价值观引导。廉政价值选择最终所要塑造的就是廉政人格，即要将廉政这一美德视为人格的组成部分，其目的就是要实现人人都能够自主、自觉地以廉洁奉公的廉政价值标准来要求自己。由于廉政价值理念选择是中国特色社会主义廉政理论的价值逻辑的重要内容，所以，怎样的价值选择能够实现这一逻辑目标，就成为廉政价值选择的重要标准。

（三）奉献人生理论是政风建设的价值选择

为中国人民谋幸福，为中华民族谋复兴的历史使命，造就了中国共产党人自我奉献的崇高境界与奉献人生的价值选择。"共产党人没有自己的私人利益，追求的是共产主义远大理想和中国特色社会主义共同理想，追求的是中华民族的伟大复兴"②，奉献人生是政风建设的价值选择。

初心对事物发展起着决定性的作用，是事物发展的开端和起源，所以，奉献人生就是政风建设的初心所在。毛泽东指出，"我们这个队伍完全是为着解放人民的，是彻底地为人民的利益工作的"③。无论是革命战争时期，还是社会主义建设时期，为解放人民而斗争，为人民的利益而奋斗一直是中国政治发展的初衷。要实现为解放人民而斗争、为人民

---

① 《马克思恩格斯选集》第1卷，北京：人民出版社1995年版，第60页。
② 《谈初心》，参见人民网：http://jhsjk.people.cn/article/30124141。
③ 《毛泽东选集》第3卷，北京：人民出版社1991年版，第1004页。

的利益而奋斗，就必须具备奉献人生的思想准备和崇高的精神追求。政风建设的廉政价值是新时代中国政治发展的要求。中国政风建设廉政价值选择应该坚守奉献人生的初心所在表明，绝不能够背离初心。

（作者曹典顺系江苏师范大学哲学范式研究院院长、教授，主要研究方向为哲学基础理论、社会哲学、马克思主义文本文献学；范云系江苏师范大学哲学与公共管理学院学生）

《当代中国马克思主义哲学研究》
编辑部征稿启事

《当代中国马克思主义哲学研究》是江苏师范大学当代马克思主义哲学范式创新研究中心与中共中央编译局江苏师范大学发展理论研究中心共同主办的学术刊物，以国内著名马克思主义哲学研究专家江苏师范大学校长任平教授领衔组成编委会，每年出版一期。本刊的办刊主旨是全面介绍、客观评价、深入研究当代中国马克思主义哲学研究的状况及相关热点问题，进一步推动马克思主义哲学的繁荣和发展。

本刊诚挚欢迎广大马克思主义哲学研究的专家、学者，围绕本刊的主旨给予投稿。稿件一经采用，即付稿酬。

投稿内容不限，但对于所投稿件本刊编辑部有删减（非修改）的权力。如不同意修改，请在投稿时注明。因篇幅等原因，对不同意删减的文章一般不予采用。

编辑部地址：江苏省徐州市铜山区上海路101号 江苏师范大学《当代中国马克思主义哲学研究》编辑部

邮　编：221116

联系人：冯建华

邮　箱：13815301350@126.com

图书在版编目(CIP)数据

当代中国马克思主义哲学研究.2018/任平,曹典顺主编. —北京：中央编译出版社,2020.1

ISBN 978-7-5117-3863-9

Ⅰ.①当… Ⅱ.①任… ②曹… Ⅲ.①马克思主义哲学-研究-中国 Ⅳ.①B0-0

中国版本图书馆 CIP 数据核字(2020)第 037354 号

当代中国马克思主义哲学研究.2018

出 版 人：	葛海彦
出版统筹：	贾宇琰
责任编辑：	李媛媛
责任印制：	刘 慧
出版发行：	中央编译出版社
地　　址：	北京西城区车公庄大街乙 5 号鸿儒大厦 B 座(100044)
电　　话：	(010)52612345(总编室)　　(010)52612335(编辑室)
	(010)52612316(发行部)　　(010)52612346(馆配部)
传　　真：	(010)66515838
经　　销：	全国新华书店
印　　刷：	北京紫瑞利印刷有限公司
开　　本：	787 毫米×1092 毫米　1/16
字　　数：	301 千字
印　　张：	20.75
版　　次：	2020 年 1 月第 1 版
印　　次：	2020 年 1 月第 1 次印刷
定　　价：	80.00 元

网　　址：	www.cctphome.com　　邮　箱：cctp@ cctphome.com
新浪微博：	@ 中央编译出版社　　微　信：中央编译出版社(ID：cctphome)
淘宝店铺：	中央编译出版社直销店(http://shop108367160.taobao.com)　(010)55626985

本社常年法律顾问：北京市吴栾赵阎律师事务所律师　闫军　梁勤
凡有印装质量问题，本社负责调换。电话：(010)55626985